Shulamit Volkov

Deutschland aus jüdischer Sicht

Eine andere Geschichte vom 18. Jahrhundert bis zur Gegenwart

Shulamit Volkov

Deutschland aus jüdischer Sicht

Eine andere Geschichte vom 18. Jahrhundert bis zur Gegenwart

Aus dem Englischen von Ulla Höber

C.H.Beck

2., durchgesehene Auflage. 2022

www.chbeck.de
Satz: Janß GmbH, Pfungstadt
Druck und Bindung: Druckerei C.H.Beck, Nördlingen
Umschlaggestaltung: Kunst oder Reklame, München
Umschlagabbildung: Roman Vishniac, Blick aus dem Eingang des Hauses Lindenstraße 109, Berlin 1926. Foto: Gift of Mara Vishniac Kohn, The Magnes Collection of Jewish Art and Life, University of California, Berkeley,

Gedruckt auf säurefreiem und alterungsbeständigem Papier
Printed in Germany
ISBN 978 3 406 78171 1

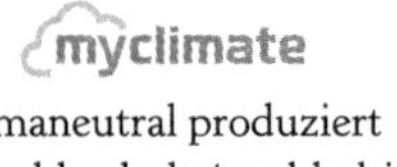

klimaneutral produziert
www.chbeck.de/nachhaltig

Inhalt

Einleitung

Ein jüdischer Blick – Plural und Singular

Die Geschichte der in Deutschland lebenden Juden könnte sowohl als ein Kapitel der jüdischen Geschichte als auch als eines der deutschen Geschichte geschrieben werden. Diese zweite Möglichkeit wurde jedoch nur selten realisiert. Obwohl sich die Geschichtsschreibung, welche die Juden in der deutschsprachigen Welt Mitteleuropas zum Gegenstand hatte, von Beginn an parallel zur allgemeinen Historiographie dieses Teils Europas entwickelte, gab es nur vereinzelte Versuche, die beiden Erzählstränge über einen längeren Zeitraum zusammenzuführen. Diese Stränge entwickelten ihre akademische, wissenschaftliche Form in den frühen Jahrzehnten des neunzehnten Jahrhunderts unter dem methodologischen Einfluss Leopold von Rankes und der philosophischen Autorität Georg Wilhelm Friedrich Hegels. Bald wurde die jüdische Geschichte jedoch zu einer unabhängigen Disziplin innerhalb der *Wissenschaft des Judenthums* und blieb lange eine mehr oder weniger ausschließlich jüdische Domäne. Während sich die deutsche Geschichte im Rahmen einer neuen Disziplin weiterentwickelte, die sich mit Machtpolitik, Diplomatie, allgemeiner Staatsführung und insbesondere dem Nationalstaat beschäftigte, war die jüdische Geschichte in Ermangelung einer politischen Machtsphäre nicht in der Lage, dieselben Interessen zu entfalten, und wurde zunehmend marginal. Wer über deutsche Geschichte schrieb, stieß meist auf Themen, die dringlicher und bedeutsamer erschienen.

Als man mit der wissenschaftlichen Geschichtsschreibung begann, interessierte das diejenigen, deren Leben sich außerhalb der akademischen Sphäre bewegte, eher wenig, und das galt für Juden ebenso wie für Nichtjuden. Geschichte wurde noch nicht als ein Mittel betrachtet, das Selbstverständnis und Selbstbestimmung fördert. Tatsächlich war die wichtigste Quelle der *jüdischen* Identität, wie auch die der meisten Nichtjuden, seit Generationen die Religion gewesen. Nur allmählich, in einem keineswegs linear verlaufenden Prozess, lernten die Europäer, sich nicht nur als Angehörige einer bestimmten religiösen Gruppe wahrzunehmen, sondern auch und vor allem als Teil einer bestimmten Ethnie, eines Volkes, sogar einer Nation. In Deutschland dauerte dieser Prozess besonders lang und war auch besonders kompliziert. Man fühlte sich aus einer Vielzahl von Gründen weiterhin und manchmal zunehmend den relativ kleinen, partikularen politischen Einheiten verbunden. Die Menschen verstanden sich beispielsweise primär als Preußen, Bayern oder Hannoveraner und erst sekundär, falls jemals, als Deutsche. Im späten achtzehnten Jahrhundert konnten noch Goethe und Schiller fragen: «Deutschland? aber wo liegt es? Ich weiß das Land nicht zu finden, wo das gelehrte beginnt, hört das politische auf.»[1] Tatsächlich, die meisten deutschsprachigen Bewohner dieses Teils der Welt waren lange unsicher, wo Deutschland lag und ob sie zu diesem Land überhaupt stehen könnten.

Und doch festigte sich mit der Zeit *ihr* Gefühl der Zugehörigkeit zur deutschen Nation, während Fragen der *jüdischen* Identität, die in der Vergangenheit eher einfach und selbstverständlich schienen, zunehmend komplex wurden. Selbst im Mittelalter, als alle Gruppendefinitionen mit einer religiösen Bildsprache unterlegt waren, wurden Juden als ethnisch definierbare Gruppe betrachtet, die soziale und kulturelle Charakteristika besaß, die sich nicht auf die

Religion und die mit ihr verbundenen moralischen Normen und Verhaltensregeln beschränkten. Schließlich war die biblische Auffassung, dass die Hebräer ein Volk seien, tief im Bewusstsein der Juden und des christlichen Europa verankert. Obwohl keine allgemeine Übereinkunft darüber bestand, ob es eine klare Verbindung zwischen dem biblischen Volk Israel und den zeitgenössischen Juden gab, hatte man eine solche Verbindung stets angenommen. In der frühen Moderne interessierten sich deutsche Theologen – manchmal nannte man sie Orientalisten oder, genauer, sogar Hebraisten – zunehmend für die Juden ihrer Zeit, für ihren Alltag und ihre Sprachen. So wurde das Leben der zeitgenössischen europäischen Juden oft zur Informationsquelle über die alten Hebräer und umgekehrt.

Der einflussreichste Interpret der Geschichte der alten Hebräer war der Philosoph und Theologe Johann Gottfried Herder. Er zweifelte zwar nie ihre Leistung an, als Volk einen so gewichtigen literarischen Schatz hervorgebracht zu haben, verachtete aber trotzdem, wie Voltaire auf der anderen Seite des Rheins, die zeitgenössischen Juden, ihre vermeintlichen Eigenheiten und ihre Art von Gemeinschaftsleben. Etwa zur selben Zeit beharrte Johann David Michaelis, ein hoch geschätzter Orientalist an der Universität Göttingen, darauf, dass sich die unter der brennenden Sonne der riesigen Wüsten des Nahen Ostens entstandenen Charakteristika der Juden niemals ändern könnten. Die Juden könnten sich auch niemals in das Europa der Aufklärung einfügen oder an die sich damals schnell herausbildende deutsche Nationalkultur anpassen.[2]

Interessanterweise glaubten Juden oft selbst, singuläre Eigenschaften zu besitzen, jenseits ihrer Religion und über diese hinaus. Schließlich lebten sie gemäß einer gemeinsamen halachischen Ordnung in einer strengen Endogamie und einem umfangreichen System sozialen Zusammenhalts. Obwohl sie seit jeher eine weit verstreute Diaspora bildeten, waren sie immer sowohl eine Religionsgemeinschaft als auch eine Nation.

Im neunzehnten Jahrhundert, im Zeitalter der Emanzipation, voranschreitender Säkularisierung und der Umwälzungen durch Revolution und Industrialisierung, suchten auch sie nach neuen Quellen für ihre Identität, einer neuen Definition ihrer selbst – als Gruppe und als Einzelne. Sie brauchten, ebenso wie die Nichtjuden dieser Zeit, eine neue Interpretation ihrer Vergangenheit, von der man sich eine bessere Zukunft versprechen konnte. Beide erforschten nun jeweils ihre eigene Geschichte, und so vergrößerte sich allmählich die Kluft zwischen jüdischer und nichtjüdischer Geschichte. In beiden Fällen reichte der bloße, über Generationen durch vorgeschriebene Rituale und heilige Texte tradierte Erinnerungsschatz nicht mehr aus. Die gemeinsame Erinnerung an vergangene Ereignisse musste nun durch ein wissenschaftlich beglaubigtes Narrativ gestützt oder sogar ersetzt werden.[3] Sowohl Christen als auch Juden suchten nach einer Geschichte, die einerseits wissenschaftlichen Standards entsprechen sollte, andererseits aber ihren Interessen entsprach, die in den passenden «Quellen» verankert war und zugleich der Stimmungslage der Moderne entgegenkam.

Nicht einmal die nach 1945 vor allem in Westdeutschland wieder auflebende jüdische Geschichtsschreibung konnte diese jahrhundertalte Spaltung überwinden. Man hätte vermuten können, dass die deutsche Geschichtsschreibung nach dem Zweiten Weltkrieg jüdische Themen nicht mehr ignorieren könnte. Die Ungeheuerlichkeit der Katastrophe, die europäische Juden durch die Nationalsozialisten, ihre Helfer und Helfershelfer erleiden mussten, würde nicht erlauben, dieses Thema zu übergehen. Doch dies war nicht der Fall.

Karl Dietrich Bracher verfasste die erste historische Abhandlung über Aufstieg und Fall des Nationalsozialismus. Lediglich ein kurzer Abschnitt seines berühmten Buches *Die deutsche Diktatur* (1969) handelte von den sechs Weltkriegsjahren und ein noch kürzerer –

12 von 550 Seiten – von der sogenannten Endlösung. Und das war kein rein deutsches Phänomen. Eines der brauchbarsten und viel gelesenen Bücher über das moderne Europa damals, *Europe Since Napoleon* (1961) des englischen Historikers David Thomson, erwähnt die europäischen Juden so gut wie überhaupt nicht und geht nur ganz kurz über die elementarsten Fakten zum Holocaust hinaus. In den ersten Nachkriegspublikationen blieb die jüdische Erfahrung während der NS-Zeit bestenfalls ein separates Thema; fast nie wurde sie zum integralen Teil dieser extensiv und intensiv erforschten Periode. Erst später näherten sich die jüdische und die nichtjüdische Geschichte in Deutschland und anderswo einander an. Jüngere Historiker begannen, über das Schicksal der Juden in Friedens- und Kriegszeiten zu arbeiten, und versuchten jetzt, deren Geschichte in ihre Darstellung zu integrieren.

In den letzten Jahrzehnten des zwanzigsten Jahrhunderts entstand besonders in Nordamerika eine neue jüdische Geschichtsschreibung. Als man sich allmählich von der einst so zentralen Vorstellung von den USA als *melting pot* distanzierte, gewannen die ethnischen Minderheiten, die sich über ihre sogenannte Bindestrich-Identität definierten, an Bedeutung. Man schrieb über irische, italienische oder polnische Amerikaner, und so konnte man nun auch über die jüdischen Amerikaner, bald auch über die jüdischen Deutschen oder die jüdischen Russen schreiben, wenn auch immer noch weniger über jüdische Marokkaner oder jüdische Iraker – Themen, die erst später wichtig wurden. Juden wurden jetzt als Teil der verschiedenen Nationalgeschichten gesehen und beschrieben. Gleichzeitig ermutigte auch diese Herangehensweise die Historiker, neue historische Methoden anzuwenden, die hauptsächlich aus den Sozialwissenschaften übernommen wurden. In der Tat trug die wachsende Bedeutung der Sozialgeschichte mehr als alles andere dazu bei, bisherige Muster der Erforschung der jüdischen Diaspora zu verändern. Man fragte nun mehr nach den lokalen Zusammenhängen und erkannte Ähnlichkeiten zwischen Juden und Nichtjuden an ihren Wohnorten, die oft bedeutender erschienen als eine generelle Ähnlichkeit der Juden untereinander. Die Sozialgeschichte führte nahezu zwangsläufig dazu, das jüdische Narrativ in das nichtjüdische zu integrieren.

Mit der Wende zur Postmoderne in den Literatur- und Kulturwissenschaften in den 1980er Jahren hörte man aber immer wieder, dass alle modernen historischen Narrative viel zu eindimensional seien und eigentlich nur Erzählungen des Establishments repräsentierten. Geschichte beschränke sich auf den weißen, männlichen, ökonomisch und politisch erfolgreichen Teil der Bevölkerung, hieß es nun. Kolonialvölker und andere nichteuropäische Nationen würden nur am Rande berücksichtigt – obwohl viele eine reiche, bewegte, oft mit den zentralen Ereignissen der europäischen Geschichte verschränkte Vergangenheit hatten. Frauen spielten in solchen «*his-stories*» gar keine Rolle, es sei denn, es handelte sich um mächtige Königinnen, Ehefrauen von mächtigen Königen oder um andere Ausnahmefiguren.

Die Gendergeschichte könnte durchaus als Modell für die Analyse der Marginalisierung der Juden in der Geschichtsschreibung dienen. Sie begann als Frauengeschichte, und das Ziel dieses neuen Forschungszweigs war vor allem, Frauen mit der Erzählung ihrer Geschichte vor dem Vergessenwerden zu bewahren. Man hoffte darüber hinaus, damit «die Art und Weise, wie Geschichte *überhaupt* geschrieben wird, zu verändern».[4] Das erinnert an Eric Hobsbawms bereits früher formulierten Anspruch, die neue *Sozial*geschichte nicht nur zur Forschungsplattform für Studien über Arbeiterklasse und Unterschichten zu machen, sondern auch die Geschichtsschreibung als Ganze zu verändern durch eine radikale, allgemeine Neufassung der Art und Weise, wie sie betrieben wurde.[5]

Ein solches Projekt war zuvor nur ein einziges Mal gelungen, und zwar im Werk von Karl Marx. Indem er den Fokus darauf richtete, dass die Arbeiterklasse und der Klassenkampf ein zentrales Phänomen waren, wurden nicht nur neue Aspekte in vorhandene historische Darstellungen eingefügt, sondern es wurde ein gänzlich neues Narrativ konstruiert, eine umfassende Alternative zu der Geschichtsdarstellung, die bis dato geschrieben und propagiert worden war. Die von Hobsbawm ein Jahrhundert später verbreitete Sozialgeschichte war zwar keine Farce, um mit Marx zu sprechen, doch sie war gewiss wenig umfassend und, wie ich befürchte, auch wenig erfolgreich.

Für die Frauengeschichte gab es nun ebenfalls zwei Zielvorstellungen. Man wollte sie in das allgemeine Narrativ integrieren *und* dieses Narrativ auf diese Weise transformieren. Seine Voraussetzungen, seine Methoden und seine allgemeine Ausrichtung sollten erneuert werden. Aber obwohl die Frauengeschichte die vernachlässigte Hälfte der Menschheit tatsächlich etwas mehr in den Mittelpunkt rückte, veränderte sie letztlich wenig an der Art und Weise, wie Geschichte in ihrer Gesamtheit erzählt wurde. Um eine derartige Transformation zu bewirken, war offensichtlich mehr erforderlich. Die Wende zur Kulturgeschichte gegen Ende des zwanzigsten Jahrhunderts half zweifellos, auch die Konjunktur der Globalgeschichte zu Beginn des einundzwanzigsten Jahrhunderts erwies sich als wichtig. Doch erst die Kombination beider veränderte grundsätzlich die Geschichtsschreibung. Auch die jüdische Geschichtsschreibung ändert sich jetzt allmählich.

Eine Zwischenbilanz stellten die vier Bände der *Deutsch-jüdischen Geschichte in der Neuzeit* dar, Mitte der 1990er Jahre vom Leo Baeck Institut initiiert und meisterhaft von Michael A. Meyer herausgegeben. Ein fünfter Band, herausgebracht von Michael Brenner, der die Geschichte bis zur Gegenwart darstellt, erschien 2012. Die deutsch-jüdische Geschichte bekam hier ein modernes Format, ein festes Fundament für weitere Forschungen. Könnte dann der Stellenwert der Juden in der allgemeinen Geschichtsschreibung ebenfalls geändert werden? Könnten wir nun, nachdem durch die Erforschung der Geschichte der deutschen Juden als solche so vieles erreicht wurde, voranschreiten und sie in den deutschen Kontext noch intensiver integrieren, so dass wir *beide* Narrative auf neue Weise erzählen können?

Das vorliegende Buch unternimmt diesen Versuch. Es schlägt vor, eine neue Perspektive auf die *deutsche* Geschichte einzunehmen, nun aus jüdischer Sicht.[6] Schließlich machen wir die Erfahrung öfter, dass veraltete Darstellungen neu entworfen werden können und bekannten Themen neue Dimensionen hinzugefügt werden müssen. Man denke an Dan Diners Geschichte des zwanzigsten Jahrhunderts, die er, wie er selbst erklärt, aus einer ganz konkreten, ungewöhnlichen Perspektive betrachtet. In seinem Buch wird Europa nicht von Paris, Berlin, London oder Rom aus gesehen, sondern von der berühmten Treppe in Odessa aus, dem Schauplatz der gescheiterten russischen Revolution von 1905.[7] Dies hat den klaren Vorteil, dass ein *einzelner* vorgestellter Betrachter auf diesen berühmten Stufen in Odessa zu sitzen scheint, der seinen singulären Blick auf das Europa seiner Zeit richtet.

Frauen, und auch Juden, sind allerdings verschieden und haben unterschiedliche Blickwinkel. Frauen können aus der Arbeiterklasse oder aus der Mittelschicht kommen. Ihre Perspektive kann ihre Geschlechtszugehörigkeit sicherlich widerspiegeln, aber sie könnten sich auch davon gelöst haben, völlig oder teilweise, und stärker durch ihre ökonomische Situation, das Ausbildungsniveau oder ihre singuläre kulturelle Situation bestimmt sein. Auch Juden hatten niemals eine einheitliche Sichtweise oder nur einen Blickwinkel. Ihre Perspektive kann durch das Leben im ländlichen oder städtischen Umfeld definiert sein und gegen Ende des neunzehnten Jahrhunderts zunehmend auch durch das Leben in den Metropolen. Sie konnten arm oder reich sein, religiös, sogar orthodox, traditional oder säkular. Jüdische Frauen hatten gewiss eine andere

Perspektive als jüdische Männer, und mit jedem neuen Zeitabschnitt änderte sich bestimmt auch der Beobachtungsstandpunkt. Bisweilen war wohl nicht einmal klar, wer wen beobachtete, wo die Randposition nun tatsächlich war und worin das Jüdische an dieser oder jener speziellen Art von Beobachtung bestand.

Trotz dieser komplizierten Gemengelage möchte ich davon ausgehen, dass die deutschen Juden die Ereignisse stets aus einer singulären Perspektive betrachteten. Für einige Aspekte der Gesellschaft, in der sie lebten, waren sie besonders sensibilisiert, zumindest für eine bestimmte Seite dieser Geschichte, nämlich die Ambivalenz der Zeit und den janusköpfigen Subtext, mit dem viele Themen damals behandelt wurden. Bisweilen verspürte man eine fortschrittliche Tendenz, das Versprechen einer besseren Zukunft. Dann wiederum wendete sich das Blatt, und die Atmosphäre wurde reaktionär, manchmal hasserfüllt, sogar gefährlich, und schließlich kam es zur Katastrophe. Gewiss, nicht nur Juden konnten diese Zwiespältigkeit spüren, doch über lange Zeiträume hatte sie auf Juden besondere Auswirkungen, und aus ihrem Blickwinkel war sie krasser und markanter. So sahen sie oft das andere Gesicht Deutschlands, und wenn wir dieser Perspektive folgen, hoffe ich, können auch wir die deutsche Geschichte besser verstehen.

Wahr ist, dass selbst die singuläre jüdische Position «am Rande» bisweilen problematisch scheint. Anders als vielen anderen Minderheiten gelang es den Juden nämlich schnell, die Position der relativen Isolation aus vormodernen Zeiten zu überwinden und in der Moderne eine zunehmend zentrale Stelle einzunehmen. Ihr ökonomischer Erfolg in Deutschland und etwas später ihre bemerkenswerten kulturellen Leistungen sind oft mit unverhohlener Bewunderung kommentiert worden. Dies konnte die Perspektive jedoch verzerren, wenn man dabei die Mehrheit der Juden übersieht, die überall in diesem zwiespältigen, vielschichtigen Land lebten. Während einzelne Juden zweifellos ungewöhnlich erfolgreich waren und schon Mitte des neunzehnten Jahrhunderts nur noch wenige Juden von Armut geplagt waren, blieb die meist im kleinen Handel beschäftigte Mehrheit in der unteren Mittelschicht verhaftet. Wer war also im Zentrum? Wer am Rand?

Der amerikanische Soziologe Thorstein Veblen hat versucht, die Leistungen herausragender Juden mit vermeintlichen Vorteilen ihrer Marginalität zu erklären.[8] Sigmund Freud sah das offensichtlich auch so: «Weil ich Jude war», schrieb er, «fand ich mich frei von vielen Vorurteilen, die andere im Gebrauch des Intellekts beschränken.»[9] Doch viele erfolgreiche Juden in Deutschland empfanden sich überhaupt nicht als marginal und hätten die Unterstellung möglicher Vorteile einer solchen Position nicht als positiv bewertet. Doch womöglich mussten auch sie die Dinge anders sehen als andere Deutsche, ob es ihnen nun bewusst war oder nicht. Auch sie hatten einen anderen Blickwinkel, von dem aus sie die Ereignisse erlebten und wahrnahmen, und ihr besonderer Standpunkt ermöglicht auch uns am Ende, bekannte Ereignisse, Strukturen und Langzeitentwicklungen in einem anderen Licht zu sehen.

Das Buch bietet keine vollständige, detaillierte deutsche Geschichte an. Ich habe zwölf chronologisch angeordnete Kapitel der deutschen Geschichte ausgewählt, die ich aus der jüdischen Perspektive neu darstelle. Wenn mehrere verschiedene jüdische Perspektiven in einer bestimmten Periode eine Rolle spielten, versuchte ich dieses Spektrum zu bewahren und wiederzugeben. Vielleicht hat mir bereits der bloße Versuch die Möglichkeit verschafft, eine andere Geschichte zu erzählen, verwoben mit einem anderen Kontext. So werde ich zumindest meine *eigene* jüdische Sicht auf Deutschland bieten. Sollte mir dieser Versuch gelingen, kann ich die beiden Erzählungen, die deutsche und die deutsch-jüdische, womöglich zusammenführen und sie so verknüpfen, dass sie am Ende untrennbar erscheinen.

Erster Teil

Deutschland kennenlernen

1780–1840

1. Aufklärung ohne Toleranz

I.

Wir beginnen mit der Aufklärung. Was spräche dagegen? Wann beginnt die Ära der Moderne? Wo und wann ist ein klarer Bruch und eine Zeitenwende zu erkennen? Wo könnte man eine Konstellation von Ereignissen ausmachen, bedeutsam genug, um ein neues Zeitalter zu markieren? Und darüber hinaus – beginnt ein neues Zeitalter für die Europäer im Allgemeinen zur selben Zeit wie für die Deutschen im Zentrum des Kontinents im Besonderen? Oder für die Deutschen im Allgemeinen und für die Juden, die mit ihnen lebten, im Besonderen?

Der Beginn der modernen europäischen Geschichte wird gemeinhin mit der Französischen Revolution verbunden. Zweifellos war sie ein Ereignis, das die Welt erschütterte. Das sahen auch die Revolutionäre so, und aus der zeitlichen Distanz scheint sich der Eindruck zu bestätigen. Die Amerikaner würden wohl eher mit ihrer eigenen Revolution und der Gründung der Vereinigten Staaten beginnen, während die britischen Historiker, die gewöhnlich ihre eigene Geschichte von der des kontinentalen Europa trennen, die Geschichte der Moderne mit der Schlacht bei Waterloo und dem Sieg über Napoleon beginnen. Sie könnten die neue Epoche auch mit dem einen oder anderen Ereignis im Prozess der Industrialisierung beginnen lassen, also etwa in der Mitte des achtzehnten Jahrhunderts. Aber wo und wann sollten Historiker heute ansetzen, die versuchen, eine Geschichte des modernen Deutschland zu schreiben?

«Am Anfang war Napoleon.» So lautet der berühmte erste Satz des ersten Bandes von Thomas Nipperdeys Geschichte des modernen Deutschland. «Am Anfang war keine Revolution», schrieb Hans-Ulrich Wehler. Er wies mit diesem ersten Satz auf seine grundsätzliche Kritik an Nipperdey hin und betonte seine eigene, ganz andere Herangehensweise.[1] Interessant ist, dass er dies in der Einleitung des zweiten Bandes seiner *Deutschen Gesellschaftsgeschichte* schrieb, der allerdings zuerst erschien, während der erste Band ganz unspektakulär mit 1700 einsetzt, also einen verlängerten, historisch nicht exakt festzulegenden Beginn der modernen deutschen Geschichte unterstellt. In einem vielsagenden Untertitel des Bandes wird eine Annäherung versucht: «Vom Feudalismus des Alten Reiches bis zur defensiven Modernisierung der Reformära». Man fühlt sich erinnert an Heinrich von Treitschkes *Deutsche Geschichte im neunzehnten Jahrhundert*. Eine längere Einleitung führt den Leser zurück zum Westfälischen Frieden von 1648, zu Treitschkes Ausgangspunkt, der mehr als einhundertfünfzig Jahre früher angesiedelt ist. Tatsächlich beginnt Treitschkes Text sogar noch früher, indem er die Geschichte Deutschlands seit der lutherischen Reformation erzählt.

Die deutsche Geschichte wurde von Nipperdey, Wehler und Treitschke aus ganz unterschiedlichen Blickwinkeln betrachtet; jeder wählte den Anfangspunkt, der zu seinem ideologischen Konzept passte. Für Treitschke, der die deutsche Einigung unter Bismarck und der preußischen Krone zu legitimieren suchte, musste der Anfang in den Kontext des norddeutschen Protestantismus und der Erfolgsgeschichte Preußens gestellt werden. Wer danach, wie Nipperdey, von der Bildung des deutschen Nationalstaats erzählte und sich nach dem Ersten beziehungsweise nach dem Zweiten Weltkrieg aufgerufen fühlte, den Nationalstaat zu rehabilitieren, sah im Zusammenbruch des alten «Heiligen Römischen Reiches» und in den frühen Bemühungen um einen neuen gesamtdeutschen Bund einen geeigneteren Anfang. Da der Modernisierungsprozess schon immer als entscheidendes Merkmal der Ära galt, die wir «modern» nennen, suchte man, wie Wehler, einen passenden Ausgangspunkt dort, wo dieser Prozess entstand. Einen überzeugenden Start für die Ära der Moderne zu finden war stets alles andere als selbstverständlich.

Die Berliner Aufklärung, an der Friedrich II. persönlich interessiert und beteiligt war, konnte jedenfalls in seiner Ära, zur Zeit seiner Siege in den Schlesischen Kriegen und seiner erfolgreichen Konsolidierung der territorialen, militärischen und politischen Macht Preußens, noch nicht als bedeutender Wendepunkt in der deutschen Geschichte gesehen werden. Vielleicht war die Berliner Aufklärung immer zu ambivalent, ja nahezu ängstlich gewesen, so dass sich manche der frühen Darstellungen der deutschen Geschichte vor allem und nur auf die literarischen Leistungen jener Zeit bezogen. Georg Gottfried Gervinus veröffentlichte seine *Geschichte der poetischen National-Literatur der Deutschen* zwischen 1835 und 1842, kurz bevor die Hauptwerke der sogenannten borussischen Schule der Geschichtsschreibung erschienen, und in den folgenden Jahren überragte das Werk alle anderen historischen Darstellungen.

Es ist aufschlussreich, sich an die Tatsache zu erinnern, dass sogar die französische Aufklärung, gewiss diejenige in Europa, die besonders intensiv analysiert wurde, mit der Zeit ihre Stellung als wahrer Wegbereiter der Französischen Revolution und als intellektuelle Basis der damit verbundenen welterschütternden Ereignisse verloren hat. Die Bedeutung dieser Revolution war und blieb

Gegenstand von Kontroversen, aber seit etwa fünfzig Jahren hat sie mit der Veröffentlichung der bahnbrechenden Aufsätze des britischen Historikers Alfred Cobban viel von ihrem Glanz verloren. Der Einfluss der Aufklärung auf die Revolution, stellte Cobban unmissverständlich fest, könne nicht gänzlich außer Acht gelassen werden, aber «die Revolutionäre handelten nie gemäß ihren Prinzipien» und fanden keine «klaren Handlungsanweisungen in ihnen».[2] Einige Jahrzehnte später gelang es Robert Darnton, unsere Aufmerksamkeit von den Werken der berühmten Aufklärer weg zu den «verbotenen Bestsellern des vorrevolutionären Frankreich» zu lenken, auf die «Literaten im Untergrund» des Ancien Régime.[3] Die Wendung zur politischen Aktion im letzten Drittel des achtzehnten Jahrhunderts rückte einen großen Teil des zuvor entstandenen intellektuellen Gerüsts in den Hintergrund, neue und meist radikalere Ideale von Freiheit, Gleichheit, Brüderlichkeit wurden nun propagiert.

Die Kontroverse für oder wider die Aufklärung verstummte im ganzen neunzehnten Jahrhundert nicht und setzte sich weit bis ins zwanzigste fort, wobei sie nur selten im Kontext der reinen Historiographie verblieb.[4] Der Philosoph Ernst Cassirer, selbst ein deutscher Jude, publizierte sein Buch über *Die Philosophie der Aufklärung* im verhängnisvollen Jahr 1932. Er stellt darin die Spannung zwischen der Vernunft als Werkzeug der Kritik und der Vernunft als Instrument der praktischen Politik ins Zentrum seiner Interpretation. Andere Wissenschaftler, darunter auch einige deutsche Juden, neigten eher dazu, in der Aufklärung nach Quellen der alten Bildungsideale zu suchen: Individualismus, Humanismus und moralische Integrität. Nur zwölf Jahre später warfen Max Horkheimer und Theodor W. Adorno ihr Buch *Dialektik der Aufklärung* in die Debatte. Sie hatten die Gewalt des Nationalsozialismus erlebt und befanden sich nun auf dem amerikanischen Kontinent im Exil in einem völlig anderen intellektuellen Milieu. Sie fügten dem zuvor streng akademischen Diskurs einen explizit moralischen Ton hinzu.[5] Die Aufklärung diente beiden Autoren zwar als Ausgangspunkt, aber nicht allein für Fortschritt und Befreiung, sondern auch, und das womöglich primär, für alle modernen Formen von Unterdrückung. Der Diskurs der Aufklärung ziele vor allem darauf ab, Kontrolle auszuüben, erst über die Natur, dann über den Menschen. Sie könnte und könne als manipulative Weltsicht missbraucht werden, die zu Entfremdung und gesellschaftlicher Desintegration, zu moralischem Verfall und schließlich zu Totalitarismus führe.

In den achtziger Jahren des zwanzigsten Jahrhunderts wurde diese Kritik ins postmoderne Idiom übersetzt, zum Beispiel durch den Soziologen Zygmunt Bauman. Während Historiker wie Peter Gay weiter in der Aufklärung den glorreichen Anfang der Moderne sahen, wie so oft im neunzehnten Jahrhundert, ließ sich aus Sicht Baumans immer schwerer sagen, was denn die positive Seite der einst so bewunderten Aufklärung sein sollte.[6] Ihm zufolge ist es schwierig, in dieser den Ausgangspunkt für einen Prozess der Befreiung zu finden, der fortlaufend Verbesserungen, «Fortschritt» genannt, zur Folge hat. Sowohl für ihn als auch vor ihm für Horkheimer und Adorno hatte die Aufklärung zwar positive, progressive Aspekte, aber am Ende waren ihre verhängnisvollen Konsequenzen wichtiger. Im Vergleich mit der französischen Aufklärung verlor die deutsche Aufklärung ihren noch verbliebenen Glanz erst recht. Oft stellte sich auch heraus, dass sie kaum dazu taugte, eine Epochenschwelle zu begründen.

II.

Dies galt jedoch nicht für die deutsch-jüdische Geschichtsschreibung. Lange hielt man die Aufklärung für eine Zeit der jüdischen Erneuerung, in der die Juden aus dem Dunkel ins Licht traten, ein Neubeginn für ein ganzes Volk, das Ende von jahrhundertelanger

Unterdrückung. Die jüdische Geschichtsschreibung kennt gemeinhin keine Renaissance, und lange nahm sie die Periode der frühen Moderne nicht zur Kenntnis. Deshalb wurde die Position der Aufklärung als epochaler Wendepunkt lange nicht infrage gestellt, zumindest nicht im deutschsprachigen Mitteleuropa. Sie markierte für jüdische Historiker den Beginn einer modernen Ära.

Heinrich Graetz war der Erste, der die Aufklärung als Epochenschwelle darstellte, und zwar im elften Band seiner groß angelegten *Geschichte der Juden. Von den ältesten Zeiten bis auf die Gegenwart,* die in den Jahren 1853–1875 erschien. Im Zentrum der jüdischen Aufklärung oder der Haskala, wie ihr hebräischer Name lautet, der sich auf Bildung und Gelehrsamkeit bezieht und nicht auf die Lichtmetapher, steht für Graetz der Philosoph Moses Mendelssohn. Graetz und viele, die seinem Vorbild folgten, kombinierten interne jüdische mit externen, meist deutschen historischen Entwicklungen, um einen markanten Wendepunkt etwa in der Mitte des achtzehnten Jahrhunderts nachzuweisen. Bis etwa hundert Jahre nach Graetz behielt dieser Wendepunkt seine zentrale Bedeutung, wenn auch mit anderen Schwerpunkten und mit der Einführung von einigen zusätzlichen Ereignissen.

Viel Beachtung schenken Historiker der Haskala. Eines der jüngeren Werke, die einen groß angelegten historischen Überblick im Zusammenhang mit anderen, parallel verlaufenden Bewegungen der religiösen und politischen Erneuerung jener Zeit bieten, hebt die Berliner Haskala besonders hervor: Christopher Clarks *Preußen. Aufstieg und Niedergang 1600–1947*. Während Clark in der preußischen Geschichte vor allem die Monarchie und ihre Bürokratie in den Mittelpunkt stellt und die Philosophie oder die Entstehung einer aufgeklärten Gelehrtenrepublik in Preußen lediglich streift, beschreibt er die jüdischen Leistungen als intellektuell herausragend. Auch er unterstreicht die bedeutende Rolle von Moses Mendelssohn.[7] Clark scheint der Ansicht beizupflichten, dass die

Juden, die damals bereits zu den Akteuren der neuen Wirtschaft gehörten, auch Interesse an allen Aspekten der bürgerlichen Kultur zeigten. Zur gleichen Zeit verlor die Elite der Rabbiner, geschwächt durch die Eingriffe des absolutistischen Staates, ihre exklusive Machtposition angesichts einer im Entstehen begriffenen jüngeren Führungsriege, die sich vorsichtig säkularisierte und im Allgemeinen gut ausgebildet war. Darüber hinaus schien die bürgerliche Gesellschaft, die sich in den verschiedenen deutschen Ländern langsam herausbildete, bereit zu sein, in gewissen Grenzen den «Eintritt» der Juden zuzulassen. Sowohl die jüdische als auch die deutsche Geschichte schienen einen Wandel zu erfahren, wobei Moses Mendelssohns Leben als geeignetes Modell für diesen zweifachen Wandel gesehen werden kann: für Deutschland als Ganzes ein Schritt aus dem Dunkel ins Licht und für die Juden ein Schritt aus der Isolation in die Integration. Ich möchte Clarks Ansatz insofern folgen, als ich ebenfalls mit Moses Mendelssohn beginne.

Der deutsch-jüdische Philosoph in spe wurde 1729 in Dessau geboren, weniger als 100 Kilometer von Berlin entfernt. Er erhielt eine streng orthodoxe talmudische Erziehung, wie es unter aschkenasischen Juden überall in Ost- und Mitteleuropa damals der Brauch war, und seine ungewöhnlichen intellektuellen Fähigkeiten zeigten sich offenbar schon sehr früh. Als er vierzehn Jahre alt war, kam der bescheidene bucklige Junge nach fünftägigem Fußmarsch, so will es die Legende, an die Tore der preußischen Hauptstadt. Von den Wächtern befragt, erklärte er, dass er «lernen» wolle, denn er hoffte, zu seinem verehrten Lehrer Rabbi David Fränkel zu kommen, der kurz zuvor zum Oberrabbiner Berlins ernannt worden war. Dem Landesgesetz gemäß erhielt er nur eine temporäre Aufenthaltsgenehmigung in der Stadt, in der er in der Tat lernte – mehr, als er zu hoffen gewagt hatte oder sich hatte vorstellen können. Es dauerte nicht lange, da war der junge Mendelssohn bereits regelmäßiger Gast in vielen vornehmen Häusern der reichen jüdischen Elite Berlins. Er vervollkommnete seine Kenntnisse der deutschen Sprache, lernte Griechisch und Latein, Englisch und Französisch und erweiterte seinen Lehrplan noch durch Mathematikunterricht. Besonders bewandert war er bald in der Philosophie, las Leibniz und vor allem Wolff, Shaftesbury, Locke und Voltaire. In einem nächsten Schritt übersetzte der junge Moses Rousseaus *Abhandlung über den Ursprung und die Grundlagen der Ungleichheit unter den Menschen*. Bald darauf begann er, seine eigenen philosophischen Aufsätze zu veröffentlichen, auf Deutsch und auch auf Hebräisch.[8]

Zu Beginn der sechziger Jahre des achtzehnten Jahrhunderts, als Mendelssohn seine Rolle als Fürsprecher für verschiedene jüdische Gemeinden übernahm, gehörte er bereits zur gebildeten Elite Berlins. Er pflegte enge Kontakte zu Lessing, Nicolai und Gleim. 1763 gewann er den ersten Preis für einen philosophischen Aufsatz, der von der preußischen Königlichen Akademie der Wissenschaften verliehen wurde. Den zweiten Platz überließ er Immanuel Kant. Acht Jahre später wurde seine Aufnahme in die Akademie einstimmig, von all ihren Mitgliedern, befürwortet, dann jedoch mehrfach vom König blockiert, dem es offenbar zu weit ging, dass man einen Juden in dieser illustren Institution akzeptierte. Mendelssohn, bisweilen auch als der «deutsche Sokrates» bekannt, war inzwischen ein allseits anerkannter Philosoph, der erste Jude, der je diesen Status in Deutschland erreichte. Er war eine europäische Berühmtheit.

Diesen Erfolg könnte man als Zeichen für ein neues Kapitel in der jüdischen Geschichte verstehen oder sogar als Beginn einer neuen Ära für Preußen. Die Parallelität von jüdischer und preußischer Geschichte erscheint durch ein späteres, recht symbolhaftes Ereignis noch zwingender. Die *Berlinische Monatsschrift*, eine der neuen bürgerlichen Zeitschriften, in denen Themen von öffentlichem Interesse und allgemeiner Bedeutung behandelt wurden, veröffentlichte 1784 in ihren Herbst- und Winterausgaben erst Mendelssohns und dann Kants Antwort auf die von den Herausgebern der Zeitschrift gestellte Frage: «Was ist Aufklärung?»[9] Das Thema wurde unter den Mitgliedern der *Berliner Mittwochsgesellschaft*, deren Sprachrohr diese Zeitschrift war, heiß diskutiert. Es handelte sich um einen Wettbewerb, an dem sich die besten Köpfe des ganzen Landes beteiligten. Die Frage war gewiss nicht einfach, besonders angesichts der königlichen Zensur, die überall in Preußen immer noch schwer auf den wissenschaftlichen Publikationen lastete. Dadurch gerieten die beiden Finalisten Kant und Mendelssohn in hoffnungslose Widersprüche. Beide hatten die Absicht, die Missstände ihrer Zeit zu kritisieren, doch sie konnten die Schwächen des derzeitigen Regimes nicht attackieren. Beide wollten Vorurteile, Aberglauben und Fanatismus bekämpfen, achteten jedoch sorgfältig darauf, die gesellschaftliche Ordnung nicht zu gefährden. Mendelssohn bemühte sich, zwischen der Aufklärung und ihren gebräuchlichsten Synonymen, nämlich Bildung und Kultur, zu unterscheiden. Kant versuchte, zwischen privater und öffentlicher Vernunft unter den Bedingungen des Absolutismus zu unterscheiden. Beide suchten nach Wegen, die freie Meinungsäußerung beziehungsweise die von Mendelssohn so hoch geschätzte Gewissensfreiheit zu propagieren, ohne das herrschende Machtgefüge zu gefährden. In der Tatsache, dass beide ihre Argumentation knapp fünf Jahre vor der Revolution in Frankreich entfalteten, die für alle Zeiten genau diese Ordnung erschüttern sollte, zeigte sich die mangelnde Kraft der deutschen Aufklärung, wenn nicht gar ihr Täuschungspotential. Wider Willen demonstrierten beide ihren Konservativismus, ihr unverbrüchliches Festhalten am Ancien Régime, wie so viele überall in Europa damals, doch vielleicht am sichtbarsten in Deutschland.

Es ist leicht, die Unterschiede zwischen Mendelssohns und Kants Herangehensweise zu zeigen. Kants Einleitungssatz, oft von

Zeitgenossen und späteren Kommentatoren zitiert, versetzt uns elegant von der praktischen in die theoretische Sphäre. «Aufklärung ist der Ausgang des Menschen aus seiner selbstverschuldeten Unmündigkeit», schreibt er. «Sapere aude! Habe Mut, dich deines eigenen Verstandes zu bedienen! ist also der Wahlspruch der Aufklärung», folgert er. Enttäuschend ist es nun, zu sehen, wie sich der Autor der *Kritik der reinen Vernunft* schnell wieder in die Sphäre der Praxis zurückzieht und sich in die qualvolle Anstrengung verstrickt, eine Erklärung dafür zu finden, warum der Vernunft nicht freie Hand gewährt werden dürfe. Nach seinem profunden, ja poetischen Ausgangspunkt geht Kant über zu dem, was die Berliner Mitglieder der Mittwochsgesellschaft, eine Mischung von Gelehrten und einigen hochrangigen Beamten, für die er diesen Aufsatz geschrieben hatte, interessierte. Tatsächlich folgten auf den Aufsatzwettbewerb wochenlange Debatten über Zensur und verschiedene Vorschläge für eine Rechtsreform. Bezeichnenderweise standen die Gefahren einer «zu weit gehenden Aufklärung» im Zentrum ihrer im Geheimen diskutierten Bedenken. Sie suchten nach einer Möglichkeit, die Aufklärung zu fördern und gleichzeitig zu begrenzen, ihre Grenzen so zu definieren, dass die öffentliche Ordnung gewahrt blieb und die ihrer Meinung nach negativen Auswirkungen auf die Gesellschaft verhindert würden.[10]

Kant entsprach dem genau und trat für absolute Gedanken- und Redefreiheit in der Öffentlichkeit ein, während er vollen Gehorsam bei der Erfüllung der staatsbürgerlichen Pflichten forderte, die er der von ihm so benannten Privatsphäre zuordnete. Der öffentliche Gebrauch der Vernunft, schrieb er, müsse immer frei sein, um die Aufklärung unter den Menschen zu verbreiten. Der private Gebrauch derselben Vernunft müsse jedoch zugunsten der Gesellschaft beschränkt werden.

Mendelssohn begann dagegen mit dem Versuch, die Unterschiede zwischen den Begriffen «Aufklärung», «Bildung» und «Kultur» klarzustellen, aber da er, wie Kant, unter dem Druck stand, die *Grenzen* der Aufklärung aufzuzeigen, bestand er auf der grundsätzlichen Unterscheidung zwischen dem Menschen «als Mensch» und dem Menschen «als Bürger». Er fuhr fort mit der Definition der Wahrheiten, die dem Menschen als Mensch vermittelt, und denen, die dem Menschen als Bürger *nicht* vermittelt werden sollten. Beide versuchten das Gleiche: Sie strebten nach einer Aufklärung, die nicht zu weit ging, und nach einem Gebrauch der Vernunft, der die bestehende Ordnung nicht gefährdete. Die Mitglieder der Mittwochsgesellschaft waren hinreichend aufgeklärt, um die Beiträge beider Autoren ernst zu nehmen und Mendelssohns Jüdischsein zu ignorieren. Damals war Mendelssohns Text «Jerusalem» über das Wesen des Judentums gerade erschienen, und die öffentliche Kontroverse über seine eventuelle Konversion war weder vergessen noch abgeschlossen.

Drei Jahre vor den Aufklärungsthesen von Kant und Mendelssohn war 1781 Christian Wilhelm Dohms Schrift *Über die bürgerliche Verbesserung der Juden* erschienen. Dazu angeregt hatte ihn Mendelssohn, indem er ein Hilfegesuch bedrängter elsässischer Juden weiterleitete. Als preußischer Bürokrat und an vielem interessierter Aufklärer nahm Dohm sich der Aufgabe mit großem Enthusiasmus an. Er schrieb eine ausführliche Geschichte der Juden und zeigte, was er als ihr Leid und Elend betrachtete. Er erklärte Eigenheiten der Juden, die ihn offensichtlich abstießen, aus ihrem historischen Werdegang sowie den rechtlichen und sozialen Bedingungen, unter denen sie zu leben gezwungen waren. Seine Überzeugung war, dass die Juden durch eine Änderung dieser Bedingungen in einem aufgeklärten Staat produktive Bürger werden könnten, und unterstützte daher ihr Recht auf volle Gleichberechtigung.

Überall diskutierte man jetzt Fragen der religiösen Aufklärung. Doch nicht Mendelssohn, sondern Kant stellte sie in seinem Aufsatz in den Mittelpunkt. Mendelssohn sparte diese Seite des Problems, wahrscheinlich absichtlich, ganz aus. Aber auch wenn er die religiöse Aufklärung in seiner Schrift von 1784 nicht direkt ansprach, so muss sie ihn doch sehr beschäftigt haben und ebenso seine jüdischen und nichtjüdischen Leser. Mendelssohn nahm eine gemäßigte Position ein, wenn er sich zur Aufklärung im Allgemeinen und zur Haskala äußerte. Das macht ihn, wie Graetz später folgerte, zu der Person, die sich dazu eignete, einen Neubeginn für die jüdische Geschichte zu markieren. Könnte er diese Rolle auch für die deutsche Geschichte einnehmen?

Genau zweihundert Jahre nach den Aufklärungsschriften von Kant und Mendelssohn erschien 1984 ein Aufsatz von Michel Foucault mit demselben Titel: «Qu'est-ce que les Lumières?» – «Was ist Aufklärung?», in dem man immer noch ein Echo der Nähe zwischen Kant und Mendelssohn vernehmen kann. «Mit den zwei in der *Berlinischen Monatsschrift* publizierten Texten», schrieb Foucault 1984, «erkennen die deutsche Aufklärung und die jüdische Haskala, dass sie zur selben Geschichte gehören.» Und während wir den Schluss des Satzes vielleicht zu Recht infrage stellen könnten, in dem Foucault behauptet, dass beide versuchten, «den gemeinsamen Prozeß zu bestimmen, aus dem sie hervorgegangen sind», und die Ankündigung eines «gemeinsamen Schicksals» annahm, so könnte man doch seiner Schlussfolgerung zustimmen: «Wir wissen heute, zu welchem Drama dies führen sollte.» Ihm zufolge ist es ein gemeinsames Drama, das deutsche und jüdische Geschichte für eine unabsehbare Zukunft miteinander verband und zurückreichte bis zur Aufklärung.[11] Dies scheint mir ein guter Ausgangspunkt für eine deutsche Geschichte aus jüdischer Sicht zu sein.

III.

Wenn die deutsche Aufklärung und die jüdische Haskala zur selben Geschichte gehören, dann ist es gewiss nicht falsch, den Ausgangspunkt der einen auch für die Erzählung der anderen zu nehmen. So können die moderne deutsche Geschichte und die moderne jüdische Geschichte zum selben Zeitpunkt beginnen. Dies ist jedoch immer wieder infrage gestellt worden. Die Kritik von jüdischer Seite kam zuerst von Historikern, die es vorzogen, die Betonung auf die Geschichte der osteuropäischen Juden zu legen und nicht primär auf die Juden in Deutschland. Eine Generation nach Graetz bezog Simon Dubnow die Juden in Russland in die Erzählung ihrer deutschen Glaubensgenossen mit ein. Im Rahmen seines übergreifenden Ansatzes zog er es vor, mit der Inkraftsetzung der Gleichberechtigung der Juden während der Französischen Revolution zu beginnen. Seiner Ansicht nach war *dies* der entscheidende Schritt zur jüdischen Moderne überall in Europa, im Osten und im Westen. Für andere, besonders für diejenigen, die im frühen zwanzigsten Jahrhundert national dachten, aber früher auch für viele osteuropäische Maskilim (Aufklärer), galt Mendelssohn oft als Stimme der Assimilation und daher eher als ein Zeichen für den Niedergang als für die Erneuerung. Sie sahen in der bürgerlichen Gleichstellung keine schöne neue Welt, sondern vielmehr das Ende des jüdischen Stolzes und den Beginn der Auflösung einer jahrhundertealten eigenständigen jüdischen Identität. Es gab und gibt vor allem heute jüdische Historiker, die den Wandel zur Moderne unabhängig von Mendelssohn datieren wollen. Jacob Katz zum Beispiel betonte den Zusammenbruch der traditionellen jüdischen Gesellschaft während der letzten beiden Dekaden des achtzehnten Jahrhunderts und leitete damit eine neue Erzählung der deutsch-jüdischen Geschichte ein, allerdings keine positive und verheißungsvolle. Andererseits beginnt er in einem früheren Buch den «Weg der jüdischen Gesellschaft in die Moderne» am Ende des Mittelalters.[12] 1985 beschrieb Jonathan Israel in seinem Werk *European Jewry in the Age of Mercantilism* einen Prozess des Niedergangs, den er für Juden und das Judentum im ganzen achtzehnten Jahrhundert für charakteristisch hielt, während David Ruderman die Geschichte einer umfassenden Transformation jüdischen Lebens im achtzehnten Jahrhundert erzählt, ohne das Paradigma von Erneuerung und Fortschritt überhaupt einzubeziehen.[13] Außer Ruderman wären auch die Historiker Jonathan Hess und David Sorkin zu nennen, die es sich erneut zur Aufgabe machten, einen Wendepunkt sowohl für die deutsche als auch für die deutsch-jüdische Geschichte in der Frühen Neuzeit zu sehen.[14]

Doch schon die Maskilim, die jüdischen Aufklärer, sahen sich als Repräsentanten eines neuen Zeitalters. Moses Mendelssohn hat die Haskala bei den Juden möglicherweise nicht sehr aktiv über ein erstes Stadium hinaus vorangetrieben. Andere waren in dieser Hinsicht aktiver, zum Beispiel Naphtali Herz Wessely oder Isaac Abraham Euchel. An Mendelssohns Lebensgeschichte werden, wenn vielleicht auch nur symbolisch, Potential und Begrenzungen dieses Neubeginns sichtbar, für Juden wie für Nichtjuden.

Mendelssohns Ruhm wuchs in den sechziger Jahren des achtzehnten Jahrhunderts beträchtlich. Als das Jahrzehnt zu Ende ging, traf sich die aufgeklärte Gesellschaft in seinem Berliner Salon in der Spandauer Straße 68. Die Besucher kamen aus ganz Deutschland und aus dem Ausland. Zu dieser Zeit ging er ausgiebig auf Reisen, pflegte umfangreiche Briefkontakte und veröffentlichte philosophische Aufsätze. Er war hoch beschäftigt. Seine Leistungen aber können seine Enttäuschungen nicht überdecken. Shmuel Feiners Mendelssohn-Biographie geht darauf ausführlich ein, und ich stütze mich im Folgenden auf seine Darstellung. Demnach begann Mendelssohns Karriere als Polemiker auf nichtjüdischer Bühne mit einer Replik auf eine negative Rezension von Lessings frühem

Theaterstück *Die Juden*. Verfasst hatte sie Johann David Michaelis, der Theologe der Universität Göttingen, dem wir schon begegnet sind. Mendelssohn war verletzt. Er konnte nicht fassen, dass mitten im aufgeklärten Deutschland derart tief sitzende Vorurteile gegen Juden lebendig waren. Später jedoch tauchten diese Vorurteile immer wieder auf, oft gerade dann, wenn er es am wenigsten erwartet hatte. Er war ein zutiefst optimistischer Philosoph, doch er wurde immer wieder bitter enttäuscht.

Vielleicht traf ihn die folgende Episode am heftigsten: Ein gelegentlicher Gast im Hause Mendelssohn war Johann Caspar Lavater, ein Geistlicher aus Zürich, der für seine Studien zur Physiognomie berühmt wurde. Mendelssohn hatte offenbar im privaten Gespräch ihm gegenüber seinen grundsätzlichen Respekt vor dem Christentum geäußert. Kurz darauf veröffentlichte Lavater seine Übersetzung eines Buchs seines französischen Kollegen Charles Bonnet: *Untersuchung der Beweise für das Christentum*. Er widmete es überraschenderweise niemand anderem als seinem jüdischen Freund und forderte ihn auf, Bonnets Ausführungen zu widerlegen oder sie zu akzeptieren und zu konvertieren. Mendelssohn fühlte sich verletzt, verraten, in die Ecke gedrängt und gezwungen, gegen seinen ausdrücklichen Wunsch seinen Glauben zu verteidigen. Da er dennoch meinte antworten zu müssen, wies er die missionarische Schwärmerei Lavaters offen zurück und bestand auf seinem Recht, Jude zu bleiben. Darüber hinaus entschied sich Mendelssohn nun, das Judentum als diejenige Religion zu verteidigen, die sich durch Toleranz auszeichne und im Einklang mit den Erfordernissen des modernen Staates stehe. Sie sei eine wahre «Naturreligion» – oder «Vernunftreligion», wie man es damals auch ausdrückte –, gerechtfertigt durch das providentielle Prinzip der Verschiedenheit und besonders passend für das Leben in einem aufgeklärten Staat.[15]

Toleranz wurde seitdem zum Hauptthema fast aller Veröffentlichungen Mendelssohns. Negative Einstellungen gegenüber Juden und dem Judentum, sogar unter seinen aufgeklärten Freunden, diverse Ritualmordlegenden überall in Europa und weitverbreitete Vorurteile gegenüber ihrem Leben und ihren Gebräuchen – all das erschütterte seinen ursprünglichen Glauben daran, dass sich eine vernunftgeleitete Menschlichkeit durchsetzen werde.

Lavater ließ seinen missionarischen Eifer nicht nur Mendelssohn angedeihen. Er beabsichtigte sogar, an Rousseau heranzutreten, und später wandte er sich an Goethe, der den Erfinder der Physiognomie sehr schätzte, aber seine missionarischen Bemühungen mit leichter Hand abtat. Für Mendelssohn waren dies verstörende Entwicklungen. Die Tatsache, dass sich Charles Bonnet selbst wie auch viele seiner aufgeklärten Bekannten in und außerhalb von Berlin privat und öffentlich von Lavater distanzierten, verhinderte nicht, dass der weise Jude körperlich und mental erkrankte und sich für eine Reihe von Jahren aus der Öffentlichkeit zurückzog. Auch die Lektüre von Christian Wilhelm Dohms 1781 veröffentlichtem Buch *Über die bürgerliche Verbesserung der Juden* konnte ihn nicht beruhigen. Obwohl Mendelssohn selbst diese Schrift angeregt hatte, konnte er seine Verstörung nicht verbergen. Er war damals mit einem Vorwort für eine Übersetzung eines englischen Traktats aus dem siebzehnten Jahrhundert, «Vindiciae Judaeorum», von Menasse Ben Israel, einem sephardischen Drucker, Autor und Diplomaten, befasst. Diesen Text nutzte er, um seine Irritation über Dohms Argumentation darzustellen. Er räumte ein, dass Dohm einen wichtigen Schritt vorwärts getan habe, besonders indem er «in dem Menschen nur den Menschen» betrachte, wie er es hier ausdrückte. Doch in diesem Buch gab es Passagen, die seine Kritik herausforderten. Aus Mendelssohns Sicht war Dohms Beschreibung des zeitgenössischen Judentums inakzeptabel. Seine Unterstellung, Juden pflegten sinistre Gebräuche und eine rückständige Kultur, führten nur dazu, so Mendelssohn, alte Vorurteile zu reaktivieren, statt sie klar zu widerlegen. Er bestand darauf, dass ihre Gleichstellung als Bürger nur auf den Prinzipien des Rechts basieren müsse, sie sei keine Gratifikation für «gutes Benehmen».

Mendelssohn war lange verzweifelt und deprimiert. Trotz aller Anstrengungen, meinte er, gelinge es der Aufklärung nicht, die Menschen von der «Barbarei» zu befreien, besonders vom tief sitzenden generationenalten Judenhass. Im Mittelalter wurden Juden zur «unnützen Last der Erde» erklärt, allein deshalb, weil sie keine Christen waren. Das reichte, um «dem verworfenen Scheusale alle Greuel anzudichten» und dem «Haß und der Verachtung aller Menschen» auszusetzen. Im Zeitalter der Aufklärung beschuldigte man die Juden, sie seien nicht reif für die Staatsbürgerschaft, sie könnten weder der Kunst noch der Wissenschaft angemessen dienen und nicht einmal einen nützlichen Beruf ausüben. «Man bindet uns die Hände», fasste Mendelssohn zusammen, «und macht uns zum Vorwurfe, dass wir sie nicht gebrauchen.» Voller Ironie fügte er hinzu: «Vernunft und Menschlichkeit erheben ihre Stimme umsonst; denn graugewordenes Vorurtheil hat kein Gehör.»[16]

IV.

Mendelssohn gelang es, wieder Mut zu fassen, während andere, die vielleicht nie so viel erhofft hatten wie er, ihre Hoffnungen nie ganz fallen ließen. In Dohms Buch spiegelte sich eine typische Mischung aus aufgeklärtem Denken und bürokratischem Etatismus. Es ging vor allem darum, vorsichtig den preußischen Staat zu reformieren. Der Text schien jedoch eine positive Botschaft für die Juden selbst und auch für jene, die deren Forderung nach Gleichberechtigung unterstützten, zu beinhalten. In weiten Kreisen wurde man sich immer mehr bewusst, dass Toleranz allein nicht ausreichte. Oft wurde darin lediglich ein Mittel gesehen, um Konversionen durchzusetzen, und das galt nicht nur für Schwärmer wie Lavater. Christliche und jüdische Stimmen riefen nun stattdessen nach Rechtsansprüchen, nach einer Maßnahme der Politik statt nach einer Tugend, auf die man sich nicht verlassen konnte. Es gab aber auch viele, die Einwände gegen derartige Maßnahmen erhoben. Da waren Juden, die den Verlust von Gemeindeprivilegien und den Einfluss von zu vielen gefährlichen modernen Ideen befürchteten, und Deutsche, die sich von jeher oder auch neuerdings dagegen wehrten, Juden unmissverständlich Rechte zu gewähren, die deren Gleichberechtigung nicht nur in mehr oder weniger begrenzten Bereichen der Gesellschaft, sondern auch in einem reformierten modernen Staat festlegten.

Interessanterweise war es wiederum der Göttinger Theologe Michaelis, der aus dem Lager der Christen den schärfsten Widerspruch gegen Dohms Vorschläge formulierte. Nach seiner harschen Kritik von Lessings Stück *Die Juden* war er von Mendelssohns frühen philosophischen Werken beeindruckt, und mehrere Jahre lang führten die beiden einen freundschaftlichen Briefwechsel. Doch nun kam bei Michaelis der alte Widerstand gegen jedwede Integration der Juden in die deutsche Gesellschaft, erst recht gegen ihre Gleichberechtigung, mit Macht wieder zum Vorschein. Aufgrund ihrer Religion, schrieb er in einer Replik auf Dohm, könnten Juden niemals treue, verlässliche Staatsbürger werden. Vor allem die Tatsache, dass sie sich selbst als eigenständige Nation definierten, stehe einer Gleichstellung im Weg.[17] Michaelis' Argumente gegen Dohm führten dazu, dass sich bei Mendelssohn im späteren Alter der Pessimismus verfestigte: Die Toleranzpredigten und Toleranzbekenntnisse der aufgeklärten Christen, ob Katholiken oder Protestanten, erwiesen sich als bloßer Schein, denn die alten Vorurteile waren mächtiger. Wie auch immer man für die Gleichberechtigung der Juden argumentierte, die Vorurteile waren stärker, hartnäckig und starr.

Was die Situation für Mendelssohn zusätzlich erschwerte, war, dass Intoleranz zwischen verschiedenen jüdischen Gemeinden zum

Thema einer heftigen öffentlichen Debatten geworden war. Einige christliche Beobachter bemerkten die innerjüdischen Kontroversen in Prag, Hamburg und Berlin. Der satirische, deistische Schriftsteller August Cranz, auch er ein früherer Freund von Mendelssohn, verlangte von seinem aufgeklärten jüdischen Vorbild in mehreren Publikationen, er müsse eindeutig gegen die Intoleranz unter Juden Stellung beziehen, er solle zugeben, dass dieses Problem in seinen eigenen Reihen existiere. Somit müsse er auch in der Lage sein, sich in diesem Kontext öffentlich davon zu distanzieren.

Gegen Ende des Jahres 1783 konnte Mendelssohn nicht mehr ausweichen, er musste auf diese Herausforderung reagieren. Und abermals schrieb und veröffentlichte er unter äußerem Druck einen Text. Später galt *Jerusalem oder über religiöse Macht und Judenthum* als sein einflussreichstes Buch. Mendelssohn verteidigte seine unerschütterliche Loyalität zum Judentum, indem er wieder darlegte, dass diese Religion mit der Aufklärung vollkommen vereinbar sei. Ihr Glaube sei grundsätzlich tolerant, betone die praktischen Gebote und die biblische Erzählung von der Geschichte Israels, ohne irgendein Glaubensdogma aufzustellen. Entgegen dem Anschein repräsentiere das Judentum das Beste an der Aufklärung. Es verkörpere die spirituellen Ideale, die ein christlicher Aufklärer praktizieren und nicht nur verkünden sollte: Vernunft, Menschlichkeit und Toleranz.

Nur wenige ließen sich überzeugen. Schließlich war Mendelssohn mittlerweile selbst ein altgedienter Mitstreiter vieler innerjüdischer Kämpfe, in denen er Argumente gegen Gemeinderabbiner ins Feld führte, die keinerlei Toleranz gegenüber abweichenden Positionen zu diversen halachischen Themen zeigten. Wiederholt drohten sie ihren Gegnern mit der Exkommunikation. Mendelssohn wusste, dass Toleranz für den innerjüdischen Diskurs keineswegs charakteristisch war, sondern ebenso selten wie bei anderen Deutschen. Die Kluft zwischen Ideal und Wirklichkeit war im

Judentum so offensichtlich wie im Christentum. Religiöse Toleranz wurde überall diskutiert, wie Mendelssohn sehr richtig feststellte. Aber sie wurde selten praktiziert.

Das Toleranzdefizit der Aufklärung, besonders hinsichtlich der Religion, ist bekannt. Immer wieder war es Thema mahnender Appelle, und das bereits seit dem späten siebzehnten Jahrhundert, als Locke seinen *Brief über die Toleranz* veröffentlichte. Er reagierte damit auf religiöse Konflikte, die er im holländischen Exil erlebte, auf die Aufhebung des Toleranzedikts von Nantes durch Ludwig XIV. in Frankreich und auf Spannungen zwischen Katholiken und Anglikanern in England. Das Thema blieb in ganz Europa auf der Agenda der Aufklärung. Dass es nötig war, immer wieder für die Förderung der Toleranz einzutreten, belegt, wie schwer es war, sie umzusetzen. In Deutschland, wo die aufgeklärte Philosophie besonders mit religiöser Argumentation beschäftigt war, gewann dieses Thema eine besondere Bedeutung. Normalerweise spielten die Juden bei den wichtigen Debatten nur eine Nebenrolle, da die zentralen religiösen Konflikte zwischen Katholiken und Protestanten ausgetragen wurden. Aber die Frage der Toleranz gegenüber Juden schien das Problem schlaglichtartig zu verdeutlichen – zwar vom Rand aus, doch mit einzigartiger Intensität. Die Vorurteile gegenüber Juden waren stärker als tolerante Ansichten, selbst bei entschiedenen Verteidigern der Aufklärung und Unterstützern der Rechte der Juden. Gewohnheitsmäßig wurde ständig wiederholt, was man seit Generationen als abstoßende Aspekte der Juden und des jüdischen Lebens angesehen hatte. Theologen beider Konfessionen und viele säkulare Bürokraten praktizierten das so. Das Toleranzprinzip, das für Diskussionen unter Christen akzeptiert wurde, galt nur selten gegenüber den Juden.

Schließlich gab es doch einen Moment der Bestätigung für Mendelssohn. Einer der wichtigsten Verfechter religiöser Toleranz in Deutschland war sein Freund Lessing. Oft ging es bei dessen eigenen Auseinandersetzungen mit der Kirche um Fragen der Toleranz. 1779 schloss Lessing das Manuskript seines Dramas *Nathan der Weise* ab, in dem er seine Gedanken zu diesem Thema zusammenfasste. Das Versdrama wurde erst 1783 mit großem Erfolg uraufgeführt, zwei Jahre nach seinem Tod. Schauplatz ist das Jerusalem des zwölften Jahrhunderts, und Vorbild für die Hauptfigur, den alten, weisen Juden, war zweifellos Moses Mendelssohn. Die beiden Freunde hatten sich in den letzten zehn Jahren vor Lessings Tod nur selten getroffen. Obwohl während der Lavater-Affäre nicht erkennbar war, dass Lessing Mendelssohn unterstützte, versuchte er doch, dem Freund beizustehen, als dieser infolge der Cranz-Affäre unter Druck stand.[18] Auf der Bühne gelingt Nathan die Botschaft der Toleranz, so dass Juden, Muslime und Christen freudig zusammenkommen können. Doch am Ende, «Unter stummer Wiederholung allseitiger Umarmungen», wie die Bühnenanweisung in der Urschrift lautet, steht Nathan allein da. Alle Beteiligten in dieser Geschichte erweisen sich als Mitglieder einer einzigen glücklichen Familie, nur Nathan gehört nicht dazu. Er steht für sich, eine tragische Figur, auch wenn das sein literarischer Schöpfer womöglich nicht einmal beabsichtigt hatte.

2. Wohlwollende Autokratie

I.

Der Blick auf Mendelssohn im vorhergehenden Kapitel zeigt eine zusätzliche Schwierigkeit, die mein Thema beinhaltet. Menschen, die ihr Leben aufzeichnen und uns Schriften und eine mehr oder weniger vollständige Privatkorrespondenz überliefern, sind Kronzeugen ihres Lebens wie auch ihrer Zeit. Mendelssohn ist sicherlich so ein Kronzeuge. Nun kann das, was er geschrieben hat, auf mehr als eine Weise interpretiert werden. Aber selbst wenn wir Mendelssohn einigermaßen richtig verstehen, fragt sich immer noch, wie repräsentativ eine solche Ausnahmeerscheinung für die Einstellung seiner jüdischen Glaubensgenossen ist. Kann man aus diesem Zeugnis eine Sicht auf die Geschehnisse in Deutschland zu seinen Lebzeiten ableiten, die als vorherrschende «jüdische Sicht» gilt? Welche Ansichten hatten die anderen Juden zu seiner Zeit, wie stand es um deren eigene individuelle Erfahrungen und ihre eigenen Auffassungen?

Wir sollten auch nicht aus dem Blick verlieren, dass im achtzehnten Jahrhundert die Mehrheit der Juden, wie auch die Mehrheit aller Deutschen, noch nie von den Ideen der Aufklärung gehört hatte. Man interessierte sich auch nicht sonderlich für ihre Grundsätze und Visionen. Mendelssohns Glaubensgenossen in ganz Preußen und in allen anderen deutschen Ländern waren nie mit Toleranz in Berührung gekommen – weder als Begriff noch als Teil ihrer täglichen Erfahrungen. Diskriminierungen dagegen kannte jeder, sie waren alltäglich und nicht zu übersehen.

Im achtzehnten Jahrhundert basierte der Rechtsstatus der Juden im größten Teil Preußens auf dem «Revidierten Generalprivilegium und Reglement» von 1750. Von einer graduellen Lockerung dieses strikten Reglements war vor den späten 1780er Jahren wenig zu merken. Zu Mendelssohns Lebzeiten lag ein echter Wendepunkt, wie er sich schließlich im sogenannten Preußischen Judenedikt von 1812 manifestierte, noch in weiter Ferne. Bis dahin wurden die preußischen Juden in sechs Kategorien eingeteilt, nicht überraschend in einem hochgradig bürokratischen Staat. Die erste Kategorie umfasste die «Generalprivilegierten», die überall leben und normalerweise die meisten Berufe ausüben konnten, solange sie dem Staatssäckel beträchtliche Summen einbrachten. In die letzte Kategorie gehörten alle, die «schutzlos» waren. Sie brauchten für jede Veränderung eine Genehmigung, für jeden Schritt, was auch immer es betraf, ob Familienstand, Aufenthaltsort oder Beruf. Alle anderen Juden lebten mit Einschränkungen unterschiedlichster Art und Weise und mussten an allen Ecken und Enden Gebühren und Zölle zahlen.[19] Mendelssohn zum Beispiel hatte zunächst nur eine zeitlich beschränkte Aufenthaltserlaubnis in Berlin. Später musste er fast ein ganzes Jahr darauf warten, dass man ihm gestattete, seine Braut zu heiraten und aus Hamburg zu sich zu holen. Seine «Privilegien» waren bis zuletzt begrenzt, und sie galten keinesfalls für seine Familienmitglieder.

Während seiner vielen Reisen durch ganz Deutschland wurde ihm nur sehr selten die Zahlung des demütigenden «Leibzolls» erlassen, und das auch nur auf Bitten seiner gutsituierten Wohltäter. Obwohl in den Synagogen des ganzen Landes immer wieder das schmeichelhafte Loblied auf den gnädigen König gesungen wurde, war die aufgeklärte Monarchie für Mendelssohn, wie auch für die meisten Juden in Preußen und anderen Territorien des Reichs, nicht mehr als eine leere Phrase. Man kann davon ausgehen, dass sie für die meisten Nichtjuden ebenfalls eine leere Phrase war. Die starke Hand der Bürokratie war überall zu spüren. Im Laufe der Zeit wurde ihr Regiment nur noch strenger und effizienter.

Mitte der 1780er Jahre begann sich allerdings die Stimmung zu verändern. Dohms Buch *Über die bürgerliche Verbesserung der Juden* wurde auch jenseits der Grenzen Preußens gelesen und diskutiert. «Der Jude ist noch mehr Mensch als Jude», stellte Dohm kühn fest.[20] Seine These war, dass die typischen «Charakterschwächen» der Juden Ergebnis ihrer Jahrhunderte währenden Unterdrückung seien. Sie würden verschwinden, wenn die rechtliche Benachteiligung aufhöre. Keineswegs vollständig, doch partiell seien diese «Schwächen» durch die offenkundigen Talente der Juden ausgeglichen, man könne sie jedenfalls durch angemessene Bildung «verbessern». Das konnte Mendelssohn nicht überzeugen, viele andere hingegen sicher schon, darunter viele Juden. Das Buch war kein Aufruf zu radikaler sozialer oder politischer Veränderung. Dohms Stimme war vielmehr die des preußischen Establishments, das nach Wegen suchte, den Staat zu festigen, indem man ihn inklusiver und gerechter machte, damit er auch in Zukunft unter seinem königlichen Herrscher prosperiere. Die neuen Toleranzpatente, die Joseph II. in dieser Zeit für die österreichischen Erblande erließ, waren ebenfalls nur ein zaghafter Schritt in Richtung Fortschritt. Das Edikt von 1782, das sich speziell auf die Juden bezog, versprach sicher sehr viel, machte aber zugleich klar, dass die sozialen Schranken für die Juden beibehalten werden mussten.[21] Dennoch war es ein Hoffnungszeichen, dass eine Gleichstellung überhaupt in Betracht gezogen wurde. Bald darauf führte die Französische Revolution dazu, dass auch Juden in einigen deutschen Territorien zu vollberechtigten Bürgern wurden.

Religiöse Toleranz war für die französische Aufklärung eine ebenso große Herausforderung wie für die deutsche.[22] Voltaires Verachtung der Juden – der biblischen wie der zeitgenössischen – wurde genauestens zur Kenntnis genommen. Erst die Revolution verschaffte der «Radikalaufklärung» Geltung, um Jonathan Israels passenden Begriff zu verwenden.[23] So waren am 28. Januar 1790 die sogenannten portugiesischen Juden in Frankreich die Ersten, die die vollen Bürgerrechte erhielten. Am 27. September 1791 beschloss die französische Nationalversammlung, dass alle Juden, die den Bürgereid ablegten und somit zur «Erfüllung sämtlicher in der Verfassung festgeschriebenen Pflichten gebunden seien», ein Anrecht auf sämtliche darin garantierten Privilegien hätten. Etwas früher hatte Baron Clermont-Tonnerre bereits in der Nationalversammlung dazu aufgefordert, «den Juden als Nation alles zu verweigern, den Juden als Menschen aber alles zu gewähren».[24] Dies blieb in der Folgezeit fast überall die Grundlage für die jüdische Emanzipation, in Frankreich wie in Deutschland. Individuelle Rechte wurden gewährt, doch für die jüdische Gemeinde gab es nur sehr begrenzte Rechte.

Die Reaktionen von jüdischer Seite auf die vorsichtigen Reformanstrengungen und auf die revolutionären Aktionen danach waren unterschiedlich. Manche stellten sich gegen jede Änderung, welcher Art auch immer. Die Mehrheit jedoch akzeptierte, oft mit einem gewissen Enthusiasmus, was nun zwischen ihnen und der christlichen Gesellschaft wie auch dem Staat, in dem sie so lange gelebt hatten, als neuer Vertrag gewertet werden konnte. Darüber hinaus verstärkte dies von *außen* die eigenen Bemühungen der Juden um eine Reform des Judentums und von *innen* ihre Bemühungen, sich in die nichtjüdische Gesellschaft zu integrieren.

Moses Mendelssohn erlebte all das nicht mehr. Er starb 1786, als sich manches in Preußen, aber auch in anderen Teilen Deutschlands zu verändern begann. Als Napoleon und seine Armeen den Rhein überquerten, war der Boden dafür bereitet, dass seine revolutionäre Rechtsordnung akzeptiert wurde, einschließlich der darin enthaltenen neuen Regeln für die Juden. Die bürgerliche Gleichberechtigung der Juden wurde in den von Frankreich annektierten oder durch Frankreich neu geschaffenen Gebieten wie dem Königreich Westphalen schnell eingeführt, in anderen französisch kontrollierten Gebieten Deutschlands galt die Gleichstellung nur teilweise und in unterschiedlichem Ausmaß. Gewiss, einige Beschränkungen, die eine bestimmte Gruppe von Juden betrafen, führte Napoleon im Edikt von 1808, dem sogenannten *décret infâme*, selbst wieder ein. Doch der Vormarsch der Emanzipation kam weder in Frankreich noch in Deutschland zum Erliegen.

Die Juden in Westphalen ergriffen die Gelegenheit, ihre Gemeindestrukturen von Grund auf neu zu organisieren, und versuchten sogar ihrerseits, ihr religiöses Leben zu modernisieren. Wenig später versuchte auch das Großherzogtum Baden, das nicht unter direkter französischer Herrschaft stand, den Grundsatz der bürgerlichen Gleichberechtigung einzuführen, wenn auch mit gewissen Beschränkungen und nicht ohne wiederholt auf die Notwendigkeit hinzuweisen, die Juden seien zu «verbessern» und zu «nützlichen» Staatsbürgern zu machen. In Bayern gipfelte die allmähliche Aufhebung der verschiedenen Beschränkungen, vor allem die Abschaffung des verhassten «Leibzolls» aus dem Jahr 1808, im Edikt von 1813, das den Grundsatz der Gleichberechtigung zwar anerkannte, aber nicht nur zahlreiche ältere Verbote aufrechterhielt, sondern manches Verbot neu hinzufügte.

Die richtige Balance zwischen alten und neuen Verfassungsregelungen für die Juden zu finden erwies sich in der Stadt Frankfurt am Main als besonders schwierig. Die große jüdische Gemeinde lebte in der Freien Reichsstadt unter dem Schutz des Kaisers und wurde vom Stadtrat geduldet, durfte jedoch nur innerhalb der Grenzen einer engen «Judengasse» wohnen. Obwohl sie wirtschaftlich sehr aktiv waren, mussten Juden bis 1806 unter zahlreichen mühevollen und demütigenden Beschränkungen leben. In den Jahrhunderten zuvor mussten sie sich ihre wenigen Sonderrechte mit großen Geldsummen erkaufen, die wiederholt zu verhandeln und an die verschiedenen Behörden der Stadt zu zahlen waren. In Unterschied zu anderen Freistädten brachte die Änderung des Status Frankfurts durch die Ankunft der Franzosen zunächst kaum Änderungen für die Juden. Als man aber im Jahre 1806 unter der kurzen Herrschaft des Rheinbundes – und auch durch den Druck der Franzosen – allen Untertanen volle Bürgerrechte gewährte, wurden sie auch den Juden zugestanden. Allerdings geschah dies nicht ohne langwierige Verhandlungen und, wieder einmal, nicht ohne die Zahlung größerer Geldbeträge. Als Frankreich jedoch geschlagen war, nutzte die Stadt jede Möglichkeit, die Rechte der Juden sukzessive wieder einzuschränken.[25]

Die Entwicklung in den drei nördlichen Hansestädten Hamburg, Bremen und Lübeck verlief in dieser Hinsicht ähnlich. Eine Kombination aus französischer Intervention und der Zahlung stetig wachsender Summen ermöglichte es, den dort lebenden Juden, ihren Status zu verbessern. In Hamburg erlangten sie kurzzeitig die volle Gleichberechtigung. In Lübeck wurde ihnen schließlich sogar das Recht zugestanden, in der Stadt ein Grundstück für den Bau einer Synagoge zu erwerben. Und in Bremen, wo Juden zuvor nie ein ständiges Aufenthaltsrecht gehabt hatten, wurden die Behörden während der französischen Besatzung gezwungen, einige jüdische Familien aufzunehmen. Doch als sich die französischen Armeen zurückzogen, gelang es den Stadträten mit Unterstützung der Zünfte und lokaler Persönlichkeiten, den Juden diese Rechte wieder zu entziehen. Während sich Aufklärung und Revolution eine Zeit lang im Zusammenspiel mit den überkommenen Formen von Bittstellerei und behördlich erwarteter Bestechung zugunsten der Juden auswirkten, schien Deutschland in der postnapoleonischen Ära für beides unempfänglich. Das Land befand sich trotz allem deutlich in einer Phase der Veränderungen.

II.

Die Komplexität dieser Situation kommt in der Geschichte der Emanzipation in Preußen beispielhaft zum Ausdruck. Tatsächlich wurden die Juden dort zuerst offiziell von «Untertanen» zu «Staatsbürgern» erhoben. «Die in Unsern Staaten jetzt wohnhaften, mit General-Privilegien, Naturalisations-Patenten, Schutzbriefen und Konzessionen versehenen Juden und deren Familien sind für Einländer und Preußische Staatsbürger zu achten», heißt es in Artikel 1 des Preußischen Edikts von 1812 die Juden betreffend. Und in Artikel 7 wird hinzugefügt: «Die für Einländer zu achtenden Juden hingegen sollen (…) gleiche bürgerliche Rechte und Freiheiten mit den Christen genießen.» Das Edikt ist von einer Mischung hehrer Grundsätze mit einer Reihe von konkreten Anordnungen zur «Verbesserung» der Juden geprägt, die zu erfolgen habe, bevor weitere «Zugeständnisse» gemacht werden dürfen. Dass dieser progressive Gesetzestext viele Fallstricke und Einschränkungen für Juden enthielt, zeigt sich allein schon daran, dass das Edikt 39 Artikel umfasst. Ganz anders präsentieren sich dagegen die klaren, einfachen und in einem Satz formulierten französischen Emanzipationsedikte oder die ähnlich direkt formulierten Gesetzesmaßnahmen, die den Emanzipationsprozess in Deutschland während der Revolution von 1848 schließlich zu Ende führten.[26]

Dennoch war das preußische Edikt eine bemerkenswerte Errungenschaft. Es war schließlich die gleiche Bürokratie, die den Juden zuvor im ganzen Land eine Beschränkung nach der anderen aufgebürdet hatte, die nun die Rolle eines Fürsprechers der progressiven, ja sogar aufgeklärten Reform spielte. Angesichts der Erfolge, die Frankreich aufzuweisen hatte, zunächst im Krieg, dann, nicht weniger bemerkenswert, bei der Bildung einer geeinten, mächtigen Nation gleichberechtigter Bürger, die bereit und im Allgemeinen sogar willens waren, sich im Kampf für das Vaterland zusammenzuschließen, erschien eine grundsätzliche Erneuerung des preußischen Regierungssystems und möglicherweise sogar des Regierungssystems in ganz Deutschland immer dringlicher. Das Bündel an Reformen, das von den obersten Rängen der Regierung initiiert und von dem Duo Karl Freiherr vom Stein und Carl August Freiherr von Hardenberg auf den Weg gebracht wurde, stellt auch in den Augen der Zeitgenossen einen Wendepunkt dar. Es war eine «Revolution von oben», die ursprünglich eine Modernisierung der Verwaltung zum Ziel hatte, dann aber eine Neustrukturierung des gesamten Herrschaftssystems in Preußen anstrebte. Die selbstständigen und die nicht ganz selbstständigen Städte erhielten überall im Land neue Verfassungen; die ländlichen Gegenden veränderten sich durch die Abschaffung der Leibeigenschaft, auch wenn diese am Ende nur sehr eingeschränkt umgesetzt wurde. Einige Komponenten freieren Wirtschaftens, wie die Gewerbefreiheit, wurden ganz oder teilweise ins System eingeführt und dann durch Steuerreformen und eine allgemeine Modernisierung der Finanzen vervollständigt. Wenig später nahm man die Reform der veralteten preußischen Armee und die Umstrukturierung des Bildungssystems in Angriff, die von Wilhelm von Humboldt geleitet und mit der Gründung der «Universität zu Berlin» im Jahr 1809 vollendet wurde. Humboldt war es auch, der den Rechtsstatus der Juden änderte.

Die Schockwellen der Reform erschütterten das ganze Land. Man spürte sie umso mehr, als diese oft gegen den Widerstand des Monarchen und großer Teile der einstmals unangefochten herrschenden Führung des Landes durchgesetzt werden musste – gegen den Widerstand der großen Gutsbesitzer, vor allem der ostelbischen Junker. Bei der Reform des Status der Juden kam der Widerstand jedoch auch von unten. Die jüdische Emanzipation war in allen Territorien Preußens, wie auch in anderen deutschen Ländern, von einer Welle der Ablehnung durch das neuerdings ermächtigte lokale Bürgertum begleitet. Die lokalen Verwaltungen legten ihr unablässig Hindernisse in den Weg, und die halbherzigen Reformen bewirkten in der Praxis oft wenig. In Sachsen zum Beispiel, das seine Unabhängigkeit in der napoleonischen Ära weitgehend bewahren konnte, gab es kaum Veränderungen für die Juden. Anderswo blieben gewisse Beschränkungen trotz weitreichender Reformen weiter in Kraft. In Preußen, aber auch in Bayern oder in Mecklenburg-Schwerin waren Juden weiterhin von Staatsämtern ausgeschlossen. In Österreich änderte sich trotz des berühmten Toleranzpatents Josephs II. und salbungsvollen Geredes über die Gleichheit kaum etwas am tatsächlichen Status der Juden. Überall mehrten sich die Anzeichen dafür, dass die Emanzipationsgesetze auch wieder aufgehoben werden konnten.

Sobald klar war, dass sich Napoleon auf dem Rückzug befand, entfalteten Juden und Nichtjuden lebhafte Aktivitäten. Während die einen entschlossen waren, ihre neu erworbenen Rechte zu verteidigen, wuchs bei den anderen das Verlangen, diese wieder aufzuheben. Nach einer Phase des Enthusiasmus zu Beginn der Französischen Revolution weckte die lang anhaltende militärische Besatzung in allen deutschen Ländern zunehmend Widerstand gegen alles, was mit Frankreich in Verbindung gebracht wurde. Die Abkehr von kosmopolitischen und humanistischen Grundsätzen, die Rückkehr zu alten christlichen Werten und die Ausrichtung auf neue nationale Prinzipien machten sich überall bemerkbar. Die Auswirkungen auf das Schicksal der Juden ließen nicht lange auf sich warten. Als Napoleons Niederlage feststand, wurde über den Status der Juden auf dem Wiener Kongress vom September 1814 bis Juni 1815 erneut debattiert.

Mit den vielen Delegierten, die zu diesem eindrucksvollen gesamteuropäischen Kongress in Wien anreisten, kamen auch die Vertreter der Juden.[27] Nachdem sie in ihren Heimatstädten kaum Gehör gefunden hatten und weil es ihnen nicht gelungen war, eine gemeinsame Delegation zu bilden, gelang es nur einer Frankfurter

Delegation und einigen Vertretern der nördlichen Hansestädte, rechtzeitig zu den Eröffnungsveranstaltungen in Wien einzutreffen. Ihre Anwesenheit betrachtete man anfänglich als illegal, und der Präsident der Polizeihofstelle forderte zunächst sogar, sie allesamt zu vertreiben. Die Delegierten schienen jedoch genügend Kontakte zu hochrangigen Politikern und Beamten in der Stadt zu haben, einige selbst zu Fürst von Metternich, dem Leiter des Kongresses, höchstpersönlich, so dass ihnen der Zugang und schließlich der Aufenthalt ohne Einschränkung gestattet wurde, zumindest solange der Kongress tagte.[28]

Es kann hier nicht darum gehen, die Kontroverse über die Rechte der Juden und ihre wechselnden Geschicke auf dem Wiener Kongress umfassend darzustellen. All dies wurde parallel zu den Debatten über andere Themen verhandelt, die für die versammelten Vertreter der europäischen Mächte in der Regel vermutlich weitaus mehr Gewicht hatten. Doch obwohl es sich zweifellos um einen zweitrangigen Punkt der Tagesordnung handelte, förderte er – direkt und indirekt – einige bemerkenswerte und grundsätzliche Fragen zutage.

Die jüdischen Interessen wurden von unterschiedlichen Personen vertreten, die verschiedene Taktiken anwandten, zum Teil aus Gründen, die im Widerspruch zueinander standen. Viele Mitglieder der Delegation aus Frankfurt am Main waren prominent. Einer von ihnen war Jacob Baruch, ein vermögender Händler und Mann von Welt mit Verbindungen zur Aristokratie, an den sich die Nachwelt vor allem als Vater von Ludwig Börne erinnern sollte. Baruch und seine ähnlich berühmten Kollegen bestanden darauf, ausschließlich die Frankfurter Juden zu repräsentieren. Die Gesandten aus den Städten im Norden verfolgten hingegen einen umfassenderen Ansatz und nahmen für sich in Anspruch, für die Gesamtheit der deutschen Juden sprechen zu können. Die kleine jüdische Gemeinde in Lübeck setzte sich ein hohes Ziel und versuchte von

Anfang an, eine gemeinsame deutsch-jüdische Delegation für Wien zu bilden. Deshalb hatte sie sich zunächst an David Friedländer in Berlin gewandt, einen Schüler und Kollegen von Mendelssohn, der gute Beziehungen zu jüdischen Persönlichkeiten in Hamburg und in anderen Städten hatte. Doch schon bald zeigte sich, dass diese Bemühungen keinen Erfolg haben würden. Die jüdischen Gemeinden der drei norddeutschen Städte einigten sich schließlich auf einen gemeinsamen Gesandten, Carl August Buchholz, einen jungen, aber nicht unerfahrenen Anwalt, der als Nichtjude ein lebhaftes Interesse an allem zeigte, was jüdisch war. Als typischer Nationalliberaler opponierte er von Beginn an gegen die französische Besatzung und beanspruchte, die Interessen aller Juden in Deutschland zu vertreten, im Einklang mit seinem nationalen Konzept eines Deutschlands aller Bürger und seinem liberalen Bekenntnis zur Gleichberechtigung.

Die gegensätzlichen Vorstellungen von Zielen und Werten der Verfassung des neuen Deutschen Bundes prägten die Verhandlungen in Wien ebenso wie die gegensätzlichen Standpunkte zur Gleichberechtigung der Juden. Das Anliegen auf lokaler Ebene zu behandeln hatte den Vorteil, ein begrenzteres Ziel zu verfolgen, unabhängig von viel weiter reichenden Beschlüssen, die zu Deutschland gefasst und von Menschen der unterschiedlichsten politischen und ideologischen Überzeugungen akzeptiert werden müssten. Das eröffnete die Möglichkeit, Sonderrechte im Stil früherer Zeiten zu erwirken, die im günstigsten Fall vom guten Willen der lokalen Regierung und im schlechtesten Fall von ständig wachsenden Zahlungen abhing.

Als gesamtdeutsches Projekt setzte der Kampf für Gleichberechtigung eine gemeinsame deutsche Entscheidungsgewalt voraus, die den Status der Juden festlegen konnte und zumindest ansatzweise nach modernen, liberalen Grundsätzen handelte. Der Dualismus von einzelstaatlichen und gesamtdeutschen Regelungen war entscheidend für sämtliche Beratungen und wirkte sich auch erheblich auf die Behandlung der jüdischen Frage aus.

In diesem Zusammenhang spielte eine dritte Partei eine wichtige Rolle: die wohlhabende jüdische Oberschicht Wiens, die Gastgeber vieler reicher und mächtiger Kongressteilnehmer war und während der Beratungen zahlreiche gesellschaftliche Veranstaltungen finanzierte. Am bedeutendsten war der «Arnheim-Eskelessche-Kreis». Er wurde von dem 1795 geadelten Nathan Adam Freiherr von Arnstein zusammen mit seiner Frau und seinen beiden Töchtern geführt, alle sehr charmant und gebildet. Eine Schlüsselrolle spielte sein Partner und Schwiegersohn Bernhard von Eskeles, der Finanzberater der Krone, der zum «Ritter von» Eskeles erhoben worden war. Die preußischen Prinzen, die in offizieller Mission in Wien weilten, und viele andere hochrangige deutsche Gesandte, verschiedene russische Diplomaten, Lord Wellington und sein Gefolge, Kardinäle und Botschafter, österreichische Generäle sowie Schriftsteller und Intellektuelle genossen die Gastfreundschaft dieses Kreises. Metternich selbst pflegte dagegen Verbindungen zu anderen jüdischen Magnaten, insbesondere zu Leopold Edler von Herz, einem Geldgeber Österreichs in der letzten Phase des Krieges gegen Napoleon. Herz war ein Mitarbeiter, dem Metternich vertraute. Der österreichische Außenminister war häufig zu Gast bei ihm und brachte einige der berühmtesten und mächtigsten Besucher mit, die sich in Wien aufhielten.

Diese Elite hatte eine lange Tradition als Vertreterin jüdischer Interessen, schien jedoch, was nicht weiter überraschend war, an der Frage der bürgerlichen Gleichberechtigung kein Interesse zu haben, da die Benachteiligung sie kaum betraf. Für die Verbesserung des Status der Juden in der Habsburgermonarchie mussten deshalb andere eintreten. In der Regel waren dies ähnlich wohlhabende Juden aus anderen Teilen des 1806 gegründeten Kaisertums Österreich, die sich eher für die Bedürfnisse ihrer weniger wohlhabenden Glaubensgenossen interessierten. Simon von Lämel und Lazar Auspitz, beide geadelt und vor allem in Geschäfte involviert, die als Bankiers und Großhändler der Unterstützung des österreichischen Staats dienten, kamen aus Böhmen und Mähren angereist, um die Entwicklung zu beobachten und sich, wo und wann immer das möglich war, für die jüdischen Interessen einzusetzen. Es handelte sich um Vertreter einer älteren jüdischen Politiktradition, die die Interessen ihrer Glaubensgenossen «professionell» vertraten. Sie verfassten zunächst eine Bittschrift, in der die jüdischen Errungenschaften, die Loyalität der Juden und deren Opfer und Dienste für die Allgemeinheit als Argumente für die Zuerkennung von Rechten und für die Gleichberechtigung hervorgehoben wurden. Ihnen ging es vor allem um die Rechte in den Bereichen Industrie und Handel sowie um Eigentumsrechte, und das exklusiv für die Juden auf dem Gebiet des ehemaligen Heiligen Römischen Reichs und nicht für die ungarischen oder galizischen Juden, die ebenfalls zum Kaisertum Österreich gehörten. Der Einreichung der Bittschrift folgte keine weitere Aktion, und die ehrenwerten Bittsteller sahen sich gezwungen, beschämt den Rückzug anzutreten, wohl in der Ahnung, dass ihr politischer Stil für die aktuell anliegenden Entscheidungen nicht mehr relevant war.

Dass die alten Taktiken nun wirkungslos waren, zeigt sich am Ausgang der Geschichte. Simon von Lämel versuchte, mit Bestechung sein Ziel zu erreichen. Er beschloss, Wilhelm von Humboldt seinen Dank für dessen fortlaufende Unterstützung des jüdischen Anliegens persönlich auszusprechen. Humboldt beschreibt diese Episode am 4. Juni 1815 in einem Brief an seine Frau so: «Gestern kam nun der alte Mann wieder, dankte mir unendlich und bot mir zum Geschenk drei Ringe, Smaragden mit großen Brillanten besetzt an mit dem Zusatz, daß, wenn ich sie nicht wollte, ich über 4000 Dukaten auf seine Kasse disponieren sollte.»[29] Er habe sich geweigert, das Geschenk anzunehmen, berichtete er seiner Frau stolz. Humboldts beachtliche Integrität ist offensichtlich. Doch an dieser Episode wird vor allem die Zwecklosigkeit von Lämels Geste deutlich, ihre Unangemessenheit und ihr Anachronismus. Die Männer, die die jüdischen Interessen in Wien vertraten, waren sich der veränderten Verhältnisse nicht immer bewusst. Das war zumindest einer der Gründe, weshalb sie trotz all ihrer Bemühungen für die Beratungen der jüdischen Frage auf dem Kongress letztlich erfolglos blieben.

III.

Andere nahmen sich nun auf dem Wiener Kongress der jüdischen Sache an. Druck von jüdischer Seite über den einen oder anderen Kanal hat den Entscheidungsträgern in Wien das Thema vielleicht aufgezwungen, doch blieb es für einen so langen Zeitraum fester Bestandteil der Tagesordnung, weil einige der wichtigsten Figuren auf dem Kongress hofften, wenigstens dieses eher untergeordnete Thema könne auf gesamtdeutscher Ebene entschieden werden. Und wenn nicht, war immerhin zu entscheiden, wer zuständig war: die Herrscher der neu geschaffenen Territorien oder die gewählten, repräsentativen Gremien vor Ort oder beide. Die Frage der jüdischen Emanzipation wurde zu einer Art Testfall für die neuen Zuständigkeiten. Hier manifestierte sich eine grundsätzliche Spaltung bei einer großen Zahl innenpolitischer Fragen, die auf dem Kongress verhandelt wurden. Führende Staatsmänner aus Preußen und Österreich waren sich in ihrer Position oft einig, während Vertreter kleinerer deutscher Staaten sich widersetzten. Schließlich waren die beiden deutschen Großmächte an einer möglichst engen Bindung aller deutschen Staaten interessiert, weil sie auf diese Weise mehr Einfluss auf Fragen von gemeinsamem deutschem Interesse nehmen konnten. Zudem bot ihnen dies die Möglichkeit, die nationalliberalen Forderungen der Bürger in Einklang mit ihren eigenen Interessen zu bringen. Dagegen waren etwa Bayern und Württemberg, die unter Napoleon territorial und in ihrer Bevölkerungszahl stark gewachsen waren, mehr daran interessiert, ihre eigene Souveränität aufrechtzuerhalten und zu festigen und an einen zukünftigen Bund so wenige Vollmachten wie möglich abzutreten. Unter diesen Umständen mussten die Vertreter dieser Staaten in Wien besonders Rücksicht auf Stimmen aus ihrem Heimatstaat nehmen, die, im Fall der jüdischen Frage, in der Regel die sofortige Rückkehr zu vorrevolutionären Regelungen forderten. Tatsächlich wurden die Rechte der Juden in Wien so lange debattiert, wie die preußischen und österreichischen Delegierten diese Angelegenheit als Grundsatzfrage bewerteten – und dann fallengelassen, als sie nicht mehr daran interessiert waren, über Details und Formulierungen endlose Auseinandersetzungen mit den kleineren Staaten zu führen, oder als sie spürten, dass sich die Stimmung in dieser Frage in ihren eigenen Staaten inzwischen auch geändert hatte.

Eine Unterstützung des jüdischen Anliegens kam zuweilen von höchst unerwarteter Seite und in unerwarteter Form. Wilhelm von Humboldts Eintreten für die rechtliche Gleichstellung aller entrechteten Bürger war dabei keine Überraschung. Der junge Humboldt unterhielt lange Zeit zahlreiche persönliche Kontakte zur jüdischen Elite Berlins. Er hatte eine Kenntnis von der Situation der Juden in Preußen, schreibt Salo Baron, «wie sie nur wenige Christen seiner Zeit besaßen».[30] Als Leiter der Sektion für Kultus und Unterricht in der preußischen Regierung hatte er ab 1809 Gelegenheit, seine Vorstellungen umzusetzen. In einer umfangreichen Denkschrift äußerte er sich erstaunt über die lange Geschichte der Diskriminierung der Juden und forderte «eine plötzliche Gleichstellung aller Rechte» für die Juden. Nur eine solche Korrektur sei «gerecht» und «politisch konsequent».[31]

Obwohl Erziehung und Bildung zentrale Elemente seines allgemeinen humanistischen Weltbildes waren, unterstützte Wilhelm von Humboldt die Forderungen nach jüdischer «Verbesserung» nicht. Der Staat sei keineswegs «ein Erziehungs- sondern ein Rechtsinstitut», argumentierte er. Die jüdische Emanzipation müsse sofort erfolgen, unabhängig von irgendwelchen Bildungsmaßnahmen. Es handele sich um nichts anderes als um ein Rechtsprinzip, das überall und unverzüglich umgesetzt werden müsse. Als eine ganz Deutschland betreffende Frage müsse die jüdische Emanzipation für den Deutschen Bund insgesamt geregelt werden. Während des Kongresses schrieb er seiner Frau aus Wien einen Brief, in dem er erklärte, warum er darauf beharrte, eine gerechte Lösung der neu definierten «Judenfrage» zu finden. Dann fügte er allerdings hinzu, warum er so hartnäckig dafür eintrat, eine Lösung für alle deutschen Territorien zu finden: nicht aus liberaler Überzeugung, sondern in der Befürchtung, dass andernfalls alle Juden «zu uns hinströmen» würden.[32]

Als ausgesprochener Befürworter einer relativ straffen gesamtdeutschen Verfassung ging Humboldt in seinem ersten Entwurf nicht auf die religiöse Vielfalt in Deutschland ein und begnügte sich mit der Feststellung, «jedem Bundesuntertan werden (...) Bürgerrechte zugesichert». Eine solche Formulierung hätte eine separate Debatte über den Status der Juden überflüssig gemacht, und während Metternich sie ohne Zögern akzeptierte, leisteten die Delegierten der verschiedenen mittleren deutschen Staaten erbitterten Widerstand. Die Frage blieb somit mehrere Monate ungelöst. Als auch bei anderen Punkten des Verfassungsentwurfs eine Einigung immer schwieriger wurde, war Humboldt schließlich auch in diesem Punkt zu einem Kompromiss bereit. Anfang April 1815 schlug er in einem letzten Versuch vor, die Frage der religiösen Vielfalt aus der Verfassung für Deutschland auszuklammern und einfach allen zukünftigen Bundesbürgern die freie Religionsausübung zu garantieren. Doch als auch dieser Vorschlag nicht die nötige Unterstützung fand, schien er zu resignieren.

Angesichts der größeren Territorialkonflikte zwischen Preußen und Österreich wurde es immer schwieriger, den Willen der beiden Großmächte zur Zusammenarbeit aufrechtzuerhalten. Im Sommer 1815 wurden innerdeutsche Fragen von außenpolitischen Themen zunehmend in den Hintergrund gedrängt. Sollte die Bildung des Bundes noch Teil der Wiener Verträge werden, musste man rasch eine Einigung finden. Angesichts des ungebrochenen Widerstandes etlicher Mitglieder des zukünftigen Bundes gegen die generelle Einführung der Gleichberechtigung der Juden als Grundsatz der neuen Verfassung blieb Humboldt nur die Erkenntnis, dass die jüdische Emanzipation bei diesem Kongress offensichtlich nicht zu realisieren war. Weder waren die Rechte zu erhalten, die den Juden unter der französischen Herrschaft gewährt wurden, noch konnte man sich auf die unvollständigen preußischen Regelungen als Modell für die zukünftige Gesetzgebung einigen. Nachdem in den Beratungen der zuständigen Komitees eine Formulierung nach der anderen verwässert worden war, verlor er immer mehr an Boden. Die Judenfrage, stellte er nun fest, war ein bedeutendes Hindernis für die endgültige Einigung zwischen den deutschen Staaten. Sie musste fallengelassen oder zumindest verschoben werden.

Humboldt konnte sicher im Vergleich zu anderen Staatsmännern in Wien als Liberaler gelten, obwohl er lange Jahre einem autoritär regierenden Monarchen gedient hatte. Sein unmittelbarer Gegenspieler in Wien, der preußische Staatskanzler Hardenberg, konnte dagegen kaum diesem Lager zugerechnet werden, trotz seines patriarchalischen Humanismus im Stil des achtzehnten Jahrhunderts und seiner anhaltenden Reformbemühungen, solange er im Dienst der Krone stand. Dennoch muss seine Bilanz zur Frage der jüdischen Emanzipation als eindrucksvoll gelten. Für die emanzipatorische Gesetzgebung von 1812 in Preußen war seine Unterstützung von entscheidender Bedeutung gewesen, und er blieb dabei, trotz hartnäckigen Widerstands. Friedrich August Ludwig von der Marwitz warf ihm vor, «unser altes, ehrwürdiges Brandenburg-Preußen» in einen «neumodischen Judenstaat» zu verwandeln, und Freiherr Karl vom Stein, sein Vorgänger an der Spitze der preußischen Regierung, beklagte sich wiederholt über «die Verderblichkeit der jüdischen Horde» und über die Notwendigkeit, ihren schädlichen Einfluss einzudämmen.[33] In Wien konnte Hardenberg stets mit Humboldts zuverlässiger Unterstützung rechnen, wenn es um Reformen ging, doch bei der jüdischen Frage wählte er am Ende nur den Mittelweg. Er hielt am Konzept der «Verbesserung» fest, setzte sich jedoch vorsichtig und zugleich beharrlich für die Emanzipation ein.

Nachdem er sich während der «Befreiungskriege» von der Loyalität und Nützlichkeit der Juden überzeugen konnte, war Hardenberg auf dem Wiener Kongress in dieser Hinsicht noch entschlossener. Am 4. Januar 1815, mitten im härtesten Konflikt zwischen den Großmächten um die sogenannte polnisch-sächsische Frage, fand er Zeit, dem preußischen Gesandten in Hamburg seinen Standpunkt zur Frage der Aufhebung der den Juden jener Stadt bereits gewährten Rechte darzulegen. Das Schicksal der Juden in den Städten und Provinzen des nördlichen Deutschland könne, so argumentiert er, dem preußischen Staat nicht gleichgültig sein. Die «Verbesserung» der Juden könne nicht erfolgreich sein, wenn man ihnen zwar gleiche Rechte gewähre, die Diskriminierung und Erniedrigung aber unvermindert andauere. Beeindruckt von der Beteiligung von Juden im letzten Krieg – Männern und Frauen, wie er zu betonen bemüht war –, äußerte er seine Überzeugung, dass die Emanzipation sie gewiss zu nützlichen Staatsbürgern machen werde und dass die christliche Bevölkerung von ihrem Tatendrang und ihrem Wohlstand nur profitieren könne. Zudem werde der Wohlstand der Handelsstadt im Norden davon gemehrt.[34]

Es war also offensichtlich möglich, für die Gleichberechtigung der Juden einzutreten und sich dabei nur ansatzweise auf hohe liberale Grundsätze zu berufen. Hardenberg forderte Bürgerrechte für Juden, wie sie «den Forderungen der Menschlichkeit und dem Bedürfnis der Zeit» gemäß seien. Er wies die Vorurteile gegen die Juden klar zurück. Seine Argumentation war ganz seinem Verständnis von preußischer Staatsräson geschuldet, zu der die ineinandergreifenden Interessen der verschiedenen deutschen Staaten, besonders im Norden, gehörten. Sobald die Interessen der Juden nicht mehr auf dieser Linie lagen, hielt er es – wie Humboldt – für notwendig, bei der Emanzipation der Juden Kompromisse einzugehen.

IV.

Auch Metternichs Haltung zur rechtlichen Gleichstellung der Juden scheint auf den ersten Blick wenig zu dem geläufigen Metternich-Bild zu passen.[35] Er war weder als Liberaler noch als Reformer bekannt. Dennoch erwies er sich, zumindest während des Wiener Kongresses, als konsequenter Befürworter der jüdischen Emanzipation. Im Verlauf der Verhandlungen war er in jede Einzelheit eingeweiht und kommentierte jeden Entwurf im Hinblick auf die jüdische Frage genauso wie jedes Detail der übrigen Fragen, die damals debattiert wurden. Wie die preußischen Gesandten maß er den Verhandlungen über die Bildung eines neuen Deutschen Bundes größte Bedeutung bei. Wie Hardenberg bestand Metternich darauf, die jüdische Frage in diesen Kontext zu stellen und sie auf einheitlicher, übergeordneter Basis zu lösen. Und ebenfalls wie Humboldt und Hardenberg war auch Metternich sich des humanitären Aspekts der jüdischen Emanzipation bewusst und glaubte, dass besonders in dieser Frage Unrecht wiedergutzumachen sei. Gestützt auf seine besondere Autorität und auf seine allgemeine

Weltanschauung, bezog er in dieser Frage offen und entschieden moralisch Stellung.

Etwa drei Wochen nach Hardenberg reagierte auch Metternich auf die Situation, die den Rechten der Juden in den nördlichen Hansestädten drohte. Am 26. Januar 1815 schrieb er seinem «Geschäftsträger» in Hamburg folgende Zeilen: «In dem Augenblick, wo die jüdischen Glaubensgenossen eine nach liberalen Grundsätzen berechnete Bestimmung ihrer Verhältnisse und Rechte von dem hier versammelten Kongress zu erwarten berechtigt sind, hat es mir nicht gleichgültig sein können, die Bedrückungen zu erfahren, welche die jüdischen Einwohner in Hamburg, Bremen und Lübeck zu erleiden haben. Ich fühle mich um so mehr zur Teilnahme an ihrem Schicksal aufgefordert als in der österreichischen Monarchie so wie in mehreren anderen Staaten Deutschlands die jüdischen Gemeinden schon längst sich einer den Forderungen der Menschlichkeit dem Bedürfnis der Zeit, und einem väterlichen Regierungs-System angemessenen Behandlung sich zu erfreuen haben.» Die schlechte Behandlung der Juden andernorts, schrieb er abschließend, könne sich auch negativ auf die Juden «unter dem schützenden Scepter Österreichs» auswirken. Das bezog sich offensichtlich auf die drei Städte im Norden.[36]

Dieses Zitat zeigt Metternich von einer Seite, die späteren Generationen kaum bekannt ist. Doch das Ende dieser Episode ist noch erstaunlicher. Die beiden einflussreichsten deutschen Politiker jener Zeit, die die beiden deutschen Großmächte repräsentierten, Hardenberg und Metternich, warfen in einigen der kleinsten deutschen Gemeinwesen der damaligen Zeit ihr ganzes politisches Gewicht in die Waagschale und konnten doch fast nichts bewirken. Die Lübecker und die Hamburger beschlossen, die Entscheidung über den Status der Juden in ihrer Stadt zu verschieben. Die Bremer Behörden bestanden darauf, die neu angesiedelten Juden wieder aus der Stadt zu vertreiben, aber stimmten schließlich, unter dem extremen Druck des österreichischen Gesandten in der Stadt, einem kurzen Provisorium zu. In Anbetracht der schweren Geschütze, die aufgefahren wurden, um eine totale Abkehr vom Emanzipationskurs in jenen drei Städten zu verhindern, waren die Resultate recht mager.

Auf dem Kongress selbst entwickelten sich die Dinge zum Schlechten. Auch hier schien der Druck der beiden Großmächte wenig zu bewirken. Die Verhandlungen über den Artikel zu den Juden im Entwurf für die Verfassung des neuen Bundes zogen sich wochenlang hin. Die darin enthaltenen Bestimmungen wurden dabei immer unkonkreter und unverbindlicher. Schließlich wurde am 1. Juni 1815 eine Formulierung gefunden, die für alle Beteiligten akzeptabel schien. In der ersten Hälfte dieses Artikels hieß es, die Frage der Rechte der Juden werde zukünftigen Verhandlungen der Bundesversammlung in Frankfurt überlassen. Dort werde man klären, «wie auf eine möglichst übereinstimmende Weise die bürgerliche Verbesserung der Bekenner des jüdischen Glaubens in Deutschland zu bewirken sei und wie insonderheit denselben der Genuss der bürgerlichen Rechte gegen die Übernahme aller Bürgerpflichten in den Bundesstaaten werde gesichert werden können».[37]

In der zweiten Hälfte des Artikels wurde hinzugefügt, dass Rechte, die den Juden «*in* den einzelnen Bundesstaaten» bereits gewährt wurden, bis zu den genannten Verhandlungen beibehalten würden. Auf diese Weise tauchten sämtliche Elemente des vorrevolutionären Diskurses über die jüdische Emanzipation hier wieder auf. Faktisch wurde damit der Weg für die Wiedereinführung alter Beschränkungen freigemacht. Der letzte Satz war so formuliert, dass nur frühere Gesetze, die «*von* den einzelnen Bundesstaaten» erlassen worden waren, in Geltung blieben. Das betraf Verordnungen, die bereits galten, bevor die französische Besatzung «in» den Staaten neue Verordnungen einführte. Im Durcheinander der letzten Tage des Wiener Kongresses bemerkten nicht alle Parteien, dass die Formulierung «*in* den einzelnen Bundesstaaten» zu «*von* den einzelnen Bundesstaaten» abgeändert wurde. Den beiden deutschen Großmächten war es damit nicht gelungen, ihre Vorstellungen von der Struktur des zukünftigen Bundes gegenüber den mittleren und kleinen Staaten durchzusetzen.

Dieser Misserfolg gab den reaktionären Kräften Auftrieb. Überall formierte sich die alte Aristokratie von Neuem und widersetzte sich hartnäckig allen liberalen Forderungen. In Österreich wurde die Modernisierung durch die Konservativen blockiert. Der Partikularismus, mit all seinen Begleiterscheinungen, wurde immer wirkmächtiger, besonders in den kleineren deutschen Staaten, aber auch in Preußen. Es wurde fast unmöglich, neue Reformen durchzusetzen. Doch einige alte Reformen, wie zum Beispiel das Recht auf freie Berufswahl, blieben erhalten, besonders in Südwestdeutschland und bisweilen auch in Preußen, während andere unvollendet blieben, wie die Bauernbefreiung. Das Zeitfenster für emanzipatorische, liberale Reformen auf gesamtdeutscher Ebene – für Juden, aber keineswegs nur für sie – war fürs Erste geschlossen.

Verschiedene Themen, die der Kongress für eine in Frankfurt am Main abzuhaltende Bundesversammlung benannt hatte, etwa gemeinsame Maßnahmen im Verteidigungsfall oder bei wirtschaftspolitischen Regelungen – und so auch die Frage der Emanzipation der Juden –, wurden dort kaum berührt. Humboldt schrieb in einem Brief an seine Frau, all das sei lediglich ein «Schatten» dessen, was er sich erhofft hatte. Nicht umsonst wurde der Deutsche Bund in den Augen vieler Liberaler mit der Reaktion gleichgesetzt. Die Reformer gerieten nun von zwei Seiten unter Druck, von der verstärkten Opposition des Adels und durch den Protest, der vom Volk ausging. Vor allem in Preußen gelang es der Zentralregierung nicht, sich gegen den lokalen Widerstand durchzusetzen, und ihre weiteren Reformanstrengungen konnten nicht überall fortgesetzt werden.[38] Die Gebiete im Osten erwiesen sich als besonders schwierig. Dort war es auch nicht möglich, den Status der Juden zu verbessern. Eine gesamtdeutsche Lösung konnte nicht zur Anwendung kommen, selbst eine gesamtpreußische war zurückgestellt worden. Der Rechtsstatus der Juden war paradigmatisch für die Unfähigkeit der alten Autokratie – trotz ihres gelegentlichen Wohlwollens –, eine wirkungsvolle Reform insgesamt in die Wege zu leiten.

3. Die nur halb geöffnete Gesellschaft

I.

Mit den rechtlichen Regelungen für die Juden, über die man in Wien stritt, ist nur ein Aspekt der Situation beschrieben. Allerdings wussten nur wenige Juden von den komplizierten taktischen Manövern, die sich dort bei den Debatten um das Für und Wider einer rechtlichen Gleichstellung für alle abgespielt hatten, und viele Nichtjuden waren womöglich noch weniger informiert. Den meisten war jedoch die vollständige oder teilweise Rücknahme der von den Franzosen eingeführten rechtlichen Regelungen und die Unfähigkeit der Regierungen, eine vollständige Reform umzusetzen, bewusst. Eine Reform des Status der Juden wäre ein Signal gewesen, dass sich schrittweise moderne deutsche Staaten bilden können, ja vielleicht sogar am Ende ein geeinter moderner deutscher Staat, der dauerhaft das diskreditierte «Heilige Römische Reich» ablösen würde.

1815 hatte der Teil Deutschlands, der zum Kaisertum Österreich gehörte, nur wenige Reformen eingeführt, die über die Erlasse Josephs II. aus den 1780er Jahren hinausgingen. Nach 1815 war das Reich fest in der Hand der reaktionären Aristokratie, die Möglichkeit radikalen Wandels schien entfernter denn je. Nicht einmal Metternichs taktische Klugheit und langjährige politische Erfahrung reichten aus, um diese aristokratische Blockade einzureißen. Zur selben Zeit gelang es jedoch Preußen, nach den demütigenden Niederlagen, die es 1806/07 durch die Armee Napoleons erlitten hatte, aus seinen Schwächen Lehren zu ziehen, eine Reihe wichtiger Reformen einzuführen und das Verwaltungssystem zu modernisieren – lokal und zentral, im zivilen Leben und beim Militär.

Obwohl sich die Bürokratie bald zu einem schlagkräftigen Instrument der Reform der Staatsfinanzen, der Militärstruktur, der Agrarverfassung und des Bildungssystems entwickelte, erlaubte es der interne und externe Widerstand nicht immer, diese Reformen ganz zu verwirklichen.[39]

Am 11. März 1812 trat, wie schon erwähnt, in den preußischen Territorien ein Gesetz in Kraft, das Juden zu vollen Staatsbürgern machte. Nach Jahren der schrittweisen Abschwächung der Hindernisse, die ihnen im Weg gestanden hatten, sollte dieses Gesetz die vorangegangenen Bemühungen krönen. Am Ende blieb jedoch auch dieses Gesetz ein Torso. Es schaffte zwar ein paar alte Restriktionen ab, verstärkte jedoch andere und ermöglichte damit die Einführung neuer Hindernisse zu einem späteren Zeitpunkt. Das Gesetz öffnete die Türen zur vollen Emanzipation nur halb. Nicht einmal die freiwillige Teilnahme der Juden am sogenannten Befreiungskrieg reichte aus, um ihre Chance, in die preußische Gesellschaft integriert zu werden, erkennbar zu verbessern. Im zunehmend restaurativen Klima nach dem Wiener Kongress wurde es immer schwieriger, weitere Veränderungen herbeizuführen.

Zur selben Zeit schien der Absolutismus im «Dritten Deutschland», nämlich in den Territorien, die nicht zu Preußen oder Österreich gehörten, schrittweise durch Strukturen des Konstitutionalismus abgelöst zu werden, obwohl die Bedingungen dafür in den mittleren und kleinen Staaten sehr unterschiedlich waren. Umgestaltete und neu entstandene parlamentarische Institutionen führten Schritt für Schritt weitreichende Reformen ein. Nach 1815 setzten diese im Deutschen Bund vereinten Staaten ihre Bemühungen fort, ihre Souveränität und Unabhängigkeit auch innerhalb des Deutschen Bundes zu festigen. Sie machten auch den Versuch, die Rechte der Juden zu erweitern. Während alte Verbote bezüglich Wohnort und Berufswahl in Kraft blieben, experimentierte man vorsichtig mit einigen emanzipatorischen Reformen – nicht nur für

Juden. In Baden etwa blieben die verschiedensten lokalen und städtischen Verbote in Kraft, während es Fortschritte auf der Ebene der Gleichstellung als Staatsbürger gab. Auch in Bayern debattierte das Parlament über eine emanzipatorische Gesetzgebung, und zugleich modifizierte man lediglich die alte «Judenmatrikel», die die strikte bürokratische Überwachung der Juden und ihrer Berufstätigkeit im ganzen Königreich regelte, und fügte noch neue Regeln hinzu, die darauf abzielten, die Juden zu integrieren. In Preußen galt die neue Gesetzgebung für sehr viele Juden nicht, nämlich für diejenigen, die in den kürzlich dazugewonnenen Provinzen lebten, etwa in Posen. Selbst im alten Herrschaftsbereich waren zahlreiche einschränkende Maßnahmen immer noch gültig. Insgesamt waren alle Zentralregierungen in diesem und in manch anderem Punkt gezwungen zu manövrieren: zwischen ihren eigenen Modernisierungszielen einerseits und dem – bisweilen durch den Druck der Straße unterstützten – Widerstand des Adels und anderer oppositioneller Stimmen andererseits.

Mittlerweile konnte keiner mehr die feindselige Atmosphäre übersehen, die die Juden umgab, und sie wurde immer bedrohlicher. Schon in den Jahren vor dem Wiener Kongress und trotz der Einflussnahme Frankreichs müssen sich die Juden in ganz Deutschland viel stärker zurückgewiesen gefühlt haben als zu früherer Zeit. Und doch gab es einige positive Entwicklungen, die mit der Aufklärung zusammenhingen. Die letzte Dekade des achtzehnten und der Beginn des neunzehnten Jahrhunderts war die Zeit der jüdischen Salonnières, sowohl in Wien als auch in Berlin. Die reiche, gebildete und politisch einflussreiche städtische Elite dieser beiden Hauptstädte kam gern in die teils mehr, teils weniger vornehmen Salons einiger charismatischer jüdischer Gastgeberinnen. Diese Salons führten Juden und Christen, Adlige und Bürgerliche, Männer und Frauen zusammen.[40] Sie alle trafen sich im bescheidenen Salon von Rahel Levin, später Varnhagen, oder in den eleganten

Räumen von Henriette Herz, deren Ehemann ein Schüler von Kant und ein renommierter Arzt war. Er hielt eine Reihe von Vorträgen über naturwissenschaftliche Themen und war ebenfalls als charmanter Gastgeber bekannt. Die meist reicheren und vornehmeren jüdischen Gastgeberinnen in Wien spielten bisweilen sogar, wie später zur Zeit des Wiener Kongresses 1814/15, eine politische Rolle, wenn auch nur eine Nebenrolle. Doch all das hatte lediglich eine Bedeutung für das Leben einer winzigen Oberschicht und erwies sich schließlich als vorübergehendes Phänomen. Die Hofjuden des achtzehnten Jahrhunderts waren keine Vorboten einer neuen Ära und die berühmten Salonnières ebenso wenig. Ihr Erfolg mag ein Zeichen dafür gewesen sein, dass die jüdische Akkulturation weiter vorangeschritten war als zur Zeit Mendelssohns. Vielleicht war es auch ein Zeichen dafür, dass man einzelnen Juden, die als «hinreichend akkulturiert» galten, zögernd den Zugang zur deutschsprachigen Oberschicht in den Städten Europas ermöglichte. Vielleicht versuchte man in dieser Elite tatsächlich, alte Vorurteile zu überwinden und die Einstellung, dass ausschließlich Christen dazugehörten, ein wenig zu lockern – mehr jedoch nicht.

Mit der Woge antifranzösischer Ressentiments, dem Heranwachsen eines Nationalbewusstseins und einer neuen Religiosität, die sich im Zusammenhang mit romantischen Ideen in Kultur und Literatur entwickelte, verloren die Ideen der Aufklärung ihre Anziehungskraft. 1799 wandte sich David Friedländer, Mendelssohns Schüler und einer seiner frühen Mitarbeiter, an den Probst der evangelischen Kirche in Berlin und bot im Namen «von einigen Hausvätern jüdischer Religion» an, auf der Basis der gemeinsamen moralischen Wertvorstellungen der lutherischen Kirche beizutreten. Die Bedingung war, vom Bekenntnis zum Glauben an die Göttlichkeit Jesu und vom Vollzug bestimmter christlicher Rituale, insbesondere des Abendmahls, freigestellt zu werden. Dies wäre vielleicht zur Blütezeit der Aufklärung ein erfolgreiches Anerbieten gewesen, jetzt allerdings war es zum Scheitern verurteilt. Friedrich Schleiermacher, die prominenteste Stimme der nun folgenden Debatte, nannte dieses Verfahren eine «Quasi-Bekehrung».[41] Für ihn war der Protestantismus keine Religion der Vernunft, sondern des Gefühls, die in einer persönlichen, spirituellen oder gar mystischen Erfahrung wurzelte. Ungefähr zur selben Zeit begannen die christlichen Stammgäste von Rahel Varnhagens Salon auf Distanz zu gehen. Innerhalb weniger Jahre war ihr breit gefächerter Briefwechsel auf Juden «reduziert», wie sie es formulierte.[42] Sie erkannte nun, dass ihre Akkulturation und das, was ihr erfolgreicher «Eintritt» in die Gesellschaft zu sein schien, weder sie noch ihren Salon vor dem demütigenden Niedergang retten konnte. Am Vorabend von Napoleons Niederlage war das Leben, das sie und andere Juden und Jüdinnen eine Zeit lang leben konnten, nicht mehr aufrechtzuerhalten. Hassschriften gegen Juden überschwemmten den Markt und erreichten 1803 einen Höhepunkt. Wie sehr muss man sich als Jude getäuscht und verraten gefühlt haben! Gerade als es Fortschritte im Formalen, in der rechtlichen Gleichstellung als Staatsbürger, gab, zeichnete sich im Informellen, in ihrer gesellschaftlichen Stellung, eine negative Entwicklung ab.

Die jüdische Emanzipation nahm einen Verlauf, den man als Zickzackkurs bezeichnen kann, und er verlief parallel zum Zickzackkurs von Fortschritt und Rückschritt bei der Reform Deutschlands insgesamt. Der sich wiederholende Wechsel von Reform und Restauration war für die ganze Epoche charakteristisch, nicht nur, was die Juden betraf, sondern zum Beispiel auch bei grundsätzlichen Verfassungsfragen und bei der Reform der Verwaltungs- und Agrarstrukturen. Forderungen des Bürgertums fanden bisweilen ihre Entsprechung in den Zielen des Amtsadels, ranghoher adliger Bürokraten, doch der Rest des Adels verfolgte zumeist eine konservativere Strategie, während sich die verschiedenen deutschen Länder um Kompromisslösungen bemühten.

Unmittelbar nach 1815 machten die Liberalen überall in Deutschland die Erfahrung, dass ihre Aussicht auf *eine* Verfassung, auf ein fortschrittliches, vereinigtes Deutschland, schwand. Nach dem Wiener Kongress machte zuerst die adlige Reaktion ihre Hoffnungen zunichte, dann die Gewaltaktionen der Burschenschaften, gefolgt von Metternichs schneller und aggressiver Antwort. Im März 1819 ermordete Karl Ludwig Sand in Mannheim den Schriftsteller August von Kotzebue, der unter den Burschenschaftlern als «Fratze der Reaktion» galt, und gab den herrschenden Gewalten die Gelegenheit, gegen das vorzugehen, was sie als Revolutionsbewegung ansahen. Die Karlsbader Beschlüsse, die zuerst zwischen Metternich und dem preußischen König vereinbart wurden, wurden im September 1819 im Eilverfahren vom Bundestag in Frankfurt verabschiedet. Sie schränkten die Versammlungs-, Meinungs- und Pressefreiheit tiefgreifend ein, und damit wurde jeglicher Fortschritt in Richtung auf eine Verfassung zunichtegemacht – ebenso wie die Hoffnung auf verbriefte Freiheitsrechte und eine Gleichstellung der Juden.[43] Hier zeigt sich, dass Fortschritte und Rückschritte bei der jüdischen Emanzipation parallel zu Fortschritten und Rückschritten bei anderen liberalen Forderungen verliefen, so dass einige der Widersprüche der Gesellschaft im Vormärz an der Frage der Emanzipation der Juden sichtbarer und klarer werden konnten.

II.

Opposition gegen den sozialen Aufstieg der Juden in der bürgerlichen Gesellschaft gab es in den unterschiedlichsten Schattierungen. Sie kam einerseits von strammen Konservativen, die sich weigerten, irgendeinen Wandel, in welcher Sphäre auch immer, zu akzeptieren. Andere hatten die Französische Revolution sogar begrüßt und deren siegreiche Armee unterstützt, blieben aber trotzdem unentschlossen in ihrer Haltung gegenüber den Juden. Irgendwie passten diese nicht in das Raster moderner, liberaler Prinzipien, die jetzt andererseits und andernorts angewandt wurden. Juden in ihrem Sosein zu akzeptieren, unverändert und «unreformiert» – das ging ihnen zu weit.

Johann Gottlieb Fichte ist ein interessantes Beispiel. Anfangs unterstützte er die Französische Revolution, was ihm viel Beachtung in Frankreich und Deutschland einbrachte. In seinen 1793 anonym veröffentlichten *Beiträgen zur Berichtigung der Urtheile des Publicums über die Französische Revolution* kam er in einer langen Fußnote zu dieser Schlussfolgerung: «Aber ihnen [den Juden] Bürgerrechte zu geben, dazu sehe ich wenigstens kein Mittel, als das, in einer Nacht ihnen allen die Köpfe abzuschneiden und andere aufzusetzen, in denen auch nicht eine jüdische Idee sei. Um uns vor ihnen zu schützen, dazu sehe ich wieder kein anderes Mittel, als ihnen ihr gelobtes Land zu erobern, und sie alle dahin zu schicken.»[44] Bücher und Essays vom Umfang einer kleinen Bibliothek sind seitdem geschrieben worden, um diese Sätze «wegzuerklären». Auch damals sorgten sie für manch scharfe Reaktion. Ein Jahr nach der Veröffentlichung kam die fulminante Replik von Saul Ascher mit seiner Schrift *Eisenmenger der Zweite*. Indem Ascher den berühmten Philosophen, der bald Rektor der neuen Universität Berlin werden sollte, mit diesem bekannten Antisemiten aus dem siebzehnten Jahrhundert verglich, wies er ihm einen festen Platz in der Geschichte des Antisemitismus zu. Fichte ließ allerdings später, als sein revolutionärer Eifer abgekühlt war, erkennen, dass er auch sorgfältig mit dem Thema der Menschenrechte umgehen konnte und bereit war, die Rechte der Juden zu schützen. An einem bestimmten Punkt seiner Karriere war er sogar bereit, als Rektor der Universität zurückzutreten, nachdem er einen jüdischen Studenten gegen dessen verleumderische Kommilitonen verteidigt hatte und daraus eine hitzige Auseinandersetzung sowohl mit den Studenten als auch mit den Fakultätsmitgliedern entstanden war. Bemerkenswert ist, dass beides, die beleidigenden Sätze und sein späteres Insistieren auf der Gleichberechtigung der Juden, seine wahre Einstellung widerspiegelt. Ersteres war weder eine bloße Witzelei noch ein Lapsus. Schließlich haben wir bereits Steins Animosität gegenüber den Juden zur Kenntnis nehmen müssen und seinen Vorschlag, man solle den Norden Afrikas mit Juden besiedeln. Fichte war sicher bewusst, dass sein honoriges Bestehen auf der Gleichberechtigung und sein Insistieren auf regelkonformem Verhalten in der Universität eine Grundvoraussetzung für seine Stellung als Rektor war. Als Bürger konnte er Juden verachten, doch seine Position in der Öffentlichkeit, in Diensten des preußischen Staates, erforderte die strikte Einhaltung seiner Regeln. Man fühlt sich erinnert an Kants Richtlinien eine Generation vor Fichte.

Im Fall von Wilhelm von Humboldt zeigt sich eine andere und doch ähnliche Doppelbödigkeit. Humboldt setzte sich stets konsequent, oft gegen machtvollen Widerstand, für die Gleichberechtigung der Juden ein. Dennoch muss auch er in diesem Punkt widersprüchliche Anschauungen gehabt haben. Er sprach vom «Nationalcharakter» der Juden, der «ursprünglich nomadisch» gewesen sei, etwa im Tenor von Michaelis während der frühen Jahre Mendelssohns. Und während er «aus rein logischer Sicht» überzeugt war, dass der Staat ihre Gleichberechtigung gesetzlich festschreiben sollte, bestand er darauf, dass *gesellschaftliche* Institutionen die Juden «verbessern» und die dafür notwendigen Schritte ergreifen müssten, eine Forderung, die vor und nach ihm oft auch von anderen Reformern erhoben wurde. Außerdem erklärte Humboldt in privaten Briefen, dass er die Juden «en masse» wirklich schätze, ihnen aber «en détail» lieber aus dem Weg gehe. Seine Freundschaft mit Rahel Varnhagen zum Beispiel hielt nicht länger als die der anderen nichtjüdischen Berühmtheiten, die noch kurz vorher Gäste ihres Salons gewesen waren. Wie diese konnte er jetzt ihr «Jüdischsein», so formulierte er es, nicht ertragen. Dagegen verkehrte er weiterhin gesellschaftlich mit Henriette Herz, die er, im Gegensatz zu Rahel, «fast als Christin», auch bevor sie sich taufen ließ, erachtete.[45]

In dieser widersprüchlichen Haltung bildet sich auch in diesem Fall die Spaltung zwischen Staat und Gesellschaft ab, wie sie für diese sogenannte Sattelzeit, die Wende vom achtzehnten zum neunzehnten Jahrhundert, typisch war. So konnten beide, Fichte und Humboldt, als Bürger ihren Mangel an Wohlwollen gegenüber den Juden unmissverständlich zum Ausdruck bringen, sich aber gleichzeitig verpflichtet fühlen, den Landesgesetzen zu gehorchen, wenn sie einen staatlichen Verwaltungsposten innehatten. In Preußen, wo es sich eine aufgeklärte Bürokratie zur Aufgabe gemacht hatte, eine umfassende Reform umzusetzen, befanden sich Männer wie Fichte und Humboldt, beide liberal gesinnt, in einem nicht auflösbaren Dilemma. Sie mussten einen ambivalenten Kurs einschlagen.[46]

Nach der Niederlage der Franzosen konnte man nicht von jedem, der sich an der Debatte um die sogenannte Judenfrage beteiligte, sagen, er sei lediglich ambivalent in seinen Meinungen, denn es gab auch regelrechte Antisemiten. Die beiden antijüdischen Werke von Christian Rühs, einem Historiker der Universität Berlin, werden oft genannt, da ihre Titel Inhalt und Tenor widerspiegeln. Der erste lautet *Über die Ansprüche der Juden auf das deutsche Bürgerrecht* (Berlin 1815), der zweite *Die Rechte des Christenthums und des deutschen Volks: vertheidigt gegen die Ansprüche der Juden u. ihrer Verfechter* (Berlin 1816). Eine enthusiastische Rezension dieser Werke von Jakob Friedrich Fries hatte den Titel: *Ueber die Gefaehrdung des Wohlstandes und Charakters der Deutschen durch die Juden* (Heidelberg 1816). Fries und Rühs waren geachtete Universitätsprofessoren, aber Fries war auch als entschiedener Liberaler bekannt. Unter den zahlreichen antisemitischen Pamphleten, die den Markt zu jener Zeit überschwemmten, stach seines in seiner Radikalität und Gefühllosigkeit heraus. Die Juden hätten kein

Interesse daran, sich zu «bessern», argumentierte er. Sie würden einen «Staat im Staat» bilden, eine gängige Behauptung, die schon früher, zumindest seit der Großen Revolution, über verschiedene Gruppen und Kollektive aufgestellt worden war. Und sie müssten als «Volksschädlinge» angesehen werden, auch dies eine Bezeichnung, die schon früher benutzt und bezeichnenderweise ein Jahrhundert später von den Nazis wieder aufgegriffen wurde. Sie sollten des Landes verwiesen werden, verlangte er, wenn sie sich nicht sowohl von ihrer Religion als auch von den dadurch bedingten vermeintlich anstößigen Verhaltensmustern lossagten.

In den Jahren, die unmittelbar auf den Zweiten Weltkrieg folgten, sammelte die Historikerin Eleonore Sterling viele private Briefe und Tagebucheinträge, die junge deutsche Intellektuelle kurz vor und nach 1815, dem Jahr der Niederlage Napoleons, geschrieben hatten. Sie starb 1968, viel zu früh. Im selben Jahr begann Uriel Tal, ein israelischer Kollege, das Material zu analysieren und Besonderheiten herauszuarbeiten. Es erwies sich als eine wahre Schatztruhe.[47] Das folgende Zitat ist typisch für viele andere Passagen dieser Sammlung: «Hiermit schwöre ich, dass ich mein ganzes Leben der Wiedererweckung unseres Reichs widmen werde. Die Erinnerung an die alten Tage lässt mich jetzt erkennen, wie böse, abstoßend und unmoralisch, wie verheerend der jüdische Einfluss auf unser Leben war. Der französische Rationalismus, die preußische Versteinerung, der westliche Skeptizismus, sie alle haben die germanische Seele, unsere Flüsse und Wälder, unsere Jugend und unseren Geist vergiftet.» Daher waren in den Augen dieser jungen Männer nicht nur, aber ganz besonders die Juden der Grund für die erlittenen Niederlagen der Vergangenheit und das gegenwärtige Elend. Die erhoffte Wiedererweckung des nationalen Gedankens war für sie mit heftigen antisemitischen Gefühlen verknüpft. «Jüdischer Unrat sollte nie wieder unsere großartige Zukunft beflecken und beschmutzen dürfen», fasste ein anderer seine tiefsten patriotischen Gefühle zusammen.

Die jüdischen Studenten, die nun überall im Land zum Studium zugelassen waren, müssen eine schmerzvolle Desillusionierung erfahren haben. Der Brief eines jüdischen Studenten, der sich ebenfalls in Sterlings Sammlung befindet, beschreibt die tiefe Enttäuschung, die Beleidigung, die Frustration, die Demütigung. Und am Ende, während des Wartburgfests, beließen es die nationalen und nationalliberalen Studenten nicht bei bloßen Agitationen gegen Juden. Sie verbrannten einige der veröffentlichten Repliken auf Rühs und Fries, darunter auch die bekannteste, die *Germanomanie* von Saul Ascher, und machten so auf unmissverständliche Weise ihre antijüdische Einstellung publik. 1821 schrieb Heinrich Heine, aufgebracht über die Geschehnisse auf der Wartburg, dem Höhepunkt der liberalen Tradition der Deutschen, diese denkwürdige Prophezeiung: «Das war ein Vorspiel nur, dort wo man Bücher verbrennt, verbrennt man auch am Ende Menschen.»[48]

III.

Im Sommer 1819 vertiefte eine Reihe von Ereignissen die Unsicherheit der Juden und verschärfte die Probleme auf ihrem Weg zur vollen Gleichberechtigung. Während der Bayerische Landtag einige neue Regelungen für die Juden debattierte und dieses Thema auch in verschiedenen lokalen Räten und Versammlungen diskutiert wurde, kam es zu gewaltsamen Angriffen auf Juden, erst in Würzburg, dann in Bamberg, Bayreuth, Regensburg und in einigen kleineren Städten und Dörfern. Die Krawalle griffen bald auf Frankfurt am Main über, verschiedene Orte im Herzogtum Baden, im Rheinland und dann auf Hamburg, Breslau, Danzig und Königsberg. In einigen Fällen gingen die Unruhen nicht über lautstarke verbale Attacken hinaus. In anderen Fällen, zum Beispiel in Hamburg, schienen die Juden, die sich zu verteidigen suchten, nur zusätzliche Aggressionen und noch gewalttätigere Angriffe auszulösen.[49]

Was zu Beginn der Unruhen in Würzburg geschah, war schon schlimm genug. Der Mob wütete ein paar Tage lang und attackierte die Wohnungen der dort lebenden Juden, Mitglieder der kleinen, aber gut organisierten jüdischen Gemeinde der Stadt. Ihre erschreckten Bewohner flohen in die umliegenden Dörfer, nachdem sie übel zusammengeschlagen worden waren. Die Wut wandte sich dann aber gegen die offensichtlich unzureichenden Militär- und Polizeieinheiten, die zur Wiederherstellung der Ordnung entsandt worden waren. Ein Soldat wurde getötet. Auch in Frankfurt, wo die älteste und größte jüdische Gemeinde Deutschlands beheimatet war, gelang es der Polizei nicht, die Situation unter Kontrolle zu bringen. Weder der Senat der Stadt noch die Bundesbehörden, die dort zusammentraten, konnten die Lage beruhigen.

Zeitgenossen und spätere Historiker waren und sind sich über die Ursachen dieser sogenannten Hep-Hep-Unruhen nicht einig. In jener Zeit war die Atmosphäre überall in Deutschland explosiv. Es waren dieselben sozialen Gruppen, die 1817 auf die Wartburg marschiert waren und ihrer Enttäuschung über die gescheiterten Reformen nach dem Wiener Kongress Ausdruck verliehen hatten, die nun auch während der Frühlings- und Sommermonate 1819 in ihrem Protest gewalttätig wurden. Wie schon erwähnt, wurde im März 1819 August von Kotzebue, der als Gegner des Liberalismus bekannt war, von einem Jenaer Burschenschaftler ermordet. Überall wuchs die Spannung, und die Behörden standen unter großem Druck. Es ist möglich, dass sich die antijüdischen Ausschreitungen aus diesen allgemeinen Unruhen entwickelten.

Direkter und ebenso wirkmächtig waren jedoch zwei andere Faktoren. Die Wut der oft noch in Gilden organisierten städtischen Kaufleute richtete sich gegen die Juden, denen es plötzlich erlaubt sein sollte, in die geschützten Bereiche ihres Gewerbes einzudringen. Sie organisierten sich auch, um gegen jüdische Straßenhändler vorzugehen, die, wie viele glaubten, zum «unfairen Wettbewerb» beitrugen. Zum anderen war es die feindselige Propaganda gegen Juden, verbreitet durch eine ganze Armee von Rednern und Schreibern, die die elaboriertere antisemitische Literatur popularisierte und der breiten Öffentlichkeit zugänglich machte. Es gab Zeitgenossen, die diese vergiftete Atmosphäre wahrnahmen und vor den Folgen warnten. Rahel Varnhagen erinnerte in einem Brief am 29. August 1819 daran – mittlerweile war sie konvertiert und mit Karl August Varnhagen verheiratet –, dass sie nach der Lektüre von Rühs, Fries und anderen bei jeder Gelegenheit und wiederholt davor gewarnt habe, dass man Juden bald auch physisch angreifen werde.[50]

So genügte offensichtlich die Kombination von mangelnder Entschlossenheit an der Spitze und sozialen Unruhen von unten, um einen Flächenbrand zu entfachen. Die Erfahrung eines Fortschritts bei der Gleichberechtigung und eines damit zusammenhängenden wachsenden Antisemitismus war für diese Jahre charakteristisch. Während die Hep-Hep-Unruhen wüteten, gingen die Diskussionen über die weitere Verbesserung des rechtlichen Status der Juden unvermindert weiter, sowohl in Bayern als auch in Baden. Gewalttätiger Widerstand gegen den «Eintritt» der Juden in die bürgerliche Gesellschaft, sei es formell oder informell, durch das Gesetz oder gesellschaftlich, wiederholte sich beim revolutionären Umbruch von 1830 in München, Hamburg, Breslau, Mannheim und Karlsruhe. 1834 kam es erneut zu Gewalt gegen Juden, besonders im Rheinland, und während der 1840er Jahre wurden Juden in Berlin, Paderborn, Regensburg und schließlich auch in Wien angegriffen. Während die Juden an einigen Orten um ihr Leben liefen, setzten sie an anderen ihr Integrationsprojekt fort, kamen ihren nichtjüdischen Nachbarn näher, nahmen teil an deren kulturellem Leben, passten sich an deren Gewohnheiten und Normen an und versuchten, mit ihnen zu leben und immer mehr wie sie zu werden.

Zu jener Zeit war beileibe nicht jeder damit beschäftigt, antisemitische Literatur und Pamphlete zu verfassen oder zu lesen. Und nicht jeder war in der Lage, das Ausmaß des Judenhasses in der deutschen Gesellschaft zu ermessen. Nicht jeder, nicht einmal jeder Jude interessierte sich für Erfolg oder Scheitern der verschiedenen Gesetze zur rechtlichen Gleichstellung. Die Reformen hatten für die meisten Juden kaum praktische Bedeutung. Außerdem verglichen sie ihre Situation nicht mehr mit den großen Versprechungen der Aufklärung. Das Leben der Juden wie auch das der Nichtjuden änderte sich in diesen Jahren überall auf dem europäischen Kontinent höchst dramatisch. Es war eine Periode äußerster Unbeständigkeit. Es gab viele Gefahren, aber auch viele Chancen und Möglichkeiten.

Wie bereits dargelegt, begannen die Juden Mitte des achtzehnten Jahrhunderts, am kulturellen Leben ihrer Umgebung teilzunehmen. Die neuere Forschung tendiert dazu, die vielfältigen Verbindungen zwischen Juden und Nichtjuden zu betonen, die es schon immer gegeben hatte, auch im Mittelalter und in der Frühen Neuzeit. Reiche jüdische Kaufleute und Bankiers zum Beispiel hätten solche Verbindungen gar nicht vermeiden können, auch Hausierer und Händler nicht. Aber mittlerweile begannen Juden aus den unterschiedlichsten Schichten, sich mehr für die Lebensweise ihrer Nachbarn zu interessieren. Das deutsche Bildungssystem und das Leben des Bildungsbürgertums erwiesen sich nun für gebildete Juden als zunehmend attraktiv. Was anfangs für eine kleine Elite galt, die jüdische ebenso wie die christliche, wurde seit den ersten Dekaden des neunzehnten Jahrhunderts für einen stetig wachsenden Anteil der Bevölkerung relevant. Antisemitische Manifestationen blieben ein weitverbreitetes Phänomen, ebenso der Ruf nach der Konversion der Juden. Aber die Öffnung, die sich nun den Juden bot, der Zugang zu einer neuen Gesellschaft, die sie nicht mehr grundsätzlich ausschloss, war außerordentlich attraktiv. Der Optimismus war grenzenlos, das Versprechen war so überaus groß.

Ein Beobachter schilderte 1833 die neue Situation: «Betrachten wir die ungeheuren Veränderungen, die in Sprache, Tracht, Lebensweise, in Bedürfnissen und Vergnügen, in Sitten und Gewohnheiten sich zutragen! (...) Hätte man vor dreißig Jahren wirklich in Gasthöfen und Speisehäusern einen Juden erblickt, der an der Tafel der christlichen Gäste teilgenommen und mit ihnen sich ungezwungen unterhalten (...) hätte?» Juden, so fuhr er fort, konnte man nun überall sehen, «in Konzerten, Soirees, auf Bällen, Volksfesten (...) in Kaffeehäusern und Börsenhallen (...) im Theater, (...) in wissenschaftlichen und sonstigen gebildeten Zirkeln».[51] Man hatte allerdings schon viel früher Juden in Börsenhallen sehen können, und in den 1830er Jahren waren sie in «Speisehäusern» vermutlich immer noch selten anzutreffen. Der Historiker Jacob Toury betonte in einem Buch über eine etwas spätere Periode: «eine volle soziale Integrierung, symbolisiert durch die Möglichkeit der Gemeinschaft von Tisch und Bett, blieb eben ausgeklammert».[52] Und das galt auch für die Jahre der Restauration. Der jüdische Eintritt, um Tourys Terminologie noch einmal zu verwenden, war ein deutliches Zeichen der Zeit. So manche verschlossene Tür, wenn auch gewiss nicht jede, begann sich langsam zu öffnen.

Inzwischen wuchs die Attraktivität der nichtjüdischen Welt. Jenseits des adligen Milieus schuf sich das wachsende Bürgertum, dessen kulturelle Macht, wenn auch nicht immer die politische, größer wurde, eine neue öffentliche Sphäre. Dazu gehörten Theater und Musik, leichte Unterhaltung und anspruchsvolle Kunst. Jeder, der es sich leisten konnte, konnte daran teilhaben. Als zahlendes Publikum waren die wohlhabenden Juden in Theatern und Konzertsälen willkommen, zumindest konnten sie nicht ausgeschlossen werden. Als Künstler, selten auch als Künstlerinnen, sahen sie sich vielleicht mit höheren Anforderungen konfrontiert, aber wer herausragend war, konnte jetzt in vollem Umfang «eintreten». Darüber hinaus war der Zugang zur höheren Bildung sehr attraktiv. Studenten aus dem Bürgertum strömten in großer Zahl in die Universitäten. Zum ersten Mal konnten sich nun jüdische Studenten aus dem bürgerlichen Milieu dieser Gruppe anschließen. Nun traten sie nicht nur durch die Türen der medizinischen Fakultäten, andere Türen öffneten sich jetzt ebenso. In allen Fakultäten entstand ein großer Andrang jüdischer Studenten. Die Juden schienen auf diese erste Gelegenheit geradezu gewartet zu haben.

IV.

Eduard Gans begann 1816 in Berlin sein Studium der Rechtswissenschaft und Philosophie, wechselte im Jahr darauf nach Göttingen und schloss das Studium 1819 in Heidelberg mit einer Promotion ab. Juden war zwar in Preußen die Beamtenlaufbahn verwehrt, aber da es eine Ausnahmeregelung für besonders begabte Akademiker gab, bewarb sich der geniale Gelehrte um eine Professur in Berlin. Doch um seine Berufung zu verhindern, machte Friedrich Wilhelm III. kurzerhand die Ausnahmeregelung durch eine Kabinettsorder rückgängig, die als «Lex Gans» bekannt wurde. Dieses Vorgehen erinnert an die königliche Intervention von Friedrich II., die Moses Mendelssohns Mitgliedschaft in der Preußischen Akademie der Wissenschaften verhinderte. Schon damals war dies eine große Enttäuschung für den jüdischen Philosophen und seine Glaubensgenossen, jetzt war es wahrscheinlich noch schlimmer.

Gans versuchte es daraufhin mit einer anderen Taktik. In der Vergangenheit war Juden, sogar den konvertierten, der Zugang zu intellektuellen Gruppierungen jeder Art verwehrt worden. So zum Beispiel zur *Christlich-Deutschen Tischgesellschaft* in Berlin oder zur Nachfolgeorganisation, der *Christlich-Germanischen Tischgesellschaft*. In den meisten Fällen ließ man sie auch nicht in weniger bedeutende Vereine eintreten, wie zum Beispiel in die Lesegesellschaften, die im späten achtzehnten und im frühen neunzehnten Jahrhundert ein beliebtes Forum darstellten, in dem man sich regelmäßig traf. In all diesen Fällen reagierten die Juden mit der Gründung eigener Gesellschaften. So schufen sie eine getrennte jüdische Öffentlichkeit, die parallel zur neu entstandenen deutschen Öffentlichkeit ihre Wirkung entfaltete. Um nur zwei Beispiele zu nennen: Die Gemeinde in Frankfurt war bekannt für ihre lebendigen Lesegesellschaften, und die 1792 gegründete jüdische *Gesellschaft der Freunde* in Berlin erfüllte ebenfalls verschiedene gesellschaftliche und intellektuelle Bedürfnisse ihrer Mitglieder, vergleichbar mit den Aktivitäten der Nichtjuden.

Andere Gruppen, die aus der nun aufblühenden bürgerlichen Öffentlichkeit ausgeschlossen waren – Männer aus der Unterschicht, Frauen aus *allen* Schichten –, nutzten dasselbe Verfahren. Sie gründeten ihre eigenen kulturellen Gesellschaften, und ihre Aktivitäten unterschieden sich nur wenig von denen anderer. Dieselben Bücher wurden nun in jüdischen Lesegesellschaften gelesen und diskutiert, dieselben Theaterstücke aufgeführt, dieselbe Musik einstudiert – nur mit anderen Chören und in anderen Räumen. Manche Historiker haben dieses Phänomen «negative Integration» genannt.[53]

1819, sofort nach den Hep-Hep-Unruhen, gründeten jüdische Akademiker den *Verein für Cultur und Wissenschaft des Judentums*. Hier konnten sie ihr eigenes wissenschaftliches Umfeld erarbeiten, ein Forum für ihre eigene akademische Arbeit – außerhalb der Universität mit ihren diskriminierenden Regeln. Aber der Verein erwies sich als wenig erfolgreich.[54] Trotz seiner begabten Mitglieder und des ausführlichen, vielversprechenden Lehr- und Forschungsprogramms, das sie mit viel Energie vorstellten, wurde er schon 1824 aufgelöst. Anfangs trafen sich die Mitglieder recht häufig, und man hielt Vorlesungen und diskutierte darüber. Sie versuchten, die Bedeutung des Judentums neu zu durchdenken und seinen Platz innerhalb der europäischen Kultur zu ergründen. Zum ersten Mal suchten sie offen nach einer modernen jüdischen Identität jenseits der Religion; nach einer Identität, die ihnen helfen würde, in die nichtjüdische Gesellschaft einzutreten und gleichzeitig Juden zu bleiben. Sie verloren jedoch bald den Mut. Trotz der vielversprechenden Anfänge konnte der Verein keine befriedigende Alternative zum etablierten Wissenschaftsbetrieb bieten. 1825 entschied sich Gans zu konvertieren – enttäuscht und im Bewusstsein, seinen Zielen nicht näher gekommen zu sein. Wie erwartet, startete er unmittelbar darauf eine kometenhafte akademische Karriere. 1832 wurde er Dekan der juristischen Fakultät in Berlin, vier Jahre vor seinem frühen Tod.

Obwohl eine Karriere wie diese außergewöhnlich war, war die Entscheidung zu konvertieren nicht ungewöhnlich. Juden konnten nun überall in Deutschland studieren. In Bayern war es sogar verpflichtend, einen Universitätsabschluss zu machen, bevor man die Stelle eines Rabbiners einnehmen konnte. Aber während ein Abschluss für Christen den Start in ein jahrelanges Arbeitsleben in der städtischen oder staatlichen Verwaltung bedeutete oder den Start einer akademischen Karriere, waren beide Wege den Nichtkonvertierten verschlossen. Eine leitende Stelle beim Staat war Juden per Gesetz verboten, und eine volle Stelle an der Universität war ebenfalls nicht zulässig. Selbst erfolgreiche jüdische Studenten fanden trotz ihrer akademischen Leistungen keine Arbeit.

Dies war auch das Schicksal von Leopold Zunz. Er war der Erste, der sich der «Wissenschaft des Judentums», wie man es später nannte, widmete, so wie sie ursprünglich von dem gescheiterten Verein erdacht und propagiert worden war.[55] Zunz veröffentlichte noch vor dessen Gründung sorgfältig recherchierte Arbeiten über verschiedene Aspekte des Judentums und über die literarische Überlieferung der Aschkenasen seit dem Mittelalter. Er reagierte damit auf verschiedene antisemitische Publikationen, die damals in Berlin zirkulierten. Unter diesen waren auch Veröffentlichungen von Friedrich Rühs, seinem Professor an der Universität. Später war er als Mitglied des Vereins für dessen akademische Zeitschrift und für die drei zwischen 1822 und 1823 veröffentlichten Ausgaben verantwortlich. Nach der Auflösung des Vereins blieb Zunz dessen ursprünglichen Zielen treu. Bis zu seinem Tod 1886 im Alter von einundneunzig Jahren schrieb er eine Reihe von wissenschaftlichen Werken über das Judentum, während er mit dem mageren Gehalt von unterschiedlichen Lehrtätigkeiten in jüdischen Bildungseinrichtungen auskommen musste. Als unabhängiger Gelehrter arbeitete er gewöhnlich allein. Frustriert verbitterte er mit der Zeit.

Verbitterung und Frustration drohten allerdings auch jenen, die, anders als Zunz, konvertierten und doch erkennen mussten, dass sie Außenseiter blieben. Am bekanntesten ist die Lebensgeschichte von Heinrich Heine, auch er ein ehemaliges Mitglied des Vereins. Trotz seiner harten Kritik an Gans' Konversion wählte Heine bald denselben Weg und konvertierte 1825 kurz nach seiner juristischen Promotion. Die Konversion, erklärte er, sei ein «Entre Billet zur Europäischen Kultur», aber zunächst blieb auch dieses Versprechen unerfüllt. Seine Pläne, in Hamburg als Anwalt tätig zu werden, zerschlugen sich. Alle Nuancen der deutschen Sprache zu beherrschen und sodann alle Gewohnheiten und Normen der nichtjüdischen bürgerlichen Welt zu übernehmen war eindeutig nicht genug – weder für Heine noch für andere Juden seiner Generation, sei es mit oder ohne Konversion.

Ungefähr zur gleichen Zeit, um 1825, schrieb Heine die erste Fassung seines vielleicht jüdischsten Texts, der erst 1840 veröffentlicht wurde, des Romanfragments *Der Rabbi von Bacherach*. Außerdem schrieb er seinen ersten Liederzyklus, *Die Heimkehr*, in dem er sich jenem jungen Mädchen mit den schwarzbraunen Augen, das ihn schweigend vom Fenster aus beobachtet, schlicht als «ein deutscher Dichter» vorstellt. Mit der Zeit wurde die jüdische Komponente seiner Identität eher nebensächlich, sie spielte in diesen besonders zarten und emotionalen Gedichten keine Rolle. Aber es gibt ein kurzes Gedicht *An Edom!*, das er drei Monate vor seiner Konversion an einen Freund in Berlin schickte. Das Gedicht wurde erst lange nach seinem Tod veröffentlicht:

> Ein Jahrtausend schon und länger,
> Dulden wir uns brüderlich,
> Du, du duldest, daß ich atme,
> Daß du rasest, dulde Ich.
>
> Manchmal nur, in dunkeln Zeiten,
> Ward dir wunderlich zu Mut,
> Und die liebefrommen Tätzchen
> Färbtest du mit meinem Blut!

Die dritte Strophe lässt den Atem stocken:

> Jetzt wird unsre Freundschaft fester,
> Und noch täglich nimmt sie zu;
> Denn ich selbst begann zu rasen,
> Und ich werde fast wie Du![56]

Trotz der Konversion – das ist typisch für ihn – hielt Heine an seiner jüdischen Identität fest und entwickelte zur selben Zeit ein poetisches Genre, das seine Vorstellung von Patriotismus und seine tief empfundene Liebe zu Deutschland umschreibt. Es ist ein Genre, das auf Kindheitserinnerungen aufbaut und auf der Anziehungskraft der Natur, der Landschaft und Städte, der Speisen und Farben der Region, der Berge und der Küsten im Norden. Das

Zusammenspiel von Erfahrungen in Kindheit und Jugend und der Verbundenheit mit der Familie ist in einer seiner bekanntesten Romanzen am klarsten zu erkennen. Das Gedicht *Nachtgedanken*, das er Mitte der 1840er Jahre im Pariser Exil verfasste, beginnt mit der anspielungsreichen Zeile «Denk ich an Deutschland in der Nacht», wohl ein Hinweis auf seine schmerzhafte Sehnsucht nach dem Heimatland. Aber im nächsten Vers beeilt er sich, diesen Eindruck zu korrigieren: «Nach Deutschland lechzt' ich nicht so sehr/ Wenn nicht die Mutter dorten wär'.» Dies, so scheint Heine anzudeuten, ist vor allem ein persönliches Gedicht, in dem er seine Sehnsucht nach der Mutter ausspricht, die er zwölf lange Jahre nicht gesehen hat. Und Deutschland, erklärt er, vielleicht sich selbst gegenüber,

> Deutschland hat ewigen Bestand,
> Es ist ein kerngesundes Land!
> Mit seinen Eichen, seinen Linden
> Werd' ich es immer wiederfinden.[57]

Schließlich, man erfasst es intuitiv, ist doch das Thema des Gedichts die Sehnsucht nach dem Vaterland. Sie ist genauso unauslöschlich in sein Gedächtnis eingebrannt wie die Sehnsucht nach der Mutter, dem lebendigen Menschen, der weit weg ist und immer älter wird.

Im Herbst 1824, etwa zwanzig Jahre zuvor, veröffentlichte Heine seine Reiseeindrücke vom Harz, und im Jahr darauf beschrieb er einen Aufenthalt an der Nordseeküste. 1844 griff er dieses Genre wieder auf, etwa in dem Versepos *Deutschland. Ein Wintermärchen*. Hier schwärmt er von den deutschen Wäldern, die die Romantiker so liebten, den Bergen mit ihren vielen Bächen, den einsamen Hütten und der Verheißung einer neuen Liebe. Offensichtlich war er verzaubert von dem Zusammenspiel alter Legenden und dramatischer Meereslandschaften. Und schließlich waren es die deutschen Städte mit ihren Türmen und Kirchen, ihren Lokalen und deren Verheißung von Spaß und Lust, denen er seine liebevolle Aufmerksamkeit widmete. In jener Zeit lebte er zwar schon in Paris, aber noch ohne die Bitterkeit, die so häufig in Heines späteren Texten zu finden ist, als er der «Religion der Freiheit» ergeben und deshalb vom Heimatland verbannt war.

Seit 1831 lebte Heine in Paris und schrieb für französische und deutsche Journale. Im April 1835 veröffentlichte er *L'Allemagne*, eine Sammlung von Aufsätzen über die deutsche Romantik, ihre Religion und Philosophie. Heine schlüpfte in die Rolle des Vermittlers und erklärte den Franzosen seinen Blick auf Deutschland. Er blickte nun tatsächlich vom Rand auf sein geliebtes und zugleich zutiefst verabscheutes Vaterland. Seine typische Tonlage ist die Ambivalenz. Heine bewunderte die lutherische Reformation, aber er verachtete ihren Glauben an einen Satan und an ein Leben nach dem Tod. Er findet Lobeshymnen für Kant, aber verspottet dessen schwerfälligen Stil und das Prätentiöse seiner Schüler. In diesem brillanten Essay spricht Heine wiederholt von «wir Deutschen» und malt für seine französischen Leser ein vielschichtiges Bild von «uns». Am Ende jedoch gewinnt seine prophetische Intuition die Oberhand. Nun spricht er von der «besseren» und der «schlechteren» Hälfte Deutschlands, vor allem jedoch von den Gefahren, die in dieser «schlechteren» Hälfte schlummern: «Und die Stunde wird kommen. Wie auf den Stufen eines Amphitheaters werden die Völker sich um Deutschland gruppieren, um die großen Kampfspiele zu betrachten.» «Es wird ein Stück aufgeführt werden in Deutschland, wogegen die französische Revolution nur wie eine harmlose Idylle erscheinen möchte.»[58]

Ist er hier wieder in die Szenerie von Edom zurückgekehrt, die ihn mehr als ein Jahrzehnt zuvor erschütterte? Ist dies der jüdische Heine, der nicht mehr Mitglied dieses magischen deutschen «Wir» ist, weder des guten noch des bösen Deutschland? Es ist schwer, sich darüber sicher zu sein. Aber klar ist, dass auch Heinrich Heine sich nicht dem doppelten Dilemma einer Gesellschaft entziehen konnte, die nur halb geöffnet war, Freiheit versprach und neue Einschränkungen durchsetzte, Modernität imaginierte und Zensur verhängte, Reformen plante und die Restauration praktizierte.[59]

Zweiter Teil

Freiheit und Einheit

1840–1870

4. Pogrome und Revolution

I.

In Ermangelung einer politischen Einheit entwickelte sich in Deutschland allmählich ein mehrschichtiges Nationalbewusstsein. Der Andere, das «Anderssein» galt zu dieser Zeit trotz des humanitären Pathos des Liberalismus immer noch als Bedrohung. Viele verstanden unter Gleichberechtigung für Juden, abgesehen von den rechtlichen Aspekten, ein Angebot der Gesellschaft an *einzelne* Juden, an Individuen, und dies zu eindeutigen Bedingungen. Juden wurde nun formell zwar der Zugang zur bürgerlichen Gesellschaft gewährt, das galt jedoch nicht für das Kollektiv. Und sie konnten nur dazugehören, wenn sie tatsächlich «aufhörten, Juden zu sein». Im Laufe der Zeit schien *dieser* Punkt immer mehr an Bedeutung zu gewinnen.[1]

Die Formulierung stammt aus einer Debatte anlässlich einer Landtagssitzung des Herzogtums Baden zu Beginn der achtzehnhundertdreißiger Jahre. Sie wurde von dem Historiker Reinhard Rürup analysiert und 1966 in einem bahnbrechenden Artikel veröffentlicht. Ein anderes Zitat, das aus einer früheren Zeit aus Württemberg stammt, betont ebenfalls, dass «der Jude» im Prozess seiner sogenannten Verbesserung «entjudet»[2] werden müsse. Radikale Forderungen wie diese waren besonders in den mittelgroßen südlichen und südwestlichen deutschen Staaten verbreitet. In diesen Staaten waren schon früh Ansätze von Verfassungsstrukturen erkennbar. Hier ging man seit geraumer Zeit davon aus, dass die Kontroverse über Veränderungen des Status der Juden wie andere Kontroversen auf der Agenda nicht nur obrigkeitsstaatlich von der Bürokratie zu entscheiden seien, sondern von Staat und Gesellschaft gemeinsam. Parlamentarische Institutionen waren jetzt verantwortlich für die Gesetzgebung. Die Parlamentarier waren aber eher geneigt, der öffentlichen Meinung und den Stimmungen in den Kleinstädten und besonders auf dem Land nachzugeben. Hier taten die Volksmassen wiederholt ihre Meinung durch verbale und physische Angriffe auf Juden kund. Auf eine «Verschmelzung» durch Emanzipation zu hoffen war somit ziemlich illusionär. Von allen Seiten wurde im Gegenteil die Forderung erhoben, den Prozess voranzutreiben, der die jüdische Eigenständigkeit nicht nur einschränken, sondern auslöschen sollte.

Karl Rotteck, ein prominenter Liberaler, erklärte 1833 in einer Rede in Baden, dass der Staat einer «gewissen Gleichförmigkeit» bedürfe. Daher werde eine Verschmelzung von Juden und Nichtjuden nicht nur die Abschaffung alter jüdischer Sonderrechte und Pflichten bedeuten, sondern auch das «Ende ihrer Geschichte», sogar den «Tod ihres Volkes».[3] Hier geriet jemand zweifellos an die Grenzen seiner Toleranz. Es gebe jetzt wichtigere Themen, meinte Rotteck, Voraussetzung für eine Emanzipation der Juden sei jedenfalls vor allem «die Emanzipation der *Christen* und die Emanzipation der *Deutschen*». Rürup zitiert auch aus dem Bayerischen Landtag. Hier listeten manche Redner noch viele andere Bevölkerungsgruppen auf, deren Emanzipation ebenfalls vorangetrieben werden müsse, nämlich die «Emanzipation der Kinder von Unwissenheit und Aberglaube, der Jünglinge von einer sechsjährigen Conscriptionszeit, des hoch achtbaren Offizierstandes, des Grundeigentums, der Gewerbe, der Gemeinde, des Geistes, der Presse».[4] Tatsächlich erörterten manche Juden selbst derartige Stellungnahmen, die ihren Fall relativieren oder womöglich auch nur in einen Kontext stellen sollten.

Heinrich Heines Äußerungen sind wie immer besonders aufschlussreich. Die Frage, was die große «Aufgabe unserer Zeit» sei, beantwortete er mit dem Begriff der Emanzipation und füllte ihn mit der umfassendsten Bedeutung, die denkbar ist. Emanzipation sei die große Aufgabe, «nicht bloß die der Irländer, Griechen, Frankfurter Juden, westindischen Schwarzen, sondern es ist die Emanzipation der ganzen Welt».[5] Die Gleichberechtigung der Juden konnte natürlich nur als Teil eines größeren Projekts betrachtet werden, und doch enthielt sie eine besondere paradigmatische Bedeutung.

Jüdisches «Anderssein» war und blieb eine Irritation, die bei den meisten Kommentatoren vor allem Negatives ans Licht brachte, selbst bei jenen, die man schwerlich Antisemiten nennen konnte. Manche hofften, wie schon in der Toleranzdebatte ein halbes Jahrhundert zuvor, dass ein langer Assimilationsprozess die jüdische Identität auslöschen werde. Andere hofften, dass die Konversion am Ende dasselbe erreichen könnte. Wie Wilhelm von Humboldt zu Beginn des Jahrhunderts beantwortete Karl August Varnhagen von Ense in einem Tagebucheintrag am 20. Oktober 1842 die Frage, «Was wollen die Juden wirklich?», bedenkenlos mit der Maxime «dass man ihnen Zeit lasse, Christen zu werden»[6] – obwohl er seit Langem liberale Überzeugungen vertrat. Dies könnte eine Konsequenz sein, die er aus den Erfahrungen mit seiner inzwischen verstorbenen Frau Rahel Varnhagen gezogen hatte. Seine Schlussfolgerung entsprach jedoch nicht der Realität.

Man schätzt, dass zwischen 1800 und 1850 in Preußen etwas mehr als 5000 Juden zum Christentum konvertierten, die meisten in Berlin. Um 1850 lebten in Preußen mehr als 200 000 Juden, die

Hälfte aller in Deutschland ansässigen Juden, wenn man das Habsburgerreich nicht mitzählt. Diese Zahl mag manchen Nichtjuden genügt haben, um sich in ihren Erwartungen bestätigt zu fühlen. Andere blieben skeptisch und suchten nach anderen Lösungen für die sogenannte Judenfrage. Darunter waren viele, die immer noch fest davon überzeugt waren, dass keinerlei Integration möglich sei. Und wieder einmal waren es nicht nur Reaktionäre jeglicher Couleur, sondern auch Liberale. Während also die Mehrheit der Juden glaubte, Emanzipation heiße, dass man sich in die deutsche Gesellschaft integrieren könnte, *ohne* seine Besonderheit, sei es die Religion oder seien es säkulare Eigenheiten, aufzugeben, verlangten die meisten Nichtjuden, selbst jene, die im Prinzip bereit waren, Juden zu akzeptieren, deren totale Veränderung, wenn nicht als Voraussetzung, dann als Ziel. Für die meisten bedeutete Integration die *Preisgabe* des Jüdischseins, gleichgültig, wie die exakte Definition lautete.

Indem man beide Möglichkeiten vermied, konnte man sogar eine Art Fegefeuertheorie ableiten. Eduard Gans sah beispielsweise in den Pogromen gegen die Juden des Jahres 1819 die Geburtswehen einer neuen Welt, einer Zeit, in der Distanzierung und Integration der Juden gleichzeitig vollzogen wurden, ganz im Sinne der Dialektik seines verehrten Hochschullehrers Hegel. In dem Versuch, die Ereignisse «objektiv» wahrzunehmen, waren Angriffe auf Menschen auch für Ludwig Börne zwar inakzeptabel, doch er war bereit, «dem deutschen Volke» seine Vorurteile zu vergeben. Diese seien zwar unangebracht, aber unvermeidlich auf dem Weg zur wahren Freiheit und zu einem voll entwickelten Nationalbewusstsein.[7] Man erwartete von den Juden, dass sie den tieferen Sinn des Ganzen verstanden und sich dadurch nicht davon abhalten ließen, den Deutschen auf ihrem gemeinsamen Weg zu Freiheit und Einheit zu folgen. 1844 schrieb Karl Marx, dessen jüdischer Vater eine Generation zuvor zum Christentum konvertiert war, in seinem erst sehr viel später berühmt gewordenen Text «Zur Judenfrage», dass

Juden eine besondere Rolle im Prozess einer universellen Emanzipation spielten. Eine solche Emanzipation werde, auch für sie, eine vollständige *Befreiung vom Judentum* bedeuten.[8]

In einer Zeit jedoch, in der viele Probleme nach einer baldigen Lösung drängten, erwies sich dieses Thema als besonders komplex. Trotz der verschwindend geringen Zahl an Juden fühlten sich Nichtjuden oft gezwungen, durch die bloße Existenz von Juden zu *ihrer* Zukunft Stellung zu beziehen. Sie brachten somit tief verwurzelte deutsche Dilemmata ans Licht. Vor allem musste jetzt zwischen liberalen Prinzipien und der zunehmenden Flut an nationalen, womöglich nationalistischen Gefühlen abgewogen werden. Die Bedeutung des Begriffs «Nationalismus» musste immer wieder überdacht werden. Menschen mit ausgeprägten ideologischen Überzeugungen waren gezwungen, Stellung zu beziehen. Und wenn man an dieser Stelle eine Entscheidung fällte, so hatte das auch für andere Entscheidungen Konsequenzen, etwa wenn es um Staatsbürgerschaft im Allgemeinen ging, um die Definition dessen, was deutsch sei, um die eigene Identität oder um die Stellung von anderen Minderheiten in Deutschland und den Stellenwert der Religion in der modernen Gesellschaft.

II.

Die feindselige Stimmung gegenüber den Juden, Polizeibrutalität und Zensur verloren zu Beginn des fünften Jahrzehnts ein wenig an Schärfe. «Zusammenfassend gilt es festzuhalten», schreibt die Historikerin Stefi Jersch-Wenzel, «dass das in den 1840er Jahren klar zum Ausdruck kommende Eintreten der liberal und demokratisch gesinnten Kreise für die vollständige Emanzipation der Juden zu einem gewissen Fortschritt in deren Rechtslage und vor allem zu einer Einbeziehung der ‹Judenfrage› in die freiheitlichen Bestrebungen insgesamt geführt hat.»[9]

Diese Verbesserung war dringend geboten. Dabei hatte die neue Dekade mit einer weiteren Enttäuschung begonnen, für Juden wie auch für viele ihrer Unterstützer. Friedrich Wilhelm IV., der 1840 auf den preußischen Thron folgte, schien sich zunächst für eine tendenziell liberale Rechtsordnung einzusetzen, was viele im ganzen Land erhofft hatten. Sie stellte sich jedoch bald als reaktionär heraus, zunächst in allem, was Juden betraf. Wie Friedrich der Große, der als aufgeklärt galt, hatte er sich stets dazu bekannt, Reformen offen gegenüberzustehen. Tatsächlich hatte er zu Beginn die Verfolgung sogenannter Demagogen gestoppt, die Zensur gelockert und politische Gegner rehabilitiert. Doch schon Ende 1841 war der König gemeinsam mit seinen engsten Beratern bemüht, die jüdische Bevölkerung Preußens in eine Korporation alten Stils zurückzuversetzen, basierend auf einem antiemanzipatorischen Argument, das weder die jüdischen Untertanen seines Vorgängers hundert Jahre zuvor überrascht hätte noch die jüdischen Nationalisten und Zionisten hundert Jahre später: In einer Ordre des Königs heißt es, dass der Jude, als Volk, «sich in dem gesetzlich einzigen Fall befindet, mit der Religion rein identisch zusammenzugehören …».[10]

Für die preußischen Juden, die sich seit zwei oder gar drei Generationen bemüht hatten, ihre Loyalität zu beweisen und zu zeigen, dass sie Patrioten waren und dazugehörten, war diese Definition beleidigend. Abermals wurden ihre Integrationsanstrengungen, dieses Mal von oben, zurückgewiesen. Damit war alles gefährdet, nicht nur jeglicher Fortschritt für ihre künftige rechtliche Gleichstellung, sondern auch ihre Bemühungen, legitimer Teil ihrer zeitgenössischen Gesellschaft zu werden. Allerdings führte die Enttäuschung dieses Mal, da die Gefahr eines weiteren Rückschlags im Kampf um die Emanzipation unmittelbar bevorstand, in Preußen und auch außerhalb zu heftiger Opposition, und zwar nicht nur bei Juden. Die vom König vorgesehenen Pläne für den Status der Juden sickerten durch, sie wurden schnell und auch zu Recht als Zeichen seiner grundsätzlichen Ablehnung einer modernen Verfassung für Preußen verstanden.

Inzwischen wurden, wohl als Reaktion auf die allgemeine Protestwelle im ganzen Land, auch in anderen Teilen Deutschlands, beispielsweise in Hannover und in Bayern, Reformen eingeführt. Obwohl die rechtlich verankerte volle Gleichberechtigung noch lange nicht in Sicht war und die Probleme der Integration immer noch andauerten, schien es nun eher möglich, den Kampf zu gewinnen. Die Mehrheit der Liberalen, sogar dezidierte Nationalliberale, distanzierten sich von den antisemitischen Einstellungen ihrer Vorgänger. Gleichheit für alle, Juden eingeschlossen, wurde Bestandteil ihres politischen Kampfes, eine logische Folge ihrer Forderung nach der Verfassung oder, anders formuliert, nach Freiheit und Einheit. Der Geist der Revolution machte sich nun überall bemerkbar. Der bevorstehende Umbruch von 1848/49, oft romantisch «Frühling der Nationen» genannt, bildete den Höhepunkt eines langwierigen Kampfes gegen die Restauration. Nach einer langen Zeit der Stagnation erfasste das Gefühl von Neubeginn schließlich das ganze Land.

Trotz der pathetischen liberalen Rhetorik, die für das erste Stadium der Revolution von 1848 bezeichnend war, begann sie tatsächlich mit einer Reihe von spontanen Bauernaufständen, vergleichbar mit den Volksaufständen, die für das Ancien Régime typisch waren. Zu den ersten Aufständen kam es im Februar 1848 auf der anderen Seite der Grenze im französischen Elsass. Es handelte sich um einen Aufstand gegen Steuerbeamte, die die Zentralregierung repräsentierten, und zugleich gegen reichere Juden in kleinen Städten und Dörfern. Viele Juden flohen daraufhin über die Grenze nach Deutschland, doch im März breitete sich die Gewalt auf mehr als dreißig Orte im südwestlichen Deutschland aus. Die Unruhen begannen in Baden und setzten sich dann über Württemberg und Bayern bis nach Westfalen, Oberschlesien und Posen, schließlich bis nach Böhmen, Mähren und Ungarn fort. Angriffe auf Juden waren Bestandteil der gewalttätigen Bauernaufstände gegen die Obrigkeit als solche in Frankreich und ebenso in den deutschen Ländern. Doch manchmal glichen sie eher den Judenpogromen, wie sie in der Vergangenheit nicht unüblich waren. Und wie so oft im Ancien Régime flohen die Juden und überließen ihre Häuser den Plünderern, die «Steine durch die zerborstenen Fenster in ihre Wohnstätte warfen und ‹Geld oder Tod› schrien».[11]

Die Stimmung dieser Tage war aggressiv antisemitisch. Als erster Akt einer aufgeklärten, liberalen Revolution war dieser Beginn nicht gerade vielversprechend, noch weniger waren es die Manifestationen antijüdischer Ressentiments in den Städten. Unter den Handwerksmeistern und ihren Gesellen gab es viele aktive Revolutionäre. Offener Antisemitismus war zwar in diesem «tollen Jahr» bei ihren offiziellen Versammlungen selten zu erkennen, doch es gab genügend Hinweise darauf, dass man überall im Land gegen Juden eingestellt war.[12] Gegen Ende des Jahres 1848 verbreitete zum Beispiel eine Gruppe von Handwerksmeistern aus Leipzig in einem Brief an die Mitglieder aller Innungen in Deutschland eine von antiliberaler Rhetorik triefende Tirade gegen Bestrebungen, die Innungen und die mit ihnen verbundenen Privilegien abzuschaffen, begleitet von wütenden Attacken auf Juden und auf Pläne für deren Emanzipation. Juden seien die Erzfeinde der deutschen Mittelschicht, ja, aller hart arbeitenden Deutschen und deshalb der ganzen Gesellschaft. Sie seien «diese Fremdlinge die nirgends heimisch sind und kein Herz für das Volk haben, wo sie wohnen».[13]

Sofern Angriffe auf Juden in ländlichen Regionen in Darstellungen der Revolution überhaupt eine Rolle spielten, wurden sie meist als verständliche Reaktionen auf jüdische Geldverleiher in verarmten Landstrichen abgetan, während man die Wut, die sich in Städten gegen Juden entlud, als Reaktion auf die jüdische Konkurrenz in Handel und Handwerk interpretierte. Das muss jedoch hinterfragt werden. Im Mittelalter waren Juden auf dem Land lange Zeit tatsächlich Pfandleiher, und viele blieben in Deutschland in der Frühen Neuzeit in diesem Gewerbe, oft verbunden mit Viehzucht, dem Betrieb eines Schlachthofs oder dem Handel mit gebrauchter Kleidung. Man hätte den Betroffenen die Bedeutung schnellen und flexiblen Geldverleihs, besonders in ländlichen Gegenden, sicherlich nicht groß erklären müssen, aber viele fanden ihn abstoßend. Obwohl 1848 nur noch ein geringer Anteil der Juden auf dem Land tatsächlich Geldverleiher waren, blieb dies damals und auch später noch Anlass für Unruhen.

Konkurrenzangst war zu jenem Zeitpunkt den realen Verhältnissen auch nicht adäquat, denn deutsche Handwerker waren nur selten mit jüdischer Konkurrenz konfrontiert. In den alten Territorien des Reichs waren Juden normalerweise von der Ausübung der meisten Handwerksberufe ohnehin ausgeschlossen. Schon 1817 waren weniger als 5 Prozent aller arbeitenden Juden Handwerker. Diese Anzahl erhöhte sich in späteren Jahren möglicherweise, aber jahrhundertealte Verbote verlangsamten den Wandel. Auch die jüdischen Handwerker in Osteuropa, von denen einige nach der Teilung Polens Preußen wurden, konnten die Situation nicht nennenswert ändern. Die meisten Juden auf dem Land und in den Kleinstädten blieben im Kleinhandel beschäftigt, vor allem als Hausierer, und als solche konnten sie wohl kaum eine ernsthafte Konkurrenz darstellen. Harte Fakten waren aber offenbar irrelevant. Entscheidend war die Angst vor Veränderung in Verbindung mit der traditionellen und oft wieder erwachten Angst vor «dem Juden» als Inbegriff des Fremden, selbst wenn er in Wahrheit ein langjährig vertrauter Nachbar war. Der tief verwurzelte religiöse Antijudaismus spielte ebenfalls eine Rolle. So kamen alte und neue Ursachen zusammen, um antijüdische Gewalt zu entfesseln. Eine allgemeine Unzufriedenheit, verstärkt durch unbändige Wut auf die Obrigkeit, manifestierte sich hier. Da die Regierungen, die in Deutschland an der Macht waren, nicht in der Lage waren, die Ordnung aufrechtzuerhalten oder ein Gefühl von Sicherheit zu vermitteln, waren wie seit Jahrhunderten Juden die Ersten, auf die man sich stürzte.

III.

Interessanterweise haben nicht nur Historiker den antijüdischen Aspekt dieses frühen Stadiums der Revolution wenig beachtet. Auch die Zeitgenossen, Christen wie Juden, hatten schnell Gründe parat, diese Gewaltausbrüche kleinzureden oder gar gänzlich auszublenden. Die jüdische Wochenschrift *Der Orient* schrieb, die Pogrome seien ein «wildes Gewächs der Freiheit» oder nur «Ausbrüche des wütenden Pöbels», um den jüdischen Gelehrten Leopold Zunz zu zitieren.[14] Er war als radikaler Demokrat eine Ausnahmeerscheinung unter den prominenten Juden und betonte immer wieder die große universelle Botschaft der Revolution. Er glaubte, die Juden könnten nur als Teil des Ganzen befreit werden, sie müssten in der Zwischenzeit die Angriffe gegen sie als unvermeidlich hinnehmen, das seien Wetterleuchten früherer Feindseligkeit. «Die Pöbelstürme gegen Juden in einzelnen Gegenden werden spurlos wie anderer Unfug vorübergehen», schrieb er in einem privaten Brief am 17. März 1848, «und die Freiheit wird bleiben.»[15] Sogar das Organ der Ultraorthodoxen, der *Treue Zionswächter*, deutete die antijüdischen Ausschreitungen als «Blutweihe für Deutschlands Freiheit».[16]

Bald ergriff der Chefredakteur der liberalen *Allgemeinen Zeitung des Judentums* die Gelegenheit, wieder einmal von der Notwendigkeit der «Produktivierung» zu predigen, die er für das beste Gegenmittel gegen die Raserei des ländlichen Mobs hielt.[17] In all diesen Texten findet sich eine vereinfachende Dichotomie: Die Aufstände im ländlichen Raum seien ein Echo vormoderner Volksunruhen, während die städtische Revolution ein auf die Zukunft gerichteter moderner Kampf sei.

Darüber hinaus schien den meisten Juden ihre aktive Beteiligung an der revolutionären Bewegung viel wichtiger zu sein als die sporadischen Ausschreitungen, die sich gegen ihre Glaubensgenossen richteten – vorausgesetzt, sie waren nicht selbst unmittelbar Opfer der Gewalt. Zudem schienen sich die Übergriffe schnell wieder zu legen. Denn nun machte sich die Stimme des deutschen Judentums auf allen revolutionären Bühnen bemerkbar. Sie repräsentierte revolutionären Erfolg, auch wenn er nicht lange andauerte, und feierte das «Jahr der Freiheit», das auch aus jüdischer Sicht heroisch war. Von Berlin bis Wien nahmen Juden an den ersten Tagen aktiv an der Märzrevolution teil. Zusammen mit ihren christlichen Kampfgefährten hofften sie, dass auch Freiheit und Gleichheit bald als Grundprinzipien eines freien, vereinten Deutschlands gesetzlich verankert werden. Der Höhepunkt dieser Aktivität war die Formulierung des Artikels 16 der neuen Verfassung, die in der Paulskirche von der Frankfurter Nationalversammlung entworfen wurde. Der Artikel legte gleiche bürgerliche und politische Rechte für alle fest, ungeachtet ihrer Religionszugehörigkeit, und wurde am 10. Dezember 1848 nahezu ohne Gegenstimmen angenommen. Die Parlamente diverser Staaten übernahmen ihn oder ähnlich formulierte Paragraphen unmittelbar vor oder unmittelbar nach der historischen Abstimmung in Frankfurt. In den meisten dieser Parlamente saßen nun auch einige Juden als gewählte Abgeordnete. Sie arbeiteten am Aufbau einer gerechten Bürgergesellschaft mit, in der die Garantie einer Gleichberechtigung der Juden nicht mehr hinterfragt werden konnte.

Oft wird auf die Verfassungskommission der 2. Kammer des Parlaments in Baden hingewiesen, die schon im April 1848 ein Gesetz befürwortete, das den Juden Gleichberechtigung gewährte.

Ein Zusatz lautete, diesen Schritt besonders zu rechtfertigen sei nichts als «Zeitverschwendung».[18] Das Gesetz wurde tatsächlich nahezu einstimmig angenommen. Doch das war nicht überall so, nicht einmal im relativ progressiven Baden war dies der letzte Akt des Dramas. Sehr bald regte sich Widerstand in der Bevölkerung, der die Wiedereinführung zahlreicher alter und auch neue Restriktionen für Juden erzwang und die Abschaffung mehrerer revolutionärer Gesetze durchsetzte, was die meisten revolutionären Errungenschaften wieder zunichtemachte. In Bayern brach ein lokaler Proteststurm gegen die Emanzipation der Juden los, Hunderte von Petitionen wurden eingereicht. Daraufhin kam die geplante Gesetzgebung zum Stillstand, und entgegen allen Hoffnungen und Erwartungen wurden die Uhren wieder zurückgedreht.

Zunächst hielt man derartige Rückschritte für Ausnahmen. Die allgemeine Gefühlslage war, dass die Gleichberechtigung nicht mehr aufzuhalten sei. Schließlich war das Ancien Régime zu Beginn der Revolution schnell implodiert. Überall in Deutschland hatten neue Regierungen liberalen Reformen Gesetzeskraft gegeben. Die Monarchien blieben zwar erhalten, doch die konservativen Staatsmänner wie Metternich in Wien und Prinz Wilhelm von Preußen. in Berlin mussten fliehen und um ihr Leben fürchten. Den Aufruhr auf dem Land hatte man besänftigt, da man den Forderungen der Bauern im Allgemeinen entgegengekommen war. Die gemäßigten Liberalen schienen in der Lage, die revolutionären Massen in Schranken zu halten. Nicht mehr Gewaltaktionen standen im Vordergrund, sondern Versöhnung und Kompromiss. Vor allem erwartete man, dass die gewählte Nationalversammlung Deutschlands eine liberale Verfassung und, noch wichtiger, die politische Einheit verschaffen werde. Es war eine Zeit großer Hoffnungen.

Bald rückte die nationale Einheit ins Zentrum der Aufmerksamkeit, und damit waren die heiklen Punkte berührt, die ganz wesentlich zu dem Versuch gehörten, Nationalismus und Liberalismus miteinander in Einklang zu bringen. Zu den vielen Schwierigkeiten, mit denen die neue Architektur Deutschlands konfrontiert war, gehörte die Notwendigkeit, mit Minderheiten umzugehen, das heißt mit Männern und Frauen, die nicht gleichberechtigter Teil der Nation waren. Man musste auch mit dem Nationalbewusstsein einiger Volksgruppen zurechtkommen: Dänen in Schleswig-Holstein, Tschechen in Böhmen, Italiener in Triest oder Tirol und Polen in Teilen des Habsburgerreichs. Auch das Zusammenleben von Polen, Deutschen und Juden in der nach 1815 wieder zu Preußen gehörenden Provinz Posen wurde als Herausforderung empfunden.

Zunächst schien das Thema der nichtdeutschen Volksgruppen, besonders in Bezug auf die Juden, kein großes Problem zu sein. Wie wir gesehen haben, war die Gleichberechtigung der Juden seit Beginn der Revolution auf der Agenda, und die Juden hatten unmissverständlich klargemacht, dass sie erstklassige Patrioten waren, deutsche Nationalisten wie ihre nichtjüdischen revolutionären Mitstreiter. In den Jahren des Vormärz waren viele aktiv bemüht, jeden Bezug auf ihre *jüdische* Nationalität abzulegen. Mit besonderem Eifer geschah dies in verschiedenen Reformgemeinden, die im Judentum lediglich eine Religion neben anderen Religionen und Konfessionen sehen wollten. Es gab sogar Bestrebungen, alle Passagen in der Liturgie, die von der Sehnsucht nach Jerusalem und der Rückkehr nach Zion sprachen, zu entfernen. Abraham Geiger, damals prominentester Vertreter des Reformjudentums, fand es schwierig, eine Beziehung zu den außerhalb Deutschlands lebenden Juden, besonders zu jenen in Osteuropa, herzustellen, mit denen man sich seit Generationen selbstverständlich identifiziert hatte. Nun wurde die Zugehörigkeit zu Deutschland und zur deutschen Nation ein immer wichtigerer Aspekt der jüdischen Identität in den deutschen Ländern. Deutschnationale Gefühle hegten während der Revolution selbst orthodoxe Juden. Unter den liberalen jüdischen Reformern aller Art führten sie zu einer klaren und entschiedenen Haltung: «Wir erkennen unsere Sache fortan als keine besondere mehr, sie ist eins mit der Sache des Vaterlandes. Wir sind und wollen nur Deutsche sein. Nur dem Glauben nach sind wir Israeliten», schrieb Rabbiner Leopold Stein in Frankfurt am Main.[19] Aktivisten wie Gabriel Riesser träumten von einem politisch vereinten Deutschland und waren überzeugt, dass die jüdische Emanzipation selbstverständlicher Teil seiner gesellschaftlichen und politischen Ordnung werden würde.

Doch die Verbindung von Verfassungsliberalismus und Nationalismus mit der Notwendigkeit zu handeln, ohne das eine oder das andere aufzugeben, erwiesen sich als schwieriger als erwartet. Das trat in den Auseinandersetzungen um die polnische Selbstbestimmung in der Provinz Posen besonders klar zutage, wo Juden einen bedeutenden Teil einer multiethnischen Bevölkerung ausmachten. Entscheidend waren die polnischen Juden in mancherlei Hinsicht. Gewiss, die Mehrheit der Bevölkerung dieser Provinz bildeten Polen, und die meisten von ihnen wollten wohl lieber in einem freien Polen leben als in einem freien Preußen oder gar in einem freien vereinten Deutschland. Ganz sicher wollten sie nicht in einem obrigkeitsstaatlichen Preußen leben, wo Politik bestenfalls von einer strengen Bürokratie oder schlimmstenfalls von einer brutalen Militärherrschaft exekutiert wurde. Preußen setzte 1848 in der Tat beides ein, um die polnische Nationalbewegung niederzuschlagen, denn neben dem Militäreinsatz sorgte die Regierung durch Verschiebungen von Kreisgrenzen dafür, den Anteil der polnischen Bevölkerung in mehr als zwei Dritteln der Provinz zu reduzieren. Darüber hinaus schwächte man die polnische Seite, indem man die Juden zu den Deutschen hinzuzählte. Die überwiegend deutschen Gebiete wurden 1848 in den Deutschen Bund eingegliedert, die überwiegend polnischen verblieben bei Preußen, erhielten eine gewisse Selbstverwaltung und blieben außerhalb des Deutschen Bundes.

Das hatte eine gewisse Plausibilität. Die Juden der ehemals polnischen Region waren damals primär deutschsprachig, viele sprachen auch Jiddisch. Außerdem waren sie zum Schutz vor der örtlichen Bevölkerung oft von der Unterstützung der preußischen Verwaltung abhängig, daher zogen sie es zumeist vor, sich als Deutsche zu verstehen. Zweifellos erkannten sie, dass dies in der bevorstehenden Auseinandersetzung um die Nationalität von zentraler Bedeutung sein würde. Solange die liberale und nationale Revolution andauerte, waren die Juden bereit, alles zu tun, um ihren Teil dazu beizutragen. Sie konnten noch nicht vorhersehen, dass die Revolution sich als zunehmend illiberal und immer nationaler oder gar nationalistischer herausstellen und man sie ohnehin bald niederschlagen würde, welche Richtung sie auch immer nehmen sollte.

Im Frühjahr 1849 erlangten die Regierungen Österreichs und Preußens wieder Kontrolle über die Situation, nachdem die Revolution sich in ihre eigenen Widersprüche verwickelt hatte und allseits Unterstützung einbüßte. Im Dezember 1848 gelang es dem österreichischen Kanzler Felix zu Schwarzenberg, die Abdankung Kaiser Ferdinands zu erwirken und seinen nicht minder reaktionären Neffen Franz Joseph zu seinem Nachfolger zu machen. Bald darauf besiegte die Armee die Revolutionäre in Wien und setzte unter dieses historische Kapitel – oder womöglich war es auch nur ein historisches Zwischenspiel – einen Schlusspunkt. Im Dezember 1848 löste der preußische König die Preußische Nationalversammlung auf, und im Frühjahr 1849 lehnte er jede Kooperation auch mit dem Parlament in Frankfurt ab. Eine Delegation der Paulskirche, angeführt von Johann Jacobi, einem jüdischen Mitglied der Fraktion der Linken im Parlament, darunter auch jüdische Abgeordnete anderer Fraktionen, reiste nach Berlin und bot dem König die deutsche Kaiserkrone an. Er lehnte ab. Das Ende der Revolution lag in der Luft, er brauchte keine Konzessionen mehr zu machen. Mittlerweile hatten sich alle Hoffnungen zerschlagen.

Auch die der Juden waren zerstört, für Deutschland allgemein und für ihre Minderheit im Besonderen. Gegen Ende des Jahres schlug die politische Reaktion zu. Die Errungenschaften der Revolution wurden zurückgenommen, auch die meisten Verbesserungen für die Juden. Sie mussten nun, erneut marginalisiert, zusehen, wie der Katholizismus in Österreich und der Protestantismus in Preußen wieder als Staatsreligion installiert wurden und der bürgerliche Liberalismus an allen Fronten Rückschläge erlitt.

IV.

In der deutschen und der deutsch-jüdischen Geschichtsschreibung hat man sich lange Zeit lediglich an den Glanz von 1848 erinnert. Hier sei ausführlich aus Heinrich Graetz' Beschreibung im letzten Band seiner 1870 zuerst veröffentlichten Geschichte der Juden zitiert. Es ist das Standardwerk eines «Generalisten», das von vielen zeitgenössischen und späteren Historikern intensiv genutzt und extensiv zitiert wurde: «Unerwartet und überwältigend schlug für die europäischen Juden die Stunde der Befreiung mit der Februar- und Märzumwälzung (1848) in Paris, Wien, Berlin, Italien und in anderen Ländern. Ein Freiheitsrausch kam über die europäischen Völker, der hinreißender und wunderbarer war als in den Jahren 1789 und 1830. Mit gebieterischen Forderungen traten sie an die Machthaber heran. Unter diesen Forderungen befand sich regelmäßig die Judenemanzipation. In allen Volksversammlungen und Kundgebungen wurden die gestern noch verachteten Juden in den Bund der ‹Freiheit, Gleichheit und Brüderlichkeit› eingeschlossen. Was die Heißblütigsten nicht einmal zu hoffen gewagt hatten, trat plötzlich ein.» Überall in Europa seien «die Fesseln für die Juden gefallen».[20] Mit großem Respekt beschreibt Graetz diese ruhmreichen Ereignisse. Selbst Simon Dubnow, der wie gesagt den Fokus der jüdischen Geschichte nicht mehr auf Deutschland, sondern auf

Osteuropa richtete und lediglich die wichtigsten politischen Aspekte der Revolution von 1848 behandelte, beschrieb enthusiastisch die Geschichte jener Juden, die an den Beratungen des Parlaments in Frankfurt teilnahmen. Er erzählte vom verehrten Gabriel Riesser und von den radikalen Juden in den Straßen von Wien, allerdings nur en passant. Mit keinem Wort erwähnte er die verbalen und physischen antijüdischen Gewaltexzesse.

Mehr als hundert Jahre später blendeten jüdische Historiker die antisemitischen Aspekte der Revolution 1848/49 weiterhin aus. Einige gingen nur kursorisch auf die Revolution ein, als sei sie eine Anekdote. Jacob Katz spricht in seinem Buch *Aus dem Ghetto in die bürgerliche Gesellschaft* von ruhmreichen Geschehnissen, übergeht die antisemitischen Ausschreitungen jedoch völlig, und das nicht nur hier, sondern auch in seinem ausführlicheren meisterhaften Werk *Vom Vorurteil bis zur Vernichtung*.[21] Und er ist keine Ausnahme. Deutsche Historiker erwähnen im Zusammenhang mit 1848 meist auch die rechtliche Gleichstellung, weil es gut zum positiven, heroischen Narrativ der Revolution passt. Die Schattenseite der Ereignisse beziehungsweise ihre Komplexität wird allzu oft ausgespart. Sogar Veit Valentin, selbst jüdischer Herkunft, einer der wenigen linken Historiker des frühen zwanzigsten Jahrhunderts, bekannt als entschiedener Befürworter der Weimarer Republik und insofern selbstverständlich interessiert an ihren Vorläufern, mied das Thema. Auch er schrieb immer noch eine Geschichte der Revolution «von oben» und konnte so die Pogrome gegen Juden auf dem Land oder die Flut antijüdischer Petitionen, die die lokalen Versammlungen im «tollen Jahr» überschwemmte, ignorieren. Die Sozialhistoriker, die Geschichte «von unten» schrieben, machten es im Großen und Ganzen nicht besser. Sie maßen zwar den Aspekten der Revolution, die die einfache Bevölkerung betrafen, mehr Bedeutung zu, aber die meisten übergingen, was den Juden widerfuhr. Selbst die Historiker, die später in der Bundesrepublik schrieben und sich der Bedeutung der Juden für die deutsche Gegenwartsgeschichte bewusst waren, neigten dazu, dieses Thema auszusparen. Eine Ausnahme bildet Wolfram Siemanns Buch *Die deutsche Revolution von 1848/49*, aber weder in Hans-Ulrich Wehlers *Deutscher Gesellschaftsgeschichte* noch in Thomas Nipperdeys *Deutscher Geschichte* kommen sie vor. Der Letztgenannte erwähnt typischerweise die «kreditgebenden Juden», die im März 1848 neben anderen zum Angriffsziel in den Dörfern wurden, doch auch er geht nicht näher auf dieses Thema ein.[22] Unter den zeitgenössischen deutschen «Generalisten» hat nur Reinhard Rürup der Materie seine volle Aufmerksamkeit geschenkt. Rürup behandelt das Thema ausführlich in einem Aufsatz, der erstmals in einem Sammelband zu jüdischen Aspekten der Revolution publiziert wurde. In seinem prägnanten Text *Deutschland im 19. Jahrhundert* findet sich jedoch lediglich ein kurzer Hinweis auf «Ausschreitungen gegen Juden, gegen reiche Pfarrer und andere Personen, die als Geldverleiher tätig waren».[23]

Die beste und umfassendste Analyse der antijüdischen Unruhen von 1848 erschien 1968 auf Hebräisch als schmaler Band bei einem kleinen Verlag in Tel Aviv. Jacob Toury gab seinem Buch einen treffenden Titel: *Turmoil and Confusion in the Revolution of 1848: The Anti-Jewish Riots and their Influence on Modern Anti-Semitism.* 1981, also zwölf Jahre später, erschien die deutsche Übersetzung, die das Thema unter Historikern mehr oder weniger bekannt machte. Einflussreicher waren womöglich historische Untersuchungen zum Antisemitismus, die die Pogrome von 1848 in einen größeren deutschen Kontext stellten. Wenn die Geschichte des Antisemitismus selbst eines Tages ein integraler Teil des allgemeinen deutschen Narrativs werden sollte, dann wäre diese Unterabteilung der Revolutionssaga womöglich kein separates, marginales Kapitel, sondern ein genuiner Teil des Ganzen.

Wie verändert dieser Teil nun das Ganze? Am Ende vielleicht

gar nicht allzu sehr. Vielleicht bietet er lediglich Gelegenheit zum Nachdenken, zur Neubewertung dessen, was wir im Allgemeinen bis jetzt von der Revolution zu verstehen meinten. Die deutsche Aufklärung hat trotz ihrer Rhetorik nie religiöse Toleranz im vollen Umfang propagiert. Ebenso wenig gelang es ihrem vermeintlichen Erben, der nationalliberalen Bewegung des Vormärz, den entscheidenden Schritt zu tun und diejenigen zu akzeptieren, die noch nicht dazugehörten, die Fremden, die «Anderen».

Viele deutsche Juden bemühten sich seit Langem um Akzeptanz. Zuerst sahen sie in der Bildung ein sinnvolles Verbindungsglied und versuchten leidenschaftlich, sich diese Bildung anzueignen. Da sich ihnen damals politisch nicht allzu viele Alternativen boten, fiel ihre Wahl wie selbstverständlich auf den Liberalismus. Am Vorabend der Revolution waren die meisten gemäßigte Liberale, nur wenige waren Radikaldemokraten. Im Großen und Ganzen blieb ihre Vaterlandsliebe, ihr leidenschaftlicher Patriotismus jedoch seltsam unerwidert. Sosehr sie auch versuchten, in die deutsche Gesellschaft «einzutreten», meist blieben sie am Rand, oft beargwöhnt, und nie erlaubte man ihnen, wirklich «einzutreten». Selbst viele ihrer liberalen Genossen verweigerten ihnen dies.

Im ländlichen Raum, unter den weniger Gebildeten, war die Situation noch fataler. Wir haben den weitverbreiteten, wiederholt sich entladenden Hass auf Juden gesehen. Sie waren immer noch das Ziel von Demütigungen, Ausgrenzungen und sporadisch sogar von Gewaltausbrüchen. Deutschland war in der ersten Hälfte des neunzehnten Jahrhunderts immer noch zutiefst autoritär, gekennzeichnet durch «staatspolizeiliche Verfolgungen»[24] und strenge Zensur. Die Revolution hatte einen allgemeinen Wandel versprochen, auch einen Wandel der Beziehungen zwischen Juden und Nichtjuden. Immer mehr Liberale waren nach 1848 bereit, womöglich willens, Juden als ihre Kampfgefährten zu betrachten und deren volle und vollständige Emanzipation durchzusetzen. Aber der Wandel kam langsamer als erwartet. Gewiss gab es zunächst Verbesserungen, doch es war nicht mehr als ein Anfang. Die Revolution veränderte nichts an der grundlegenden Asymmetrie der Situation. Diese war offenbar in allzu tiefen Schichten des Bewusstseins verankert. Die Juden hatten die Integration als eine Möglichkeit gesehen, mit Nichtjuden zusammenzuleben und gemeinsam mit ihnen zu agieren. Für die meisten Deutschen war die Integration der Juden ein Prozess, in dem Juden langsam alle Kennzeichen ihres «Andersseins» verlieren würden. Die deutsche Gesellschaft im Allgemeinen lehnte Juden nicht mehr ab – im Prinzip –, aber in vielen Bereichen war man immer noch weit davon entfernt, sie zu akzeptieren. Bis auf Weiteres blieben Ambivalenz, halbherzige Annäherungen und die Angst vor weiteren Reformen die Regel.

Das galt nicht nur in Bezug auf die Juden. Die Revolution von 1848 war am Ende an allen Fronten gescheitert. Keines ihrer Hauptziele war erreicht. Deutschland war weder befreit noch als Nation vereint. Die typische zweischneidige Situation, in der Reformen offensichtlich dringend notwendig waren, jedoch lediglich geplant und nicht umgesetzt wurden, zeigte sich als Charakteristikum der Revolution. Man experimentierte mit Verfassungen, sowohl in den einzelnen deutschen Staaten als auch auf nationaler Ebene. Man hatte sich zu eindrucksvollen Texten durchgerungen. Sogar autoritäre Monarchen beugten sich ihrer rhetorischen Kraft. Doch all das erwies sich als lediglich temporär. Bald setzte die Reaktion ein, der Fortschritt wurde rückgängig gemacht. Während die Revolution anfangs hauptsächlich wegen der Schwäche der restaurativen Kräfte zu gelingen schien, scheiterte sie am Ende wegen der unerwarteten Stärke ebenjener alten Kräfte. Die meisten Probleme blieben ungelöst, obwohl keines ad acta gelegt werden konnte. Weder ein liberaler Konstitutionalismus noch eine nationale Einheit wurden erreicht, aber beide blieben auf der Agenda. Nun wurde beides zur Aufgabe der siegreichen Gegenrevolution.

Die Geschichte der jüdischen Emanzipation spiegelt diese Ambivalenz wider. Alte Restriktionen wurden wieder eingeführt, so dass ein Staat, der für Gleichheit steht, und eine Gesellschaft der offenen Türen ein unerfüllter Traum blieben.

All das erinnert merkwürdig an die Ereignisse, die auf den Wiener Kongress folgten. Damals war die «Judenfrage», die ebenfalls ungelöst blieb, ein Indiz für die Unfähigkeit der Restauration, die vergleichsweise einfachen ersten Schritte in Richtung einer Modernisierung Deutschlands zu unternehmen – geschweige denn große, komplexe Probleme in Angriff zu nehmen. Die Bildung des Deutschen Bundes war ein schwacher Kompromiss, Debatten über eine deutsche Einheit waren unterdrückt worden. Die Staatsbürokratien erkannten die Liberalisierung der Wirtschaft als vorteilhaft, und einige der Prinzipien wurden tatsächlich umgesetzt. Im Großen und Ganzen stagnierten jedoch die Reformen in allen Bereichen, bestenfalls blieben sie unvollständig.

Das Scheitern der jüdischen Emanzipation hatte diese Stagnation damals deutlich sichtbar werden lassen. Das Projekt, den unabhängigen Citoyen zu erschaffen, wie es während der Aufklärung in Umrissen entworfen und unter französischer Besatzung versucht wurde, blieb Stückwerk. Schließlich nahm sich die Revolution von 1848 all dieser Projekte erneut an und versuchte, sie in einer noch moderneren Form zu verwirklichen. Auch dies endete in einer Niederlage. Die Themen wurden neu definiert, aber keines der nun besser durchdachten und besser skizzierten Ziele wurde tatsächlich erreicht.

In den fünfziger Jahren des neunzehnten Jahrhunderts ordneten die machtvollen reaktionären Regime ihre Kräfteverhältnisse neu. Preußen stand in offenem Konflikt mit Österreich und versuchte zunächst, den Status quo durch die Vorteile zu verändern, die es in den letzten Stadien der Revolution gewonnen hatte. Es zementierte seine Macht mithilfe oder durch Manipulation der kleineren Staaten, die das «Dritte Deutschland» bildeten. Doch in der Zwischenzeit hatte ein ökonomischer Wandel eingesetzt, der nicht mehr von Preußen oder irgendeiner anderen Regierung kontrolliert werden konnte und zu einer Macht von ganz neuer Qualität wurde. Erst in den sechziger Jahren schien Deutschland bereit, die Herausforderungen anzunehmen, die, wie offene Wunden, von der gescheiterten Revolution nicht versorgt worden waren. Inzwischen war alles bereit für die nächste Runde im Kampf um den notwendigen Wandel. Er war dringender denn je.

5. Multiple, verwobene Modernen

I.

Schon zu Beginn des neunzehnten Jahrhunderts verband man Juden unmittelbar mit der Moderne. Friedrich August Ludwig von der Marwitz, der eine führende Rolle im Widerstand des alten Adels gegen die preußische Reformpolitik spielte, äußerte seine Bedenken gegen den «neumodischen Judenstaat», den er herannahen sah. Juden drohten den adligen Landbesitz an sich zu reißen, sein «ehrliches Brandenburgisches Preußen», und seine uralte Gesellschaftsstruktur zu ersetzen. Andere Konservative verbanden alle Formen des modernen Lebens, so auch die allgemeine Gefahr einer Revolution, mit Juden und dem Judentum. Die Klage Friedrich Wilhelms IV., Schillers *Wilhelm Tell* sei «ein Stück für Juden und Revolutionäre», wurde oft zitiert. Adam Müller, als Verteidiger der Welt von gestern bekannt, fürchtete, dass bald «Kaufleute, Handwerker und Juden» den damals schwächelnden «Ritter- und Bauernstand» übernehmen würden.[25]

Einige Juden schienen diese Ansicht zu teilen, freilich mit umgekehrten Vorzeichen, denn sie behaupteten, dass sie tatsächlich die Avantgarde der Moderne bildeten, und bewerteten dies positiv. Heinrich Heine beschrieb in einem seiner mäandernden Kommentare zum Zeitgeschehen womöglich erstmals, worin er die Affinität zwischen Juden und Deutschen sah, und fuhr dann fort: «die Juden tragen schon im Beginne das moderne Prinzip in sich, welches sich heute erst bei den europäischen Völkern sichtbar entfaltet.» Er schrieb dies 1838 im Zusammenhang mit Überlegungen zur Rolle von Jessica, Shylocks Tochter im *Kaufmann von Venedig,* in seinem relativ unbekannten Text «Shakespeares Mädchen und Frauen».[26]

Juden waren «von jeher (…) Republikaner», schrieb er, den Gedanken weiterführend, «Freiheit und Gleichheit war ihre Religion. Welcher Wahn!» Mit dieser für ihn typischen Schlussfolgerung leitete Heine eine weitere Wendung seiner Überlegungen ein. Das Prinzip der Moderne manifestiere sich im spezifischen jüdischen «Geschäftsgeist», der sich zur Vollkommenheit entwickelt habe, weil Juden von allen ehrbaren Berufen ausgeschlossen und somit praktisch gezwungen seien, zu den «raffiniertesten Kaufleuten und Bankiers» zu werden. «Man zwang sie reich zu werden und haßte sie dann wegen ihres Reichtums.» Nur wenige Jahre später betonte auch Karl Marx den Zusammenhang von Juden und Kapitalismus, indem er Emanzipation als Befreiung vom Judentum definierte. Ähnliche Aussagen, in denen die Juden für das moderne Produktionssystem und seine Mängel und Fehler verantwortlich gemacht wurden, finden sich auch bei anderen Zeitgenossen, rechten wie linken, keineswegs nur bei entschiedenen Antisemiten.

Als Heine die oben zitierte Passage schrieb, hatte er sicher das jüdische Milieu seines Hamburger Onkels Salomon vor Augen, damals einer der reichsten Männer Deutschlands. Vielleicht war es auch die jüdische Gemeinde in Berlin, die er seit seiner Zeit in der preußischen Hauptstadt in guter Erinnerung hatte. Mit den Söhnen dieser Gemeinde hatte er sich angefreundet, zum Beispiel mit Eduard Gans, ebenfalls Sprössling einer reichen Bankiersfamilie.

Es handelt sich bei dem Zusammenhang von Juden und Kapitalismus freilich um eine Legende, die von Antisemiten in die Welt gesetzt und dann von vielen Juden übernommen wurde. Von Anfang an wurde dabei die Rolle der Juden im Prozess der Modernisierung falsch eingeschätzt. Unter Modernität verstanden unterschiedliche Menschen unterschiedliche Dinge. Dennoch war man sich meist über einige allgemeine Merkmale einig. Beispielsweise war Urbanisierung stets ein wesentliches Element in Darstellungen der Modernisierung. Juden waren in großen Teilen Mitteleuropas tatsächlich früher und umfassender urbanisiert als andere. Dies war eine Folge des seit Jahrhunderten geltenden Verbots, Land zu kaufen – sie durften es nicht einmal bearbeiten –, und des systemischen Drucks, der sie in wenige Berufe drängte, vor allem in den Kleinhandel und Geldverleih – meist auf niedrigem Niveau. Doch noch 1852, etwa zwölf Jahre nachdem Heines Shakespeare-Text erschien, wohnten lediglich 56 000 Juden, also 14 Prozent der gesamten jüdischen Bevölkerung, in den 24 Großstädten innerhalb der Grenzen des Alten Reichs; etwa 40 000 Juden oder 9 Prozent in weiteren Städten mit mehr als 50 000 und weniger als 100 000 Einwohnern. In Preußen wohnten nur 30 Prozent der Gesamtbevölkerung in Städten, während 80 Prozent der Juden in Ortschaften mit mehr als 2000 Einwohnern lebten, was von Statistikern damals schon als städtisch angesehen wurde.

Während der ersten Hälfte des Jahrhunderts lebten die meisten Juden in kleinen und mittelgroßen Städten. In Süddeutschland ließen sich viele lange in ländlichen Gegenden nieder. Bis zur vollen Emanzipation in den sechziger Jahren war es ihnen dort nicht erlaubt, in eine Stadt zu ziehen. Dennoch galten viele als teilweise urban, da sie gewöhnlich Mittler zwischen Stadt und Land waren. Sie verkauften in den nahe gelegenen Städten landwirtschaftliche Erzeugnisse und brachten verschiedene Produkte, auch eine Reihe von Kolonialwaren, zum Verkauf auf dem Land aus der Stadt mit. Gestützt auf zahlreiche jüdische Lebenserinnerungen, hat die Historikerin Monika Richarz festgestellt, dass die Juden in den meisten ländlichen Gegenden «einen städtischen Touch» hatten. So passten sie weder in das Klischee von den «wohlhabenden städtischen Juden, die Schiller, Kant oder Goethe lasen», noch gehörten sie zu den reichen Modernisierern, die Heine beschreibt. Trotzdem wurden sie zunehmend urbaner, natürlich gemeinsam mit vielen Nichtjuden, doch anscheinend schneller und in gewisser Weise umfassender.[27]

Juden zeigten früher als Nichtjuden auch andere Merkmale von Modernität, vor allem in verschiedenen Aspekten ihres demographischen Verhaltens. Sehr bemerkenswert ist die niedrigere Säuglings- und Kindersterblichkeit bei Juden gegenüber Nichtjuden, die schon zu Beginn des neunzehnten Jahrhunderts überall in Deutschland, aber auch außerhalb, erkennbar war. Während der Rückgang der Kindersterblichkeit normalerweise mit dem ökonomischen Status korreliert, verweisen die Daten bei Juden unabhängig von Vermögen oder Einkommen auf niedrige und stetig sinkende Raten. Dies ließ sich für ganz Europa dokumentieren, im Osten wie im Westen, auch in Regionen, in denen Juden besonders verarmt waren.[28] Die niedrige Kindersterblichkeit bewirkte, dass jüdische Familien zunächst im Durchschnitt größer waren als die nichtjüdischen, obwohl sie später schnell kleiner wurden. Sie beeinflusste auch die allgemeine Sterberate der Juden, die ebenfalls niedriger war und schneller sank als die der Nichtjuden. Der demographische Übergang von hohen Geburten- und Sterberaten zu niedrigen Raten vollzog sich bei Juden eine ganze Generation früher als bei Nichtjuden.[29]

Noch dynamischer war der Wandel der jüdischen Berufsstruktur. Seit den Emanzipationsdebatten im späten achtzehnten Jahrhundert tauchte das Thema der «Produktivierung» wiederholt auf. Es ging dabei um die vermeintliche Notwendigkeit, Juden in andere, für produktiver gehaltene Beschäftigungsbereiche zu drängen. Dennoch änderte sich im ganzen neunzehnten Jahrhundert in dieser Hinsicht nur wenig, trotz des äußeren Drucks und trotz der Mobilisierung eines großen Teils der jüdischen Öffentlichkeit zugunsten dieses Ziels. Die schnelle Urbanisierung bedeutete, dass Juden gerade verstärkt städtische Berufe ergriffen, so dass schon 1842 in Preußen, zum Beispiel, mehr als 40 Prozent der arbeitenden jüdischen Bevölkerung selbstständige Händler waren, und zusätzliche 8 Prozent arbeiteten als Gehilfen und Angestellte bei ihnen. 1861 waren es bereits 45 Prozent und zusätzliche 12,5 Prozent, während zu dieser Zeit nur 20 Prozent *aller* Arbeitenden im Land im Sektor «Handel und Dienstleistungen» aufgelistet waren, weniger als die Hälfte der jüdischen Rate. Der Handel wurde mit Beginn der Industrialisierung immer attraktiver, und so war es kaum zu erwarten, dass man andere Berufsmöglichkeiten suchte, wenn man in diesen Bereichen bereits Erfahrungen und weitreichende, sogar internationale Kontakte nutzen konnte.

Als Händler blieben die meisten Juden selbstständig und somit nicht von nichtjüdischen Arbeitgebern abhängig, die ihnen die Einhaltung des Schabbats und diverser Feiertage verübelten. Sie bauten ihre Geschäfte weiterhin auf der Basis von relativ geringem Kapital aus und kooperierten erfolgreich mit nahen und fernen Verwandten. Im Laufe des Jahrhunderts gab es in dieser typischen Berufsstruktur natürlich gewisse Veränderungen, gegen Ende sogar dramatische, doch das geschah vor allem innerhalb desselben Sektors. Im späten neunzehnten Jahrhundert nahm die Zahl der wandernden Händler ab, die meisten wurden Ladenbesitzer verschiedenster Größenordnung, und einige wenige wurden Leiter großer Wirtschaftsunternehmen.

In all diesen Jahren blieb die Tatsache, dass nur wenige Juden in der Landwirtschaft oder in der Industrie beschäftigt waren, der Hauptunterschied zum Rest der Bevölkerung. Zwischen 1830 und 1845 arbeiteten noch mehr als 50 Prozent aller Deutschen in der Landwirtschaft, die meisten als Kleinbauern oder Saisonarbeiter. Mehr als 40 Prozent waren in der Industrie oder im Handwerk beschäftigt. Der Unterschied zu den Juden blieb signifikant, man braucht keine statistischen Daten oder besonderen ökonomischen Kenntnisse, um dies zu registrieren. Diese Konstellation änderte sich auch nicht in der Phase der intensiven Industrialisierung, bezeichnenderweise trotz des ununterbrochenen Zuzugs von armen Juden aus dem Osten. Während einige Juden sehr reich wurden, blieb die Mehrheit in der unteren oder mittleren Mittelschicht und lebte bescheiden. Mehr als 20 Prozent waren sogar zu arm, um Steuern zahlen zu müssen. Erfolgreiche Bankiers, Kaufleute großen Stils mit internationalen Beziehungen und Kaufhausmogule fielen zweifellos auf, aber sie waren und blieben die große Ausnahme.[30]

II.

Die auffällige Modernisierung in *einigen* Bereichen, beispielsweise das Ausmaß und die Geschwindigkeit der Urbanisierung oder die Veränderung des demographischen Verhaltens, könnte zu dem Schluss verleiten, dass Juden in der Industrialisierung ebenfalls eine führende Rolle spielten. Dies war jedoch nicht der Fall. Es ist richtig, dass viele Juden in den Jahren der schrittweisen Emanzipation fast überall ökonomische und soziale Mobilität zeigten. Es ist auch richtig, dass dieser Aufstiegstrend öffentlich sichtbar war und oft Anlass zu Neid gab, worauf der Historiker Götz Aly mit Nachdruck hingewiesen hat.[31] Die tatsächlichen Zahlen ergeben jedoch ein viel komplexeres Bild. Nur eine kleine jüdische Minderheit erreichte jemals die Schicht des Großbürgertums, und noch weniger schafften dies als Industrielle. Vergleicht man die spätere Gruppe der «kürzlich Angekommenen» mit den oft erwähnten wenigen Hofjuden und erfolgreichen Bankiers des späten achtzehnten und frühen neunzehnten Jahrhunderts, so zeigt sich, dass sie sozial nicht auf derselben Stufe standen. Sie waren meist erfolgreiche Kaufleute, manchmal Unternehmer, die einige traditionelle Artikel, hauptsächlich Kleidung und Textilien, oft auch selbst produzierten und so ihr Einkommen aus dem Handel aufbesserten. In den meisten Fällen waren sie keine Industriellen im eigentlichen Sinn. Anders ausgedrückt: Juden ging es im Durchschnitt besser als Nichtjuden, doch die erfolgreichsten kamen aus dem Warenhandel und nicht aus der Industrie.

Natürlich gab es unter den einflussreichen Industriellen einzelne Juden, auch in frühen Stadien der Industrialisierung. In Schlesien waren zum Beispiel einige in den Bergbau und in die dazugehörige Schwerindustrie involviert. Doch insgesamt waren, wie Avraham Barkai schreibt, «jüdische Unternehmer in Bergwerken, Hüttenwerken oder im Maschinenbau Ausnahmen», und genau hier, nicht in der Textilbranche, befand sich der eigentliche Motor der deutschen Industrialisierung. Juden blieben in ihren traditionellen Branchen: Kleidung, Nahrungsmittel und manchmal auch Tabakindustrie. Am sensationellen allgemeinen deutschen Aufschwung hatten sie kaum Anteil.[32]

Ein anderes Bild ergibt womöglich der Blick auf Berlin. Die Situation dort war wichtig, aber eindeutig ein Ausnahmefall. Außergewöhnliche wirtschaftliche Erfolge in Berlin hatten Persönlichkeiten wie Bismarcks Bankier Gerson Bleichröder, der «Eisenbahnkönig» Bethel Henry Strousberg oder die Familie Mendelssohn mit ihren europaweit verzweigten Bankunternehmen. Sie standen vermutlich Pate für die Tendenz in der älteren Literatur zur jüdischen Geschichte, die Rolle der jüdischen Minderheit, ihren Erfolg und ihren ökonomischen Einfluss zu überschätzen. Avraham Barkai legt überzeugend dar, dass eine Minderheitengruppe von kaum mehr als einem Prozent der Gesamtbevölkerung, in der Armut vorherrschend war und die ökonomisch fast das ganze Jahrhundert hindurch eine marginale Rolle spielte, keine Spitzenposition in einer Wirtschaft einnehmen konnte, die so groß war wie die deutsche, selbst *wenn* diese Minderheit überdurchschnittlich aktiv war. Barkai, dessen Recherchen auf der Arbeit des amerikanischen Ökonomen Simon Kuznets basieren, die sich mit der Ökonomie von Minderheiten im Allgemeinen beschäftigte, kommt zu dem Schluss, dass die Juden den Lauf der deutschen Wirtschaft niemals hätten ändern können, trotz all ihres Talents, ihres großen Fleißes und der typischen Zurückhaltung als Konsumenten, die sie im Übermaß gezeigt hatten.[33]

Die Rolle der Juden in der Wachstumsphase der deutschen Wirtschaft im neunzehnten Jahrhundert wurde zu Beginn des nächsten Jahrhunderts Thema der öffentlichen und wissenschaftlichen Debatte, besonders nach der Veröffentlichung von Werner Sombarts Opus magnum *Die Juden und das Wirtschaftsleben* im Jahr 1911. Sombart reagierte auf Max Webers einflussreiches Werk *Die protestantische Ethik und der Geist des Kapitalismus*, in dem der aufstrebende Soziologe die kleine sektiererische protestantische Minderheit in England beschrieb, die seiner Meinung nach die modernen kapitalistischen Geschäftspraktiken initiiert und vorangetrieben hatte. Sombart wiederum betonte die Rolle der Juden bei der Entwicklung des weiter fortgeschrittenen Kapitalismus und ihre seiner Meinung nach einzigartige Rolle in der Industrialisierung. Seine Argumente fanden schnell öffentliche Aufmerksamkeit, da er ein «Medienphänomen» war, wie es der Historiker Derek Pensler genannt hat.[34] Sombarts Argumente wurden noch später von vielen angegriffen, aber ein Nachhall seiner These war weiterhin präsent.

Monika Richarz, die eine der umfassendsten und am sorgfältigsten ausgearbeiteten Darstellungen zu dem Thema verfasst hat, stellte 1997 fest: «Kennzeichnend für das erworbene Wirtschaftsverhalten [der Juden] waren vor allem der Mut zum Risiko, die Bereitschaft zu Innovation, die Werbung um den Kunden und das Handeln mit einem Netzwerk von Beziehungen mit anderen jüdischen Firmen im In- und Ausland.»[35] Manche Juden waren sicher oftmals bereit, Risiken einzugehen, und manche waren zweifellos innovativ, wenn es darum ging, neue Kunden zu finden. Aber es handelte sich dabei nicht um allgemeine jüdische Merkmale. Auf sicherem Boden befindet man sich eher mit der Annahme, dass sich Juden in der Industrie mehr oder weniger genauso verhielten wie ihre nichtjüdischen Kollegen, selbst wenn man den ungewöhnlichen Fall unterstellt, dass sie sich in eine moderne innovative

Branche gewagt hätten. Mit sehr wenigen Ausnahmen arbeiteten Juden ganz im Rahmen der bekannten Muster ihrer Zeit.

Ein interessantes Beispiel, das die Komplexität der Situation unterstreicht und das ganze neunzehnte Jahrhundert umfasst, ist die Geschichte der Liebermanns. Sie wird allerdings, wie alle Beispiele, umso weniger charakteristisch und umso singulärer, je mehr man Einzelheiten in Betracht zieht.[36] Die streng orthodoxe Familie kam aus der westpreußischen Grenzstadt Märkisch Friedland. Zwischen 1825 und 1835 ließen sich mehrere Familienmitglieder, darunter einige auf Baumwolle und Seide spezialisierte Kaufleute, in Berlin nieder, damals Handelsmetropole und Zentrum der Textilbranche. Die Liebermanns waren entschlossen, zum möglichst profitablen Ausbau dieser Branche beizutragen. England war Hauptproduzent verschiedener Baumwollwaren und bot sich als Ausgangspunkt an. Von dort importierte Josef Liebermann viele Produkte und verkaufte sie in Preußen und in anderen Ländern weiter. Er gehörte zwar nicht zu den Modernisierern der industriellen Baumwollproduktion, aber er war ein verlässlicher Kreditgeber für wagemutigere Unternehmer, die in derselben Branche tätig waren. Vor allem für den Baumwolldruck waren neue Maschinen erfunden worden, zunächst in England und dann auch in Berlin. Die beliebten «preußischen Schals» wurden von Liebermann nicht nur in Ost- und Westeuropa, sondern sogar nach Nordamerika, Mexiko und Japan verkauft.

Jüngere Mitglieder der Großfamilie Liebermann stiegen sozial noch weiter auf. Benjamin Joachim und bald darauf sein Bruder Pincus, der nun modisch Philipp hieß, heirateten Berliner Jüdinnen aus gut situierten Familien und wurden auf diese Weise Seidenfabrikanten, der Letztgenannte schließlich sogar königlicher Kommerzienrat. Nun gab es in Berlin zwei große Handelshäuser, die den Namen Liebermann trugen und in einem Handelsnetzwerk mit engen Beziehungen zu England operierten. Sie waren zwar alle erfolgreich in der Produktion, doch ihr Schwerpunkt lag im Großhandel.

Die Töchter der Familie Liebermann machten ebenfalls eine gute Partie, alle heirateten arrivierte Geschäftsleute aus Berlin-Mitte. 1836 heiratete Therese Liebermann, vormals Teibchen, den sechzehn Jahre älteren Getreidehändler Moritz Rathenau. Er stammte ebenfalls aus ökonomisch gesichertem Milieu, hatte aber wenig Interesse am Unternehmen. Erst ihrem Sohn Emil gelang eine erfolgreiche Laufbahn als Unternehmer, wie danach auch dessen Sohn Walther Rathenau. Alle anderen Liebermanns schafften den sozialen Aufstieg ohne Unterbrechungen – und es gab viele, denn damals hatten orthodoxe Jüdinnen noch acht, neun, zehn oder sogar sechzehn Kinder. Einige Familienmitglieder nahmen «Umwege» und studierten Medizin oder Jura, die Mehrheit blieb aber im Unternehmen tätig.

Das heißt nicht, dass alle im *selben* Geschäftsfeld blieben. Die Nachfrage nach Baumwolle und Seide war zwar auch später groß, doch es zeigte sich bald, dass andere Bereiche vielversprechender wurden. 1856 kauften Josef Liebermann und seine beiden Söhne Louis und Benjamin die Wilhelmshütte, eine alte Eisenhütte in Sprottau in Niederschlesien, und bald danach die Dorotheenhütte in der Nähe. Sie produzierten diverse Maschinen und Ausrüstung für das schnell expandierende Eisenbahnsystem. Durch Emil Rathenaus Memoiren haben wir viele Detailinformationen über diese Eisenhütten. Seine vier Lehrjahre, in denen er dort als «Proletarier in blauer Bluse und mit zerschundenen Händen» arbeiten musste, während seine Cousins in den komfortablen Büros ihres Unternehmens bleiben durften, machten ihn sehr unglücklich.[37] Zudem überließen die Liebermanns alles Technische bald ihrem Manager Adolf Mestern, der später Partner wurde. Mestern war für die Modernisierung der Hütten verantwortlich. Er war Geschäftsführer für Maschinenbau und Eisenfabrikation, während die Liebermanns die Finanz- und Handelsseite übernahmen, worin sie seit Generationen Erfahrung hatten.

Die Liebermanns gaben den Berliner Handel mit Textilien jedoch nie auf. Parallel zu ihren Aktivitäten in Schlesien expandierten sie auch hier weiter, wurden in der Öffentlichkeit allmählich bekannt und politisch wahrgenommen. Louis Liebermann kaufte 1857 das Haus am Pariser Platz 7 neben dem Brandenburger Tor als Wohnhaus für die Familie. Man lebte nun in Nachbarschaft des preußischen Adels und der französischen Botschaft und hatte somit das Prestige in Berlin gefestigt. Sein Sohn Max war 1847 zur Welt gekommen, und es ist für das deutsche Judentum wohl nicht untypisch, dass der bekannteste unter den geschäftstüchtigen Männern dieser eindrucksvollen Familie derjenige war, der nie Unternehmer, sondern ein berühmter Künstler wurde. Er sollte zu einem herausragenden Maler des deutschen Impressionismus werden.

III.

Während die deutschen Juden voller Dynamik den Weg der ökonomischen Modernisierung beschritten, wurde ihre Sonderstellung nirgends so offensichtlich wie in ihrem Bildungsdrang. Seit der Mitte des achtzehnten Jahrhunderts wurde dieser immer sichtbarer und trug gegen Ende des neunzehnten Jahrhunderts Früchte. Auch hier war es eine allmähliche, langsame und keineswegs dramatische Entwicklung, wie es für den jüdischen Modernisierungsprozess im Allgemeinen typisch ist.

Juden haben sicher stets großen Wert auf die Erziehung und Bildung ihrer Kinder gelegt, natürlich besonders auf die ihrer Söhne. Kürzlich haben einige Historiker vorgebracht, dass selbst in den frühen Jahren der Diaspora nicht Diskriminierung der Grund war, der sie vom Land fernhielt, sondern eher die Tatsache, dass sie es nicht für vernünftig hielten, dass Männer, die lesen und manchmal sogar schreiben konnten, als Arbeiter in der Landwirtschaft beschäftigt sein sollten. Schließlich waren ihre Fähigkeiten andernorts sehr nachgefragt. Selbst ein minimaler Startvorteil in diesem Bereich war ausreichend, um sie für höherwertige Arbeit zu qualifizieren, entweder in einem der anspruchsvolleren Handwerksberufe, wenn das gesetzlich erlaubt war, oder im Handel, oft im Finanzwesen.[38] Während der mutmaßliche Bildungsvorsprung der Juden im späten Mittelalter eher schwächer ausgeprägt war, gewann er, so gering er auch war, in der Frühen Neuzeit und im neunzehnten Jahrhundert wieder an Einfluss. Früher lernten die meisten jüdischen Kinder der Aschkenasim in Europa in einem Cheder, einer religiös geprägten Schule. Der Unterricht begann schon für die Drei- oder Vierjährigen. Sie lernten Hebräisch und lasen biblische Geschichten, jedoch lernten sie stets lesen und schreiben. Sie lernten auch das Lernen, und das war sicher für die Mehrheit der ländlichen Nichtjuden, oft auch für Nichtjuden in der Stadt, nicht die Regel.

Für diejenigen, die in nichtjüdische Schulen gehen oder sich auf die Universität vorbereiten und eventuell einen freien Beruf ergreifen wollten, war der Unterricht im Cheder jedoch nicht besonders hilfreich. Auf der Suche nach einer angemessenen Bildung schickte Heinrich Heines Mutter ihren Sohn Anfang des neunzehnten Jahrhunderts zuerst in eine Art Mädchenschule, bald darauf in ein altehrwürdiges Franziskanerkloster, in dem er verprügelt und misshandelt wurde, bis er schließlich in derselben Institution in das etwas bessere katholische Lyzeum kam, das aber keineswegs freundlicher oder anregender war. Zu etwa derselben Zeit konnten jüdische Kinder in Berlin und Hamburg bereits jüdische Schulen besuchen, die eine Mischung von religiösem und säkularem Unterricht anboten. Obwohl diese «Freien Schulen» ursprünglich für Immigrantenkinder und Arme gedacht waren, wurden sie allmählich zu Ausbildungsstätten für jüdische Jungen der Mittelschicht und zu einem Modell für viele ähnliche Schulen, die nun überall im Land entstanden. Hier wurden säkulare Unterrichtsstoffe als Teil des sich mehr und mehr erweiternden Curriculums gelehrt.

Es ist nicht leicht, die Wirkung traditionellen Lernens auf die jüdische Modernisierung einzuschätzen. Wichtiger als die gelernten Inhalte war womöglich die allgemeine Wertschätzung des Lernens oder die Hochachtung, die man der Gelehrsamkeit an sich entgegenbrachte. Es wurde schon erwähnt, wie motiviert die jüdische Jugend war, an der Universität zu studieren. Und es war eine doppelte Motivation: Interesse an der Wissenschaft und Hoffnung auf sozialen Aufstieg. Letzteres ließ sich nicht immer verwirklichen, aber das Interesse an einer akademischen Ausbildung veränderte trotzdem die jüdischen Berufsfelder. Barkais Berechnungen zufolge bezogen in Preußen 1852 mehr als 2300 Juden ihr Einkommen aus freien Berufen, 1925 waren es schon fast 19 000, also ungefähr neunmal so viele innerhalb eines dreiviertel Jahrhunderts. 1925 waren in Preußen mehr als ein Viertel aller Ärzte und 15 Prozent aller freiberuflichen Anwälte Juden. 1907 repräsentierten in Berlin 526 jüdische Anwälte die Hälfte aller Anwälte der Stadt. Die Anzahl der Ärzte ist nicht weniger bemerkenswert. Der Arztberuf war nahezu im ganzen neunzehnten Jahrhundert für Juden und Nichtjuden der bevorzugte freie Beruf, um aufzusteigen. Jahrzehntelang waren jüdische Studenten vor allem am Medizinstudium interessiert, da es für den Weg nach oben besonders vielversprechend schien. Auch relativ arme Juden, die aus dem Osten Preußens kamen oder sogar russische Migranten waren, studierten Medizin und praktizierten in größeren Städten. In Wien waren nach der Jahrhundertwende schätzungsweise mehr als die Hälfte aller Anwälte, Ärzte und Journalisten Juden – alle mit akademischer Ausbildung.[39] Die Situation in Berlin war ähnlich.

Natürlich waren diese Spitzenpositionen der Juden nicht allein Resultat der Grundschulausbildung. Gegen Ende des neunzehnten

Jahrhunderts zeigte sich, dass jüdische Jungen und Mädchen überproportional in ein Gymnasium bzw. eine weiterführende Schule für Mädchen gingen. Die Kluft zwischen Juden und dem Rest der Bevölkerung wuchs also sogar. In Preußen war der Anteil der jüdischen Kinder in den genannten Ausbildungsstätten achtmal größer als der nichtjüdischer Kinder in derselben Altersgruppe. In Frankfurt am Main waren 7 Prozent der Bevölkerung Juden, aber 14 Prozent aller Schüler der weiterführenden Schulen waren jüdische Jungen. In Berlin waren 4 Prozent der Bevölkerung Juden, doch ein Viertel aller Gymnasiasten und ein Drittel aller Schüler der Realgymnasien waren Juden. Dieses Zahlenverhältnis blieb bis zum Vorabend des Ersten Weltkriegs nahezu konstant.

Die Bedeutung von Bildung im Allgemeinen zeigte sich schon in den frühesten Stadien der jüdischen Akkulturation, zum Beispiel im Interesse vieler Juden am deutschsprachigen Theater, an der Literatur und zunehmend auch an der Musik. Die Geschwindigkeit, mit der sich die jüdische Urbanisierung vollzog, verstärkte den Trend in den Schulen und in den weiterbildenden Institutionen. Andererseits war die Urbanisierung der Juden teilweise auch deshalb so viel schneller als die der Nichtjuden, weil sie in Städte zogen, die bessere Ausbildungsmöglichkeiten boten. Bisweilen wurden die Jungen losgeschickt, bevor die Familie nachzog, damit sie bei Verwandten wohnen und bessere Schulen besuchen konnten. Avraham Barkai hat darauf hingewiesen, dass Juden gewöhnlich nicht in die großen Industriezentren an Rhein und Ruhr zogen, sondern in die Handels- und Dienstleistungszentren. Hauptsächlich waren es ökonomische Beweggründe, aber Fragen der Ausbildung spielten immer wieder eine nicht unbedeutende Rolle. Jedenfalls entwickelte sich der jüdische Vorsprung in der Ausbildung trotz des Startvorteils nur allmählich und langsam, wie in den anderen Bereichen ihrer Modernisierung auch. Es dauerte fast ein Jahrhundert, bis er sich manifestierte, dann jedoch war das Ergebnis beachtlich. Und dies galt nicht nur für die Söhne, sondern auch für die Töchter.

Mädchen wurden in traditionellen jüdischen Familien nicht so nachdrücklich zum Studium ermutigt wie ihre Brüder. Sie durften nicht die Toraschulen besuchen, und man erwartete von ihnen auch keinerlei Kompetenz in jüdischen Unterrichtsstoffen, außer in den Gebräuchen des jüdischen Alltagslebens. Allerdings lasen aschkenasische Jüdinnen schon seit dem sechzehnten und siebzehnten Jahrhundert jiddische Literatur, die oft speziell für sie geschrieben wurde. Die Lebenserinnerungen der Glikl von Hameln aus dem späten siebzehnten Jahrhundert offenbaren ein erstaunliches Maß an Bildung. Ihr Fall war einzigartig, zeigt jedoch auch, dass es immerhin einige wenige Frauen gab, die in der Lage waren, am kulturellen Leben teilzuhaben. Weniger ambitionierte Frauen konnten Ausgaben von *Tzena U'reina* lesen, ein für Frauen in jiddischer Sprache verfasstes Buch zur religiösen Belehrung, wie auch andere literarische und didaktische Bücher. Einige konnten also Hebräisch lesen, und selbst diese begrenzte Lesefähigkeit gab ihnen, relativ gesehen, einen Vorsprung.

Der Zusammenhang von traditionellem jüdischem Lernen und den verschiedenen modernen Bildungsangeboten war bei den Mädchen womöglich noch geringer. Während Frauen, ob jüdische oder nichtjüdische, ihren Männern traditionellerweise bei der Arbeit auf dem Acker oder in kleinen Werkstätten oder Verkaufsläden halfen, taten sie das meist nicht mehr, sobald ihre Familien in die Mittelschicht aufstiegen. Von Frauen aus dem Bürgertum erwartete man, dass sie zu Hause blieben. In die Außenwelt begaben sie sich nur, um Einkäufe für die Familie zu machen oder an Geselligkeiten teilzunehmen. Vermutlich wurde Jiddisch nun zum Zeichen für Rückständigkeit. In bürgerlichen Kreisen betrachtete man die Fähigkeit, jiddische Texte lesen zu können, nun nicht mehr als vorteilhaft. Allmählich ersetzte man sie durch die Fähigkeit, Deutsch zu lesen. Elementare Kenntnisse im Lesen und Schreiben wurden nun innerhalb der Familie gebraucht. Die Ausbildung der Kinder musste unterstützt werden, und die Mütter sollten wenigstens so viel Bildung haben, dass sie dieser Aufgabe gewachsen waren.

Während der ersten Hälfte des Jahrhunderts erhielten also jüdische Mädchen aus der Mittelschicht ebenso wie nichtjüdische eine begrenzte Ausbildung in öffentlichen oder privaten Bildungseinrichtungen oder, in wohlhabenderen Familien, durch Privatunterricht. Man denkt oft an die Salonnières in Berlin, die so hervorragend gebildet waren und ihre Fähigkeiten auch gern ausstellten. Bildungsbeflissenheit bei jüdischen Frauen mit einem geringeren sozialen Status setzte sich erst gegen Ende des neunzehnten Jahrhunderts durch. Dann aber waren die Einschreibungen in den weiterführenden Schulen Preußens für jüdische Mädchen zehn, zwölf und fünfzehn Mal höher als bei anderen Mädchen in denselben Provinzen. In Frankfurt, wo jüdische Jungen 14 Prozent aller Schüler der weiterführenden Schulen ausmachten, kamen jüdische Mädchen in vergleichbaren Institutionen auf einen Anteil von 24 Prozent.[40] In Berlin war ein Drittel aller Mädchen in weiterführenden Schulen jüdisch. Später gehörten jüdische Frauen zu den ersten Studentinnen an den Universitäten, arbeiteten beispielsweise als die ersten Ärztinnen und waren Pionierinnen auch in anderen freien Berufen und diversen akademischen Berufsfeldern.[41]

Aus diesen beispielhaften Daten ergibt sich ein mehr oder weniger klares Bild. Während einige Juden den Schoß ihrer Gemeinde verließen und andere keine Mühe scheuten, sich zu assimilieren, verhielten sich die Juden als Gruppe weiterhin gemäß ihren geschriebenen und ungeschriebenen Gesetzen. In mancher Hinsicht beschritten sie einen singulären Modernisierungspfad. Gewiss gab es vor Beginn und während des Modernisierungsprozesses einzelne Individuen und verschiedene Untergruppen, deren Verhalten untypisch war. Es ist dennoch möglich, einen Unterschied zwischen den Verhaltensmustern von Juden und Nichtjuden zu erkennen. Juden fanden einen eigenen Weg, sich dem Wandel anzupassen und ihn ihren Interessen gemäß voranzutreiben, stets innerhalb der ihnen durch die Religion und die Gebote ihrer Kultur gesetzten Grenzen.

Die jüngste Geschichtsschreibung hat den Begriff der Moderne auf vielen verschiedenen Ebenen modifiziert, vor allem durch die Einführung des Plurals.[42] Große Generalisierungen, wie sie für frühe Modernisierungstheorien und auch für manche vereinfachenden historiographischen Texte typisch waren, die sich auf diese stützen, scheinen nicht mehr zu überzeugen. Die Behauptung, es gebe ein sich wiederholendes Muster bei der Modernisierung, die aus dem Marxismus stammt, konnte empirisch nicht bestätigt werden. Die angeblich untrennbare Verbindung von Industrialisierung und demokratischem Fortschritt hat sich beispielsweise bereits zur Blütezeit des Kommunismus als sehr zerbrechlich erwiesen. Dann wurden Effekte der «Rückständigkeit» in die Analyse einbezogen, und diese ermöglichten es, neue Modernisierungspfade zu skizzieren. So entstanden zahlreiche Darstellungen zu besonderen Modernisierungswegen in bestimmten Regionen oder Gruppen. Überdies stärkte die Wahrnehmung der Modernisierung in der kolonisierten Welt beziehungsweise der Modernisierung im Rahmen des Postkolonialismus ebenfalls den Eindruck, dass die Wege zur Modernisierung wandelbar sind. Zu berücksichtigen sind lokale Solidaritätsbindungen, Unterschiede zwischen Metropole und Peripherie oder zwischen internen, autochthonen Kräften einerseits und Einflüssen von außen andererseits. Man sprach schließlich von *entangled modernities* oder «verwobenen Modernen».[43]

Nachdem wir einige Aspekte des deutsch-jüdischen Wegs in die Moderne beleuchtet haben, scheint der allgemeine Prozess für das Land als Ganzes neue Konturen zu gewinnen. Die Differenzierung, die sich entlang der regionalen Trennlinien im mitteleuropäischen, deutschsprachigen Raum ergeben hat, ist oft dargestellt worden. Schließlich war dieser Teil des Kontinents während des neunzehnten Jahrhunderts in zahlreiche politische Einheiten aufgeteilt. Die Industrialisierung hat sich nie gleichmäßig über diese Einheiten verbreitet, auch nicht innerhalb einer dieser Einheiten. Die Unterschiede zwischen Stadt und Land und zwischen verschiedenen landwirtschaftlichen Strukturen über politische Grenzen hinweg wahrzunehmen, erwies sich als entscheidend, um den Prozess der Modernisierung zu verstehen. Unterschiedliche Reaktionen auf den ökonomischen Wandel oder andere Aspekte der Modernisierung wie konfessionelle Zugehörigkeiten konnten nicht länger unberücksichtigt bleiben. Vielschichtige kulturelle Elemente mussten in die nun neue Sicht der Ereignisse integriert werden.

Der Fall der Juden, insofern hier soziale, ökonomische und kulturell einzigartige Elemente zusammenkommen, ist vielleicht besonders geeignet, um den bisherigen Blickwinkel auf die Modernisierung zu erweitern – nicht nur in Deutschland. So werden die vielen alternativen Modernisierungspfade sichtbar, die in einem Land nebeneinander und miteinander verwoben existierten. Auf der Ebene der religiösen Identität war der Unterschied zwischen Katholiken und Protestanten sicher bedeutender als der zwischen Christen und Juden. Deren Existenz aber als kleine verstreute Minderheit innerhalb einer stabilen Mehrheit manifestierte die potentiellen Konflikte zwischen unterschiedlichen Modernisierungspfaden und der Fähigkeit zur Koexistenz trotz aller Konflikte. Es war symptomatisch für das Unbehagen, das ein Mangel an Homogenität auslösen kann, aber auch für mögliche Wege der Vermittlung und des Kompromisses. So gesehen liefert der jüdische Modernisierungspfad einen sinnvollen Ausgangspunkt für eine neue Betrachtungsweise und Analyse. Es ist möglicherweise einfacher, die Verflechtungen der Modernisierungspfade in Deutschland zu verstehen, wenn man den jüdischen Blickwinkel einnimmt, da die

Juden aufgrund der Größe ihrer Gruppe keinen gänzlich unabhängigen Weg einschlagen konnten. Jeder ihrer Schritte war von den sozialen, ökonomischen und politischen Entwicklungen im größeren deutschen Kontext abhängig und zeigt, welche unterschiedlichen Optionen es insgesamt gab.

Die geographische Mobilität, der Wohnungswechsel von einem Dorf zum anderen, vom Dorf in die Stadt, von einem Staat zum anderen, war für die meisten Juden bis zur vollen Emanzipation oft noch streng reguliert. Juden, die beispielsweise in Posen unter präemanzipatorischer Rechtsprechung lebten, mussten auch noch nach der Bildung der preußischen Provinz Posen im Jahr 1815 bis 1833 für jeden ihrer Schritte eine besondere Erlaubnis einholen. Die Liebermanns etwa hatten große Probleme, aus ihrer westpreußischen Provinz in die Hauptstadt Berlin zu ziehen. Obwohl die Restriktionen allmählich gelockert wurden, behinderten sie die jüdische Modernisierung über eine lange Zeit massiv. Andererseits ermöglichten die Verbote, die im Mittelalter und in der Frühen Neuzeit den christlichen Bewohnern der meisten mitteleuropäischen Staaten auferlegt worden waren, besonders was die Ausübung von Finanzgeschäften und einige Formen des Handels betraf, den Juden, die Lücke zu füllen und sich dadurch besonders für den Eintritt in die moderne ökonomische Ära zu qualifizieren. Die Liebermanns erweiterten ihre Geschäfte angesichts der Veränderungen und Entwicklungen in Übersee, auf den Britischen Inseln und in verschiedenen Ländern Kontinentaleuropas mit großer Gewandtheit. Sie griffen neue Technologien auf, setzten neueste Technik ein und versuchten sich auch in der Schwerindustrie. Juden, zumindest einige, hatten tatsächlich einen Modernisierungsvorsprung, obwohl auch sie durch ihre eigene Tradition teilweise eingeschränkt waren. So waren die Juden am Vorabend des Ersten Weltkriegs – im Ganzen gesehen – umfassender modern als die Mehrheit der anderen Deutschen, jedoch immer auf ihre besondere Art und Weise. Katholiken blieben häufiger als Protestanten auf dem Land, während Juden die Metropolen vorzogen. Die Industriellen beider Konfessionen, hier jedoch mehr Protestanten als Katholiken, entschieden sich für Bergbau und Schwerindustrie und wandten sich entschiedener modernen Formen der Produktion zu. In deutschen Städten drängte die Unterschicht in die Reihen des Industrieproletariats. Juden arbeiteten dagegen meist als Selbstständige, wenn auch gewöhnlich in kleinem Maßstab. Besonders auffallend ist, dass Juden dank ihrer einzigartigen Bildungsmotivation im Bildungsbürgertum gut aufgestellt waren und ihren künftigen Erfolg im Bereich der Kultur vorbereiteten. Langsam, aber stetig gingen sie ihren eigenen einzigartigen Pfad. Sie zwangen andere geradezu, ihre Alleinstellung zu bemerken, und allzu oft sahen diese genau darin einen Makel.

Der jüdische Weg der Modernisierung im deutschsprachigen Mitteleuropa lenkt unsere Aufmerksamkeit auf die herrschenden Regierungs- und Verwaltungssysteme, auf die vielen Wege zum Wohlstand und auf die überaus wichtigen kulturellen Besonderheiten, die Entscheidungen auf diesem Weg determinierten. Wenn wir die Modernisierung aus der Perspektive der Juden betrachten, werden wir uns der vielfältigen Aspekte dieses Prozesses bewusst und erkennen, wie sehr diese aufeinander bezogen und miteinander verflochten sind.

6. Einheit als Bruch

I.

Trotz des Scheiterns der Revolution von 1848 kam es danach zu weitreichenden Veränderungen. Das rasante Wirtschaftswachstum im Gefolge der Industriellen Revolution transformierte sowohl die ländlichen Regionen als auch die Städte. Das veränderte die Arbeits- und Lebensgewohnheiten von Millionen. Juden wurden von dieser Transformation zwar auch erfasst, doch sie gehörten nicht zu ihren treibenden Kräften. Jacob Toury hat geschätzt, dass 1848 etwa 15 bis 30 Prozent aller Juden in Deutschland dem Bürgertum zugerechnet werden konnten, 1870 dagegen bereits 60 Prozent. 1848 waren 50 Prozent «marginale Existenzen», um seinen Begriff zu verwenden, während 1870 nur noch 10 bis 15 Prozent der gesamten jüdischen Bevölkerung arm waren, je nachdem, in welcher Region oder Provinz sie lebten.[44] Sie konnten von den schnellen Veränderungen profitieren, weil sie gelernt hatten, sich schnell anzupassen, und mobil, geschäftstüchtig und kreativ waren.

Nach einem Jahrzehnt der Repression und Reaktion unmittelbar nach der Revolution wehte der politische Wind gegen Ende der sechziger Jahre aus einer neuen Richtung. In Preußen gab es einen Thronwechsel. Im Herbst 1858 kam Wilhelm I. zunächst als Prinzregent für seinen erkrankten Bruder Friedrich Wilhelm IV. auf den Thron und krönte sich nach dessen Tod Anfang 1861 zum König von Preußen. Er schien am Anfang willens zu sein, den Forderungen der Liberalen im ganzen Land entgegenzukommen. Diese Nachgiebigkeit hatte überall Auswirkungen auf den öffentlichen Diskurs, in Preußen und darüber hinaus. Die sogenannte Neue Ära begann – Vorspiel einer ungewöhnlich ereignisreichen Dekade.

Besonders ereignisreich war das neue Jahrzehnt auf dem Feld des Militärs und der Außenpolitik. Gut drei Jahre nach Ende des Krimkriegs 1856 brachen in Italien Kämpfe aus, die in einer demütigenden Niederlage der österreichischen Armee durch Frankreich endeten, das sich mit der nationalen Einigungsbewegung in Italien verbündet hatte. Der Konflikt mit Dänemark um das Herzogtum Schleswig führte im Herbst 1864 zum sogenannten Deutsch-Dänischen Krieg, in dem Preußen und Österreich trotz der innigen Feindschaft gemeinsam in den Kampf gingen, wenn auch zum letzten Mal. Damals wuchsen die Spannungen im Deutschen Bund stetig, da die immer explosiver werdende Frage der Einigung keineswegs gelöst war und das «Dritte Deutschland» nach wie vor zwischen den beiden Großmächten Preußen und Österreich schwankte. Die kleinen Staaten konnten sich nicht entscheiden, welche Allianz ihren Interessen mehr nützen würde. Indessen beobachtete Kaiser Napoleon III. in Frankreich die Entwicklungen aus der Ferne. Europa befand sich in einem Schwebezustand, doch die Gewichte verschoben sich immer mehr zugunsten Preußens. Nachdem die preußische Armee 1866 in einem Blitzkrieg Österreich besiegt hatte, siegte sie 1870/71 auch über Frankreich. Bismarck gelang es, drei große Kriege zu führen, ohne Russland oder Großbritannien zu involvieren, um sich dann der deutschen Einheit zuzuwenden – ohne die anderen europäischen Mächte allzu sehr gegen sich aufzubringen.

Obwohl all dies für viele Juden wie auch für viele Nichtjuden sicher bedeutsam war, war es doch für die jüdischen *Gemeinden* in den deutschsprachigen Ländern kaum relevant. Nicht etwa weil ihre Mitglieder apolitischer gewesen wären als ihre nichtjüdischen Nachbarn. In den deutschsprachigen Ländern und auch in anderen Teilen Europas waren Konflikte um Macht und Einfluss innerhalb und zwischen den jüdischen Gemeinden nicht unbekannt. Man hatte immer politisch agiert, untereinander und in der Auseinandersetzung mit der nichtjüdischen Umgebung. Auf internationaler Bühne, in der Welt der interstaatlichen Diplomatie oder in militärischen Angelegenheiten hatten Juden jedoch nie eine eigenständige Politik betrieben. Die gemeinsamen Anstrengungen während des Wiener Kongresses blieben eine eher unglückliche Episode. Erst mit der Gründung der *Alliance Israélite Universelle* im Jahre 1860 entstand eine neue Initiative, den jüdischen Interessen eine Stimme zu geben, dieses Mal allerdings nicht in Deutschland, sondern in Frankreich. Für die deutschen Juden erwies sich diese Allianz nur während der Debatten auf dem Berliner Kongress 1878 als bedeutsam, weil für die Forderungen nach Gleichberechtigung für die Juden in Rumänien ein gemeinsamer jüdischer Appell erforderlich war.

Eine kleine Elite jüdischer politischer Persönlichkeiten wurde nach 1848 auf kommunaler und parlamentarischer Ebene in verschiedenen deutschen Staaten bemerkenswert aktiv. Für eine kurze Zeit und zum letzten Mal wurde jetzt die volle Emanzipation der Juden für die nichtjüdische Mehrheit zum Thema. Und tatsächlich kam man ans Ziel, zuerst im Herbst 1862 in Baden, 1864 in Württemberg und 1868 in Sachsen. In der Folge schrieben nun auch andere deutsche Staaten die volle Gleichberechtigung von Juden ohne nennenswerten Widerstand gesetzlich fest. Bereits 1861 wurde das verhasste Matrikeledikt aus dem bayerischen Rechtssystem entfernt, und in der Habsburgermonarchie war ihre Gleichberechtigung Bestandteil des Österreichisch-Ungarischen Ausgleichs von 1867. Preußen machte die volle Emanzipation 1866 bei der Gründung des Norddeutschen Bundes zum Gesetz, und der entsprechende Verfassungsparagraph wurde 1871 unverändert in die Verfassung des neuen Kaiserreichs übernommen. Die liberalen Grundsätze einer rechtlichen Gleichstellung der Bürger schienen sich nun durchgesetzt zu haben. Eine seit mehr als neunzig Jahren andauernde Debatte ging zu Ende.

Dies war natürlich nicht allein Ergebnis des offensichtlichen Siegs der Liberalen oder lediglich eine Begleiterscheinung des Drucks, den Bismarck ausübte, um die deutsche Einigung zu erreichen, sondern auch Ergebnis des Triumphs der nationalen Idee. Vor allem die preußischen Juden waren sich dieses Zusammenhangs bewusst. Einige prominente jüdische Liberale wie beispielsweise Gabriel Riesser und Moritz Veit, die während der Revolution aktiv gewesen waren, traten dem 1859 gegründeten Deutschen Nationalverein bei und wurden bald Mitglieder in dessen Vorstand. Wie 1848 unterstützten sie auch jetzt die kleindeutsche Lösung, nämlich ein Deutschland unter der Führung von Preußen und unter Ausschluss Österreichs.

Nicht nur alte jüdische Kämpfer von 1848 setzten sich für einen deutschen Nationalstaat dieser Form ein, sondern auch eine ganze Reihe jüngerer jüdischer Politiker. Zur selben Zeit beteiligten sich einige an der Gründung der preußischen Fortschrittspartei und etwas später auch der Nationalliberalen Partei – und sie vertraten ausdrücklich deren Politik. «Bisher dachten wir, sie gehörten zu einer anderen Nation», spottete die *Kreuzzeitung,* die sich schwer damit tat, den Führungsanspruch von Juden zu akzeptieren.[45]

Der Enthusiasmus der Juden und ihr zunehmend prononcierter Patriotismus, ja Nationalismus erweckte sogar in einigen liberalen Zirkeln Unbehagen. August Lamey, badischer Innenminister und entschiedener Unterstützer der jüdischen Emanzipation, gestand dies ein, wenn auch nur in einem privaten Brief: «... freilich eine gewisse Abneigung muß jederman überwinden um sie [die Juden] gleichzustellen. Sie haben eben für uns Deutsche etwas uns Fremdes von unangenehmer Beschaffenheit.»[46] Antisemitismus war wieder allgemein verbreitet. Richard Wagner, selbst ein Kämpfer von 1848, veröffentlichte 1850 die Schrift *Das Judentum in der Musik,* zuerst anonym, dann noch einmal 1869 unter seinem mittlerweile berühmten Namen. Nach seiner Rückkehr 1862 aus dem Exil füllten die Juden bei den Premieren seiner Opern trotzdem die Säle, und jüdische Musiker spielten weiterhin begeistert seine Musik. Dies waren die Jahre, in denen Juden überall in Deutschland am öffentlichen Leben teilhatten. 1868 wurde Moritz Elstätter zum ersten jüdischen Minister im badischen Kabinett, in dem nur ein paar Jahre zuvor Lamey Minister gewesen war. Der Dirigent Hermann Levi, Sohn eines Rabbiners, dirigierte Wagners Opern, obwohl sie alle von christlicher Mythologie durchdrungen waren.

II.

Mittlerweile war die politische Kernfrage in Deutschland nicht mehr, ob die Einigung notwendig oder möglich war, sondern lediglich, ob sie «mit oder ohne Österreich» erreicht werden sollte, wie die scharfe Formulierung des Historikers Wolfram Siemann lautet.[47] Schließlich stand dies mindestens seit den Tagen der Revolution auf der Agenda. Wir sahen, dass im Frühjahr 1849 die Nationalversammlung dem preußischen König Friedrich Wilhelm IV. die Kaiserkrone angeboten hat. Nach seiner Weigerung war der König mit seiner Regierung auf die Kooperation mit Österreich zurückgeworfen. Zu dieser Zeit wurde schließlich auch die Monarchie der Habsburger von einem liberalen Politiker, Anton Ritter von Schmerling, geleitet, und die Atmosphäre in Wien unterschied sich in der Folge nicht mehr so sehr von der in Berlin. Beide Regierungen schienen in der Lage zu sein, ihre recht fragile Kooperation beizubehalten, sogar nach der Ernennung von Otto von Bismarck zum preußischen Ministerpräsidenten im September 1862.

Damals waren die preußischen Liberalen allerdings weniger mit internationalen Fragen als vermehrt mit drängenden innenpolitischen Auseinandersetzungen beschäftigt. Der Verfassungskonflikt beanspruchte sie völlig, sie brauchten ihre ganze Kraft, um Bismarcks unmissverständlichen Attacken auf das parlamentarische

Budgetrecht Paroli zu bieten. Schließlich war er ernannt worden, um die liberale Blockade im Parlament zu beenden und die Heeresreform des Königs mit oder ohne Zustimmung des Parlaments durchzusetzen. Doch eine Einigung mit Österreich in der nationalen Frage, die zu einer großdeutschen Lösung hätte führen können, war unter diesen unsicheren Umständen ohnehin keine naheliegende Option. Sie gefiel zwar einigen Liberalen im Südwesten, aber nahezu keinem in Preußen. Auch die ökonomische Rückständigkeit des Habsburgerreichs ließ diese Lösung unattraktiv erscheinen, und es gab keinen Zweifel, dass die Führungsposition in einem industriell hoch entwickelten Norddeutschland große Vorteile für Preußen hatte. Schon 1834 hatte der Deutsche Zollverein die Interessen des preußischen Staats mit jenen der anderen deutschen politischen Freihandelsstaaten vor allem nördlich des Mains zusammengebracht. Selbst die preußischen Junker in den weit entfernten östlichen Provinzen fanden Geschmack an der Freihandelspolitik, die ihnen jetzt nützlich war. 1862 stärkte das preußische Handelsabkommen mit Frankreich auch die Allianz mit den Staaten im Südwesten. Was mit friedlichen Mitteln und dem Anreiz wirtschaftlicher Interessen nicht zu bewerkstelligen war, erledigte das preußische Militär. Auf dem Weg zur entscheidenden Schlacht gegen Österreich marschierte die Armee durch Hannover, Hessen und Frankfurt am Main. Im November 1870 traten schließlich auch die süddeutschen Staaten dem 1866 gegründeten Norddeutschen Bund bei. Man badete sich im Ruhm des preußischen Siegs bei Königgrätz und bereitete sich auf den nächsten spektakulären Erfolg, den Sieg über Frankreich, vor. Am 18. Januar 1871 wurde in Versailles das neue «kleindeutsche» Kaiserreich ausgerufen. Die «Deutsche Frage» schien gelöst.

Unter diesen Umständen wurde Bismarck von der Mehrheit der Liberalen unterstützt. Nicht sie schienen nun vor ihm zu kapitulieren, sondern er vor ihnen. Unter seinen Befürwortern waren auch jüdische Liberale oder Liberale jüdischer Herkunft, wie man sie heutzutage nennen würde. Für die einstigen jüdischen Aktivisten im Nationalverein bedeutete dies lediglich eine Fortsetzung ihrer Politik. Auch für andere Liberale im neu entstandenen Kaiserreich, ob Juden oder Nichtjuden, war es Ausdruck ihres deutschen Nationalismus, der neuen Identität, die sie schon seit einiger Zeit angenommen hatten. Diese Identität schlug immer tiefere Wurzeln, sie wurde immer plausibler und wirkmächtiger. Zudem betraf diese Angelegenheit jeden, nicht nur ein paar aktive Politiker und nicht nur Liberale.

Zwei Prozesse, die sich über einen langen Zeitraum erstreckten, ermöglichten den meisten Juden, diese neue Identität anzunehmen: die Säkularisierung und die massenhafte Migration. Der Historiker Michael A. Meyer hat so gründlich wie kein anderer die Bemühungen der Juden erforscht, die Modernisierung zu bewerkstelligen, *ohne* das Judentum aufzugeben. Dies gelang ihnen vor allem, weil sie eine Reformversion der alten Religion entwickelten. Meyer schreibt über die sich während der sechziger Jahre verändernde Identität seiner Protagonisten: Die «Abdrängung des Judentums an den Rand der persönlichen Identität oder gar in die Bedeutungslosigkeit, [war] eine immer mehr verbreitete Erscheinung unter deutschen Juden».[48] Die große Mehrheit gab die Orthodoxie auf, vor allem in den urbanen Zentren. Man interessierte sich auch nicht sonderlich für eine neo-orthodoxe oder irgendeine andere modernisierte Variante des Judentums. Oft war ihnen die Religion schlicht gleichgültig geworden. Manche behielten einige Rituale als Elemente der Familientradition bei und befolgten sie hinter verschlossenen Türen, wie so manches im bürgerlichen Leben jener Zeit. Andere gingen hin und wieder in die Synagoge, viele jedoch nur ein- oder zweimal im Jahr, manche schafften nicht einmal das.

Die Säkularisierung verlief bei den Juden parallel zur Säkularisierung der Mehrheit der christlichen Bevölkerung, sowohl der

Katholiken als auch der Protestanten. Sie verlief allerdings nicht geradlinig. Nach der rationalistischen Aufklärung gelang dem Christentum nämlich eine eindrucksvolle Wiederbelebung. Die Katholiken schufen eine Vielzahl sozialer Einrichtungen und Wohlfahrtsorganisationen. Den Gemeinschaftssinn stärkten sie durch die Gründung der Zentrumspartei. Im Protestantismus bildeten sich mit der Erweckungsbewegung einerseits und dem urbaneren Kulturprotestantimus andererseits neue Formen einer kirchenfernen Frömmigkeit. Religion blieb wichtig, auch wenn sie manches von ihrer früheren Exklusivität und Bedeutung für die Bildung der persönlichen Identität verlor. Man blieb im ganzen neunzehnten Jahrhundert üblicherweise Mitglied einer Glaubensgemeinschaft, lebte jedoch sein Alltagsleben, ohne ihre Regeln in vollem Umfang zu befolgen.

Bis ins späte achtzehnte Jahrhundert hinein definierten sich Männer und vermutlich auch Frauen primär über ihre Religionszugehörigkeit. In einer Welt der zumindest de jure gleichen politischen Rechte für alle Konfessionen neigte man stattdessen dazu, sich über seine nationale Zugehörigkeit zu definieren. Die Religion war womöglich nicht geschwächt, doch sie hatte nicht mehr die frühere Macht, die Identität einer Person zu definieren. Im Fall der Juden – und sicher nicht nur für diese – schuf die abnehmende Bedeutung der Religion ein Vakuum, in das zunehmend das Gefühl der nationalen Zugehörigkeit strömte.

Die Distanzierung von der eigenen Religion war zweifellos ein wichtiger Schritt auf dem Weg zur Integration, doch es war nicht der einzige. Ein anderer Parameter, der die religiöse Identität auf eher indirekte Weise schwächte, war die geographische Mobilität. Dies galt besonders für Juden. Schon zu Beginn des neunzehnten Jahrhunderts gab es eine beträchtliche Binnenmigration und in gewissem Umfang auch Einwanderung von außen, doch seit der Jahrhundertmitte nahm beides sehr schnell zu. «Mobilität war das auffälligste Merkmal der deutsch-jüdischen Geschichte im neunzehnten und frühen zwanzigsten Jahrhundert», schrieb der Historiker Avraham Barkai, und der Demograph Uziel Schmelz stellte fest: «Die überwältigende Mehrheit [der Juden] wechselte zwischen 1852 und 1933 ihren Wohnort innerhalb des Landes oder kam aus einem Land beziehungsweise ging in ein anderes Land.»[49]

Viele Juden ließen Europa ganz hinter sich, meist um die Küsten Amerikas zu erreichen. Genaue Zahlen sind schwer zu ermitteln, doch verschiedene Berechnungsmethoden ergeben übereinstimmend Zehntausende jüdischer Einwanderer nach Amerika: Mehr als 30 000 verließen zwischen 1840 und 1871 Preußen, und mehr als 50 000 emigrierten in diesen Jahren aus Bayern. Diejenigen, die fortgingen, waren natürlich nicht mehr Teil dieser neuen Selbstdefinition des Jüdischseins im deutschsprachigen Raum. Für alle, die blieben, war sie von entscheidender Bedeutung. Im Großen und Ganzen zogen Juden wie Nichtjuden aus dem agrarischen Osten in den industriell weiter entwickelten Westen, aus Dörfern in Kleinstädte, später in größere Städte und Metropolen. So verlor die Provinz Posen zwischen 1834 und 1871 mehr als 50 000 Juden, die Hälfte ging nach Berlin, der Rest ins Ausland. Schwaben verlor ein Drittel seiner jüdischen Bevölkerung innerhalb von zwei Jahrzehnten, zwischen 1848 und 1868, wobei die Zahl der Emigranten ins Ausland und derjenigen, die innerhalb Deutschlands in urbane Zentren abwanderten, in etwa gleich groß war.

Was bedeutete dies nun für die Identität der Juden? Für manche lockerten sich durch den Ortswechsel die traditionellen Bindungen. Schriftlich festgehaltene Lebenserinnerungen belegen dies. Wir wissen zum Beispiel, dass sich viele Juden, die im Familienverband wegzogen, wegen der besseren Bildungschancen für ihre Söhne, später auch für ihre Töchter, für die Migration entschieden hatten; zunächst für eine bessere *jüdische* Bildung, später für eine bessere allgemeine Bildung in nichtjüdischen Institutionen. Manche zogen aus ökonomischen Gründen weg, meist in größere Finanz- oder Handelszentren, seltener in größere Industriezentren. Durch diese Mobilität bekamen alte Bindungen und alte Identitätsquellen Brüche oder gingen sogar verloren. So wuchs als Reaktion auf die neue Umgebung und auf die neuen Bedürfnisse zunehmend die Fähigkeit der Juden, eine neue Identität anzunehmen.

III.

Itzchak Lasker kam in Jarocin, einer Kleinstadt 60 Kilometer südöstlich von Posen, zur Welt, seine Eltern waren streng orthodox und vergleichsweise wohlhabend.[50] Bis zum Alter von dreizehn Jahren wurde er von religiös gut ausgebildeten Lehrern unterrichtet, sowohl privat als auch im Cheder in der nahe gelegenen Stadt Ostrowo. Dann wurde der begabte Junge nach Breslau geschickt, damit er dort seine Ausbildung am Gymnasium fortsetzen konnte, wie es unter aufgeschlossenen Juden in der Provinz üblich war. Er änderte bald seinen Namen, nannte sich nun Eduard und begann später ein Mathematik- und Philosophiestudium.

Deutsche Studenten wechselten oft den Studienort, und tatsächlich waren vor allem sie es, die problemlos eine ausgeprägte deutsche Identität entwickelten, in Abgrenzung zur lokalen oder regionalen Identität. Laskers Weg jedoch war besonders unstet. Er hatte eine Weile in Wien studiert und 1848 viel von der Revolution dort miterlebt, eine prägende Erfahrung. Nach Breslau zurückgekehrt, begann er ein Jurastudium, aber als er einige der obligatorischen Zwischenprüfungen bestanden hatte, war er unsicher, wie seine Zukunft aussehen sollte, und ging für drei Jahre nach London. Dort lebte sein älterer Bruder, der ihm ein Zuhause bot und bei der Eingewöhnung in die neue Umgebung half. Eduard genoss nicht nur das Leben in dieser internationalen Metropole, sondern nutzte die Chance, das britische parlamentarische System kennenzulernen, das er mit der für ihn charakteristischen Intensität und zunehmender Wertschätzung beobachtete. Nach Deutschland zurückgekehrt, beschloss er, sich in Berlin niederzulassen. Er war inzwischen ein überzeugter Liberaler und ein entschiedener deutscher Nationalist.

Laskers Weg von Posen über Wien und London nach Berlin war ungewöhnlich. Als er alle juristischen Examina in der preußischen Hauptstadt absolviert hatte, hätte ihm eigentlich eine Beamtenlaufbahn als Jurist offengestanden, doch sein Vorankommen wurde nun zum ersten Mal wegen seines Judentums blockiert. Gewiss war zu dieser Zeit von seinem Jüdischsein nicht mehr viel übrig geblieben. Die Diskriminierung von Juden, die den Richterberuf anstrebten, zwang Lasker jedoch, seine Pläne aufzugeben und sich erst dem Journalismus und dann der Politik zuzuwenden. Lasker trat der 1861 gegründeten Fortschrittspartei bei und wurde schnell in den preußischen Landtag gewählt. 1867 gewann er neben sechzehn weiteren Juden einen Sitz im Reichstag des Norddeutschen Bundes und trat der Nationalliberalen Partei bei. Zuerst stärkte er deren rechten Flügel, später wurde er Bismarcks konsequentester und grundsätzlichster Kritiker und wandte sich zunehmend der Linken zu. In seinem Selbstverständnis war Lasker sicher ein Liberaler und Patriot, und dies wohl auch in den Augen seiner politischen Mitstreiter. Für seine zahlreichen Gegner war und blieb er jedoch «der Jude Lasker» oder, genauer, «der Fremdling aus dem Osten».

Zu Beginn unterstützte Lasker Bismarcks Streben nach der deutschen Einheit unter preußischer Führung. Schließlich hatten nahezu alle Liberalen seit dem Vormärz einen deutschen Zentralstaat erhofft. Allmählich erkannte er jedoch, dass er in fast allen anderen Punkten zu Kanzler und Kabinett in Opposition stand. Wie viele andere im liberalen Lager hatte Lasker seinen religiösen Glauben gegen den Glauben an die Freiheit eingetauscht, die er in der Revolution und während seines Aufenthalts in England schätzen gelernt hatte. Auch wenn er die bevorstehende deutsche Einheit unter preußischer Hegemonie begrüßte, so hatte er doch eine gänzlich andere Vorstellung von diesem ersehnten Staat als Bismarck. Diese Differenz wurde immer deutlicher und in der Folge unüberbrückbar.

Als Lasker die politische Bühne betrat, war der Verfassungskonflikt das zentrale Thema auf der politischen Agenda: Der König wollte die Heeresreform gegen die Opposition der Liberalen im preußischen Landtag durchsetzen. Bismarck war der Ansicht, dass Politik in Deutschland im Zweifelsfall allein von «Königen und Dynastien» zu entscheiden sei, auch gegen das Parlament und ganz sicher gegen die «Barrikaden». So wurde Bismarck für Lasker und seine Kollegen zur Quelle aller unmittelbar drohenden Gefahren. Der jüdische Parlamentarier sprach sich im Parlament und in der Presse gegen die aristokratische Anmaßung des preußischen Herrenhauses aus. Er zog juristisches und historisches Material heran, um dessen Mitgliedern ihre durch nichts begründete Arroganz und ihre grundsätzliche Unfähigkeit zu bescheinigen. Dass man darauf bestand, in Budgetfragen allein zu entscheiden, um die geplante Heeresreform durchzuführen, und damit das Abgeordnetenhaus und sein Budgetrecht ignorierte, erzürnte Lasker. Er zögerte nicht, seine eigenen festen Überzeugungen öffentlich zu machen: Die Vorrechte des Parlaments und die Pressefreiheit mussten verteidigt und die Todesstrafe musste abgeschafft werden.

Als Bismarck vehement für die Todesstrafe eintrat, erklärte Lasker, es sei die «jüdische Nation» unter all den alten Kulturvölkern, der es trotz der «Barbarei ihrer Gesetzgebung» gelungen sei, die Todesstrafe faktisch abzuschaffen. Es sei ganz und gar unvorstellbar, dass die Deutschen, eine so «hochgebildete Nation», zu einer derartigen Maßnahme greifen könnten, die den höchsten Wert des menschlichen Lebens missachte. Lasker kämpfte auch für die Unabhängigkeit der Justiz, sogar gegen das Jesuitengesetz.

Letzteres wurde zu einem zentralen Aspekt des bevorstehenden Kulturkampfes, in dem sich Bismarck bewusst einer Mehrheit der Liberalen im Kampf gegen den Katholizismus anschloss.

Bis zu seinem allzu frühen Tod 1884 wurde Lasker zur Zielscheibe von Bismarcks wüstesten verbalen Attacken, die sich nicht nur gegen Laskers Ansichten, sondern auch gegen seine Person richteten. Selbst diejenigen, die den Kanzler bewunderten, fanden seine Wut auf diesen liberalen Kritiker seiner Politik unerklärlich. Bismarck muss den grundsätzlichen Widerspruch zwischen seiner und Laskers politischer Vision gespürt haben. Als sich der Kanzler später von seinen liberalen Verbündeten abwandte, den Freihandel abschaffte und eine Koalition mit den Konservativen und sogar mit dem Zentrum, seinen ehemaligen Feinden, einging, wurde dieser Widerspruch immer klarer. Der Höhepunkt des Konflikts mit Lasker lag jedoch vor dieser politischen Kehrtwende. Er war schon während des Jahrzehnts zwischen 1868 und 1879 virulent und zeigte die Spannung zwischen zwei unterschiedlichen Konzepten des neu erschaffenen Reichs: ein vergrößertes Preußen versus ein wahrhaft vereinigtes Deutschland, eine absolute Monarchie, gestützt auf Armee und adligen Großgrundbesitz, versus eine parlamentarische Monarchie, die auf einer freien bürgerlichen, vom Nationalgefühl und von den Grundsätzen des Liberalismus beseelten Gesellschaft aufbaute.

Die meisten Juden unterstützten wahrscheinlich Laskers Vision, auch wenn nicht alle Verständnis für seinen Kampfgeist zeigten. Damals bekundeten jüdische Zeitungen, Organisationen, Gruppen und Einzelpersonen ihren deutschen Nationalismus. Aber die meisten Juden hielten noch, wie Lasker, an einer jüdischen Identität fest, trotz der zunehmend erfolgreichen Akkulturation und der zumindest partiellen Integration. Viele fühlten sich eher als Deutsche denn als Juden. Zu Beginn des Jahrhunderts war dies eine Frage der Bildung und des kulturellen Rahmens gewesen, in den sechziger

Jahren, und umso mehr danach, war es dagegen auch eine politische Frage.

Sicher ist, dass Nichtjuden in jener Zeit ebenfalls eine Transformation erlebten. Innerhalb kurzer Zeit wurde die gesamtdeutsche, rein kulturell geprägte Identität wichtiger als die partikularistische Zugehörigkeit zu den einzelnen Staaten. Schließlich schien die Mehrheit aller Juden in Deutschland wie auch die Mehrheit der nichtjüdischen Deutschen diese neue gesamtdeutsche Identität angenommen zu haben. Man begrüßte trotz der Abspaltung von Österreich die neue Einheit im neuen Kaiserreich.

IV.

1983 erklärte der amerikanische Politikwissenschaftler Benedict Anderson Nationen als «Imagined Communities», als «vorgestellte Gemeinschaften».[51] Viele Historiker sind ihm darin gefolgt und haben auf ein wesentliches Merkmal der neuen Nationen aufmerksam gemacht, dass sie nämlich im Allgemeinen mit einer klaren und deutlich erkennbaren Zielsetzung «erfunden» wurden. Dabei muss man unterscheiden zwischen den Vorstellungen von einer Gemeinschaft, die gemeinhin von einer Elite propagiert werden, und dem, was schon immer real und konkret war: eine gemeinsame Sprache, ein bestimmtes Territorium und manchmal ein übergeordneter, mehr oder weniger effizienter Staat. Juden verstanden sich selbst als Nation und wurden von anderen als Nation angesehen, obwohl sie kein Territorium hatten, seit Jahrhunderten in der Diaspora lebten und nicht immer dieselbe Sprache sprachen.

Der Begriff der Nation war und ist schwer zu fassen. Er hatte im Laufe seiner Geschichte eine Vielzahl von Bedeutungen, vor allem in der Frühen Neuzeit. Dennoch verstanden sich die Juden als Nation. Der Begriff war Ausgangspunkt jeder Diskussion, zumindest in der Welt der aschkenasischen Juden Mittel- und Osteuropas.

Interessant ist, dass er erst verworfen werden musste, bevor er wieder auf die Juden angewandt werden konnte, dann allerdings mit aller Macht.

In der vormodernen Zeit identifizierten sich Juden überall in Europa mit ihrer übergreifenden, ganz Europa umfassenden Gesamtheit, jedoch auch, und zwar oft sehr emphatisch, mit ihrer eigenen Gemeinde vor Ort. Jede kleine jüdische Gemeinde in Dorf oder Stadt, in Ost oder West, hatte ein zuweilen recht bescheidenes Gebetshaus, einen Rabbi und eine Laienführung, die unter anderem für die Kontakte mit den Behörden der nichtjüdischen Umgebung verantwortlich war. Ein «Melamed», ein Lehrer für die Kleinen, wurde für einen «Cheder» eingestellt, die improvisierte Schule für Anfänger. Die Gemeinde hatte oft ihre eigene «Mikwe» für das rituelle Bad, ihren eigenen Friedhof und, wenn sie groß genug war, eine «Jeschiwa», wo die fortgeschrittenen Schüler den Talmud und andere religiöse jüdische Texte studierten. Ein koscherer Metzger war natürlich unentbehrlich.

In diesen Gemeinden kannte man einander gut. Die gegenseitige soziale Kontrolle war groß, jedoch auch das Maß gegenseitiger Unterstützung und Solidarität in schweren Zeiten. Es gab zwar gewöhnlich keine verbindlichen Regeln, die eine Kooperation zwischen den weit voneinander entfernten Gemeinden zur Pflicht machten, dennoch kooperierte man meist innerhalb einer bestimmten Provinz und oft auch darüber hinaus. In seinem zuerst 1958 auf Hebräisch veröffentlichten bahnbrechenden Buch *Tradition und Krise* beschreibt der Historiker Jacob Katz die dauerhaften und stabilen Bindungen zwischen allen Teilen des Volkes: «Gegenseitige Hilfe war erbeten und wurde auf der Basis eines im Alltagsdenken verankerten Verständnisses von nationaler Einheit und eines Bewusstseins vom gemeinsamen Schicksal, das alle weit verstreuten Teile des Volkes verband, gewährt.»[52] Die Gemeinden kooperierten gegen religiöse Abweichungen, bei der Erarbeitung von Kompromissen in halachischen Kontroversen, trugen gemeinsam die Verantwortung für die Armen und kümmerten sich um soziale und ökonomische Belange. Ehen wurden über Gemeindegrenzen, sogar über politische Grenzen hinweg arrangiert. Für Arme, die von außen kamen, übernahm die Gemeinschaft vor Ort die Verantwortung. Der Einzelne konnte ohne seine Gemeinde kaum zurechtkommen, jedoch, und das ist bedeutsam, auch nicht außerhalb des jüdischen «Ganzen».

Wir haben gesehen, dass sich einige Juden in der ersten Hälfte des neunzehnten Jahrhunderts früh von ihrer «vorgestellten», jedoch sicher *nicht nur* «vorgestellten» nationalen Identität loslösten. In den nachrevolutionären Jahren trugen Säkularisierung und Migration dazu bei, dass Juden ihre alte Identität hinter sich ließen. Während sich dieser Prozess je nach Region mit unterschiedlicher Geschwindigkeit vollzog, verbreitete sich allmählich überall in Deutschland die neue Selbstwahrnehmung der Juden als Deutsche. Das ging nicht ohne Mühen ab und war nicht selten mit schmerzlichen Zerwürfnissen in der Familie oder mit anderen sozialen Konflikten verbunden. In den sechziger Jahren ging dieser Prozess meist mit der Entwicklung liberaler Überzeugungen einher, später mit einem offenen Kaiserreich-Patriotismus, wodurch allmählich andere Aspekte der Identität mehr oder weniger an Bedeutung verloren.

Als jedoch mit der Gründung des Deutschen Reichs Österreich ausgegrenzt wurde, wurde auch für Juden ihre Identitätsfrage problematisch. Für große Teile der deutschen Bevölkerung innerhalb und außerhalb des neuen Reichs wurde diese Ausgrenzung zu einem Problem, auch für Juden auf beiden Seiten der Grenze. In Preußen gab es diejenigen, die sich in Preußens Ruhm sonnten und das neue Kaiserreich, wie zweifellos Bismarck selbst, als Erweiterung ihres geliebten, siegreichen Preußen auffassten. Es gab diejenigen, die in Bismarcks Lösung die Erfüllung einer göttlichen

Vorsehung für Preußen sahen. Unter Letzteren fallen die Historiker auf, die die Erzählung von dieser Bestimmung Preußens selbst «erfunden» hatten. Johann Gustav Droysen, Heinrich von Sybel und Heinrich von Treitschke sagten die Einigung à la Bismarck vorher und begrüßten sie dann enthusiastisch. Ihre Bücher und Aufsätze lieferten der gebildeten Öffentlichkeit das ideologische Rüstzeug für die Unterstützung Bismarcks, besonders in den entscheidenden Jahren zwischen 1866 und 1871. Sie hatten auch später noch großen Einfluss auf die Festigung der Identität im Deutschen Reich.

Es gab aber auch viele Menschen, für die die kleindeutsche Einigung lange schmerzhaft blieb und die sie nie als zufriedenstellende Lösung der «deutschen Frage» akzeptierten. Zwar entfernten sich die deutschsprachigen Gebiete, die zum Habsburgerreich gehörten, im neunzehnten Jahrhundert stetig von der ökonomischen, sozialen und politischen Entwicklung des restlichen Deutschland, doch blieben sie für viele ein integraler, sogar ein wichtiger Bestandteil Deutschlands. Ihr vollständiger Ausschluss aus der deutschen Politik erschien vielen keineswegs als «natürlich» oder einfach hinzunehmen. Der Ausschluss Österreichs machte die Katholiken im Deutschen Reich zu einer Minderheit. Durch die Politik des Kulturkampfs wurden sie offiziell zu Staatsfeinden erklärt. Sie waren nun Außenseiter, und zwar gefährliche, auch in ihrer Selbstwahrnehmung. Die süddeutschen Staaten, die bis zum Krieg gegen Frankreich Verbündete Österreichs gewesen waren, traten Bismarcks Norddeutschem Bund erst spät, kurz vor der Reichsgründung, bei. Für eine lange Zeit musste Bismarck vielen ihrer Forderungen nachkommen und fürchtete eine Weile, dass sich einer oder gar alle abspalteten. Besonders schwierig war die Integration von Bayern. Als schließlich die süddeutschen Staaten den Sedanstag nach dem Krieg mitfeierten, befanden sich andere weiter in der Opposition, sie waren ausgeschlossen. Die führenden Mitglieder

der Sozialdemokratie waren wegen Hochverrats im Gefängnis, weil sie sich gegen die gewaltsame Unterwerfung der Pariser Kommune durch die preußische Armee ausgesprochen hatten. Sie galten für Jahrzehnte als «vaterlandslose Gesellen».

Für viele gebildete Deutsche blieb die Spaltung ihrer Kulturnation schmerzlich, viel mehr noch für jene, die nun Bürger des multinationalen Habsburgerreichs bzw. Österreichisch-Ungarischen Reichs waren, das durch das neue Deutschland besiegt worden war. Sie lebten plötzlich in einem fremden Land. 1873 schrieb Nietzsche dazu: «Von allen schlimmen Folgen aber, die der letzte mit Frankreich geführte Krieg hinter sich dreinzieht, ist vielleicht die schlimmste ein weitverbreiteter, ja allgemeiner Irrtum: der Irrtum der öffentlichen Meinung und aller öffentlich Meinenden, daß auch die deutsche Kultur in jenem Kampfe gesiegt habe und deshalb jetzt mit den Kränzen geschmückt werden müsse, die so außerordentlichen Begebnissen und Erfolgen gemäß seien. Dieser Wahn ist höchst verderblich: nicht etwa weil er ein Wahn ist – denn es gibt die heilsamsten und segensreichsten Irrtümer – sondern weil er imstande ist, unseren Sieg in eine völlige Niederlage zu verwandeln: in die Niederlage, ja Exstirpation des deutschen Geistes zugunsten des ‹deutschen Reiches›.»[53]

Aus der Perspektive der Juden war die Ambivalenz ebenfalls groß und schmerzlich. Viele Juden dachten nun, der Nationalismus bringe endlich durch die Gesetzgebung die volle Gleichberechtigung aller Bürger mit sich, die ihrige eingeschlossen. Er sollte ein Leben mit einer liberalen Verfassung ermöglichen, welche die Revolution nicht erreicht hatte und die nun schnell in Kraft gesetzt werden konnte, auch wenn unglücklicherweise preußische Bajonette dabei eine Rolle spielten. Das Resultat der sogenannten Einigung bedeutete aber, dass manche Deutsche und eindeutig auch einige Juden draußen blieben. Sie kamen nicht in das Land der Verheißung.

Faktisch blieb der größere Teil der mitteleuropäischen Juden außerhalb dieses neuen Deutschland. Zur Zeit der deutschen Einigung gab es 500 000 Juden in Galizien, das seit der ersten Teilung Polens 1772 zum Habsburgerreich gehörte, nur unwesentlich weniger als die Zahl der Juden im Deutschen Reich. Die Juden in Österreich-Ungarn waren seit Generationen ein integraler Bestandteil der allgemeinen jüdischen Besiedlung der habsburgisch beherrschten Länder. Im letzten Drittel des neunzehnten Jahrhunderts sprachen die meisten galizischen Juden zumindest ein wenig Deutsch. Die Juden in Prag sprachen fast alle Deutsch, es gab nur wenige Ausnahmen, ebenso die Juden in Budapest und selbst im weit entfernten Czernowitz. Wien hatte zu Beginn des neunzehnten Jahrhunderts lediglich eine kleine jüdische Gemeinde, zu Beginn der siebziger Jahre desselben Jahrhunderts war daraus ein lebendiges jüdisches Zentrum geworden. Die Verbindungen der Juden im Deutschen Reich und in Österreich-Ungarn waren intensiv und dauerhaft, sowohl wegen des immer noch bedeutsamen Gefühls jüdischer Gemeinsamkeit als auch wegen ihrer vollendeten deutschen Akkulturation und der wechselseitigen Notwendigkeit der Kooperation.

Vielleicht entstand die offensichtlichste Verbindung der Juden im Deutschen Reich mit den Juden in Österreich-Ungarn durch den Umstand, dass die Gemeinden religiös ausgebildetes Personal brauchten, das nun sehr oft jenseits der Grenzen des neuen Kaiserreichs rekrutiert werden musste. Obwohl Rabbinerseminare in Berlin und Breslau gegründet wurden, später auch in Frankfurt am Main, kamen die meisten Rabbiner aus dem Ausland: aus den benachbarten polnischen Provinzen, aus Pressburg in der Slowakei und aus anderen Städten des alten jüdisch-österreichischen Umfelds, selbst aus Ungarn, Italien oder aus dem Elsass, das nun zum Deutschen Reich gehörte. Die Juden in Deutschland waren vom Nachschub von Personal mit religiösen Fachkenntnissen aus dem Ausland abhängig.

Bis zu einem gewissen Grad traf das auch für Nichtjuden zu. Für diese war es eher eine Frage der Kultur und des kulturellen Austauschs. Studenten wechselten zwischen Berlin und Wien. Schauspieler und Schauspielerinnen gingen in österreichische Städte und wieder zurück nach Deutschland. Musiker gingen von einem musikalischen Zentrum zum anderen. Politische Grenzen spielten für sie keine Rolle. Autoren publizierten ihre Werke hier wie dort. Schließlich ermöglichte die offene Grenze für alle kulturellen Dinge die Blüte der deutschen Kultur in den kommenden Jahren. Paradoxerweise war gerade die gebildete Bourgeoisie, die das kleindeutsche Reich besonders enthusiastisch unterstützte, auf den größeren deutschen Zusammenhang angewiesen. Es war so leicht zu vergessen, wie tief der Bruch ging. Aus jüdischer Sicht wird diese Ambivalenz noch deutlicher. Die Juden lebten weiterhin in ihrem allgemeinen, größeren europäischen Raum, schickten ihre Söhne ins Ausland und holten sich von dort den Bräutigam für ihre Töchter. Sie waren vom Nachschub der Rabbiner und der ausgebildeten Religionslehrer, die meist aus dem Osten kamen, abhängig und konnten sich ihr gemeinsames Ganzes ohne die Hauptstädte der Österreichisch-Ungarischen Monarchie kaum vorstellen. Ihr Schmerz war derselbe wie der aller Deutschen, wenn sie einen radikalen Bruch mit der Vergangenheit akzeptieren mussten. Wie wir zuvor schon gesehen haben, bringt der Fall der Juden die Schwierigkeiten, die Vielschichtigkeit und die Ambivalenz aller ans Licht.

Dritter Teil

Leben in Deutschland

1870–1930

7. Errungenschaften und Selbstzufriedenheit

I.

Am 18. Januar 1871 erfuhr Europas Landkarte eine radikale Veränderung. Es gab nun einen neuen Nationalstaat mit dem Namen «Deutsches Reich» oder «Deutschland», wie es allgemein schlicht genannt wurde. Die preußische Armee hatte im Krieg gegen Frankreich einmal mehr ihre Überlegenheit bewiesen, Bismarck hatte erneut sein diplomatisches Geschick gezeigt, indem er die Einigung erreichte, ohne dabei andere europäische Mächte gegen dieses neue Deutschland aufzubringen und in einen Krieg zu verwickeln. Nun wuchs die durch die Reichsgründung zusammengeführte nord- und süddeutsche Wirtschaft, gestärkt durch französische Kriegsreparationen, ja sie boomte regelrecht. Gewiss, nicht alle Deutschen lebten innerhalb der Grenzen dieses «verspäteten Nationalstaats»,[1] und das Kaiserreich war keineswegs der einheitliche Zentralstaat, den viele erhofft hatten, sondern ein Fürstenbund – eine Konföderation von großen und kleinen Fürstentümern unterschiedlichen Zuschnitts. Diese Staaten blieben für einen Großteil der Steuerverwaltung, für Erziehung und Bildung, Polizei und Rechtsordnung verantwortlich. Bayern behielt weiterhin seine

Armee und sein eigenes diplomatisches Corps. Die Mehrheit der Staaten hielt an ihren alten Unabhängigkeitssymbolen, den Flaggen und Hymnen, fest. Das gemeinsame Auswärtige Amt und die wichtigsten militärischen Einrichtungen waren dem Reich zugeordnet, das wie selbstverständlich eine ganze Reihe preußischer Symbole verwendete. Die seit Langem bestehenden Spannungen zwischen Preußen und den süddeutschen Staaten waren damit keineswegs gelöst. Die Armee musste immer noch reformiert und modernisiert werden, und Bismarck war im Umgang mit dem Reichstag weit weniger geschickt als bei seinen Manövern auf der diplomatischen Bühne Europas. Ende 1873 brach die Wirtschaft plötzlich mit dem Zusammenbruch der Börse in Wien und dem Beginn einer zyklischen Deflation ein, mit anhaltendem Umsatzrückgang bei fast allen Gütern und Dienstleistungen. Das ökonomische Wachstum wurde kurz gebremst, und es kam zu hohen finanziellen Verlusten und vielfachem Bankrott.

Den Liberalen, die vergeblich gegen die autokratischen Neigungen des Reichskanzlers ankämpften, gelang es zunächst noch, an ihrem Glauben an den Freihandel und ihrer bereits bröckelnden politischen Vorherrschaft festzuhalten. Gegen Ende des Jahrzehnts mussten sie jedoch Bismarcks schnellen Rechtsruck zur Kenntnis nehmen, der nun Bündnisse mit den konservativen Parteien einging und sich zunehmend von den Katholiken abhängig machte. Er führte eine protektionistische Handelspolitik ein, mit der er den Interessen seiner neuen Koalitionspartner entgegenkam, und konzentrierte seine Energie auf die Schwächung seiner alten und neuen politischen Gegner, der Liberalen und Sozialisten.

Die Sozialdemokratie konnte in dieser Zeit einen großen Zuwachs verzeichnen, da sie zunehmend Unterstützung in der Arbeiterklasse fand. Sie bündelte ihre Kräfte im Kampf gegen Liberale und Konservative, war am Ende den Manövern Bismarcks jedoch hilflos ausgeliefert. Im Herbst 1878 gelang es ihm, das Sozialistengesetz ohne nennenswerte Opposition vonseiten der Liberalen durch das Parlament zu bringen. Von nun an war er entschlossen, die organisierte Arbeiterklasse in ihrer Gesamtheit aus dem politischen System, in Preußen und im ganzen Reich, auszuschließen. Schrittweise machte er Sozialisten und Arbeiter generell zu Staats- und Reichsfeinden.

Bismarcks bevorzugte Strategie, um den Zusammenhalt in seinem neu erschaffenen Reich zu festigen, war der Verweis auf den Feind im Innern. Denn ungeachtet aller nationalen und nationalistischen Rhetorik war Deutschland ein zutiefst gespaltenes Land. Schon früh hatte Bismarck, obwohl nicht prinzipiell gegen Katholiken eingestellt, die Vorteile einer Frontstellung gegen sie erkannt. Zusammen mit einigen konservativen Protestanten und der Mehrheit der Nationalliberalen hatte er das ganze Land in den sogenannten Kulturkampf verwickelt. Später erschien die Frontstellung gegen die Sozialisten einfacher. Der versuchte Mordanschlag auf den Kaiser im Mai 1878 wurde umgehend ihnen angelastet. Sie wurden zu Staatsfeinden erklärt, so dass alle erdenklichen Unzufriedenheiten der Bürger und das Unbehagen des Adels in eine Feindschaft gegenüber den Sozialisten kanalisiert werden konnten.

Diese wiederholt angewandte Taktik musste sich jedoch irgendwann gegen den Verursacher selbst kehren. Die unter Beschuss geratenen Gruppen stellten schließlich ein sehr großes Bevölkerungssegment des Reiches dar, durch deren Ausschluss ein nationaler Zusammenhalt kaum hergestellt werden konnte. Überraschenderweise wandte sich Bismarck nicht gegen Juden. Schließlich waren sie eine kleine Minderheit und ohnehin ein wohlbekannter Sündenbock. Darüber hinaus war Bismarcks Aversion gegen sie bestens dokumentiert, spätestens seit seiner Rede im Landtag 1847, in der er heftig gegen die Forderung nach ihrer Emanzipation argumentiert hatte. Auch seine häufigen Wutanfälle gegen den Abgeordneten Lasker könnte man mit der grundlegenden Antipathie gegen diesen speziellen «Fremdling aus dem Osten» mit all seinen nahen und fernen Glaubensgenossen erklären. Doch der Kanzler war vor allem berechnend. Wenn nötig, konnte er sich auf das Geld und den finanziellen und sogar politischen Rat seines jüdischen Bankiers Gerson von Bleichröder verlassen. Außerdem war der gegen Ende der siebziger Jahre des neunzehnten Jahrhunderts stärker werdende, aus den unteren Schichten kommende Antisemitismus in Deutschland nicht nach seinem Geschmack. Der Antisemitismus erschien ihm bedrohlich, da er Aufruhr, Unordnung oder gar Anarchie bedeutete, was womöglich mit manchen seiner Jugenderinnerungen zu tun hatte. Auch der Kaiser misstraute dieser Entwicklung, ebenso viele Adlige jener Zeit. Es widerstrebte ihnen, mit Leuten zu kooperieren, die für sie «der Pöbel» waren.

Trotzdem konnte man diese das ganze Land erfassende neue Welle antijüdischer Stimmung nicht länger ignorieren. Die katholische und bald auch die konservative Presse griffen nach dem wirtschaftlichen Einbruch sofort das Thema auf, das bald auch von ehemaligen Liberalen instrumentalisiert wurde. Die Gründerjahre 1871 bis 1873 waren die hohe Zeit des Freihandelsliberalismus gewesen. Er hatte den Industriellen Profite und den Arbeitern höhere Löhne beschert. Die Liberalen waren auf dem Höhepunkt ihrer politischen Macht gewesen, und so war es naheliegend, dass sie angesichts der unerwarteten ökonomischen Krise versuchten, drohende Angriffe von sich abzuwenden und andere Schuldige zu suchen. Den Ton gab schließlich *Die Gartenlaube* vor, eine typische Zeitschrift der unteren Mittelschicht. Zwischen Dezember 1874 und Dezember 1875 veröffentlichte Otto Glagau, einer der Herausgeber der *Gartenlaube* und ehemaliger Wirtschaftskorrespondent der *Nationalzeitung*, einer Berliner Tageszeitung, eine Reihe von Artikeln, in denen der Liberalismus als politische Philosophie und als politische Bewegung attackiert wurde. Die später als Buch unter dem Titel *Der Börsen- und Gründungsschwindel in*

Berlin veröffentlichten Texte waren eine Mischung aus militanter antijüdischer Rhetorik und einem nostalgischen, apolitischen Konservativismus. Glagau argumentierte, Antisemitismus und die viel diskutierte «Soziale Frage» seien identisch, indem er Juden mit Liberalismus und Kapitalismus gleichsetzte. Etwas später übernahm Wilhelm Marr, der den Begriff «Antisemitismus» zwar nicht erfunden hat, ihn aber popularisierte, diese ideologische Parole, und es gelang ihm, deren Botschaft weithin zu verbreiten.

1879 veröffentlichte Marr seinen eigenen antisemitischen Bestseller *Der Sieg des Judenthums über das Germanenthum, vom nichtconfessionellen Standpunkt aus betrachtet.* Marr hatte früher dem linken Flügel der liberalen Fraktion der Hamburgischen Bürgerschaft angehört. Schon damals wütete er gelegentlich gegen Juden. In den späten siebziger Jahren war von seinem Liberalismus nicht mehr viel übrig. Reste seines anarchistischen sozialen Protests schienen in diesem Text zwar noch durch, doch der Antisemitismus stand nun im Zentrum und wurde zunehmend radikaler.

Gegen Ende des Jahrzehnts reihten sich zwei weitere Stimmen in diesen Chor ein. Im Frühjahr 1878 begann der Hofprediger Adolf Stöcker in Berlin eine Wahlkampagne, mit der Arbeiter von der Sozialdemokratie abgeworben und unter die Fittiche von Kirche und Krone zurückgebracht werden sollten. Es zeigte sich jedoch bald, dass nicht die Industriearbeiter, sondern eine bunte Mischung von Wählern aus der unteren Mittelschicht seine eigentlichen Anhänger waren. Die wirksamste Komponente seiner glühenden öffentlichen Predigten war nämlich weder die Religion noch die von ihm propagierte soziale Reform, sondern seine antijüdische Kampagne. Wie Marr und Glagau versuchte auch Stöcker, obwohl ein Mann der Kirche, sich vom alten, religiös motivierten antijüdischen Diskurs abzugrenzen. Er übernahm die Maxime seines konservativen Kollegen Max Liebermann von Sonnenberg: «Erst wollen wir eine politische Macht werden, dann wollen wir uns die wissenschaftliche Grundlage für den Antisemitismus suchen.»[2]

Als sich die Antisemiten verschiedener Couleurs zunehmend politisch organisierten – und schon vor der Wahl 1881 in Berlin, bei der sie 46 000 Stimmen bekamen –, erhielten sie von unerwarteter Seite zusätzliche Unterstützung. Der geachtete Historiker Heinrich von Treitschke, Professor an der Berliner Universität, nationalliberaler Reichstagsabgeordneter und entschiedener Unterstützer Bismarcks, hatte am 15. November 1878 einen langen Artikel in den *Preußischen Jahrbüchern* veröffentlicht. Dort drängte er zu «treuer Eintracht zwischen Krone und dem Volke», attackierte das endlos debattierende Parlament und alle Formen «weichlicher Philanthropie» sowie die in seinen Augen so gefährliche «weltbürgerliche Weitherzigkeit». Stattdessen riet er, sich auf den gesunden «Instinkt der Massen» zu verlassen, denn dieser habe nun «eine schwere Gefahr, einen hochbedenklichen Schaden des neuen deutschen Lebens» erkannt und kämpfe gegen die Juden. Deren bloße Anwesenheit sei eine Gefahr für das «nationale Leben» und eine Bedrohung der deutschen Kultur. «Die Juden sind unser Unglück», lautete seine berühmt-berüchtigte Schlussfolgerung.[3] Als zwischen August 1880 und April 1881 fast 250 000 Unterschriften für eine Petition zusammengekommen waren, in der der Staat zur Rücknahme der jüdischen Emanzipation gedrängt wurde – Treitschke unterstützte die antisemitische Bewegung, sprach sich aber ausdrücklich gegen eine Rücknahme der Emanzipation aus –, fand der sogenannte Antisemitismusstreit bereits im ganzen Land starken Widerhall.[4]

Trotzdem sollte man in Erinnerung behalten, dass der Antisemitismus in der Epoche des Kaiserreichs die längste Zeit nur eine begrenzte Rolle spielte, selbst für viele Juden. Parallel entwickelte sich nämlich früh ein stark ausgeprägtes jüdisches Selbstbewusstsein, das sich, um nur ein Beispiel zu nennen, im Werk des

Historikers Heinrich Graetz ausdrückte, dessen elfbändige *Geschichte der Juden* gerade abgeschlossen war. Treitschkes Rage hatte sich unter anderem an der Lektüre dieses Werks entzündet. Wichtiger war jedoch, dass die bürgerliche Gesellschaft aufgrund der raschen Industrialisierung wegen einer Vielzahl anderer Probleme tief gespalten war, vor allem angesichts unterschiedlicher Einstellungen zu Modernität und besonders zu Egalität, die durch die Arbeiterbewegung ausgelöst und im täglichen Kampf zwischen Kapital und Arbeit unübersehbar wurden. Hinzu kamen Konflikte zwischen Stadt und Land und die lauter werdenden Forderungen von Frauen nach Gleichberechtigung. Es gab außerdem außenpolitische Spannungen, die an Konflikten mit Großbritannien und Frankreich sichtbar wurden. Trotzdem war der Streit in Bezug auf die Position der Juden im neuen Reich nicht unwichtig. Als sich eine umfassende antisemitische Ideologie herausbildete, erschienen ihren Anhängern die anderen Konfliktfelder bloß als Aspekte dieser Weltanschauung, oft sogar als Erklärung für sie.

II.

Viele Juden und sicher auch zahlreiche Nichtjuden traf die neue Welle antijüdischer Ressentiments ganz unvorbereitet, nachdem die Emanzipation doch gesetzlich verankert war. Sie waren fassungslos. Nicht nur der ländliche oder städtische «Pöbel», sondern auch Angehörige des hoch achtbaren Bürgertums sprachen sich nun gegen Juden aus. Es war dasselbe Bürgertum, in dem sie seit mehr als hundert Jahren so gern hatten aufgehen wollen. Gewiss, es gab Proteste, nicht nur in Berlin. Selbst einige Kollegen widersprachen Treitschke. Sechsundsiebzig Gelehrte und Wissenschaftler unterzeichneten die sogenannte Notabeln-Erklärung, die sich gegen den Antisemitismus wandte. Sie wurde im November 1880 veröffentlicht. Der Antisemitismus wurde trotzdem wieder salonfähig, wie im frühen neunzehnten Jahrhundert, aber deutlich anders als in den Jahren unmittelbar nach 1848.

Berthold Auerbach, der sich viele Jahre seines Lebens der Aufgabe widmete, vom Schicksal süddeutscher Bauern zu erzählen, und mit seinen *Schwarzwälder Dorfgeschichten* in gebildeten Kreisen zu Ruhm kam, schrieb am 11. November 1880 seinem Cousin und Freund Jakob: «Das gestrige Abendblatt der Nationalzeitung enthält den Text der Petition an Bismarck gegen die Juden. Das also müssen wir noch erleben!» Und am 23. November notierte er voller Verzweiflung: «Vergebens gelebt und gearbeitet! Das ist der zermalmende Eindruck, den ich von dieser zweitägigen Debatte im Abgeordnetenhaus habe. (...) daß solche Roheit, solche Verlogenheit und solcher Haß noch möglich ist.»[5] Der Philosoph Hermann Cohen verfasste eine ausführliche öffentliche Replik auf Treitschke. Besonders berühren seine abschließenden Sätze: «Wir Jüngeren hatten wol (sic!) hoffen dürfen, daß es uns gelingen würde, in die ‹Nation Kants› uns einzuleben; (...) daß es mit der Zeit möglich werden würde, mit unbefangenem Ausdruck die vaterländische Liebe in uns reden zu lassen, und das Bewußtsein des Stolzes, an Aufgaben der Nation ebenbürtig mitwirken zu dürfen. Dieses Vertrauen ist uns gebrochen: die alte Beklommenheit wird wieder geweckt.»[6]

All dies ereignete sich zehn Jahre nach dem erfolgreichen Abschluss des Kampfs um die rechtliche Gleichstellung der Juden, mit dem sie endlich die ihnen zustehenden vollen Rechte erlangt hatten. Der nahezu ein Jahrhundert andauernde Zickzackkurs auf dem Weg zur Gleichberechtigung hatte sie viel Kraft gekostet, doch im Allgemeinen waren sie noch voller Vertrauen und Optimismus. Gewiss, die Emanzipationsgesetze von 1869 waren lückenhaft, besonders in Preußen, wo die Regierung jüdische Bewerber um das Staatsamt immer noch benachteiligte und vom gehobenen öffentlichen Dienst und dem begehrten Status des Reserveoffiziers faktisch ausschloss. Daher sahen sich viele Juden trotz der eindeutigen Gesetzgebung des Kaiserreichs, die ihre Gleichberechtigung als Staatsbürger festschrieb, diskriminiert. Es ist nicht klar, ob die Regierung tatsächlich auf Treitschkes Warnung vor einer aus Polen kommenden «Schaar (sic!) strebsamer, Hosen verkaufender Jünglinge», die angeblich Preußens Städte überfluten würden, reagierte. Sie entschied jedenfalls, ihre Einbürgerungspolitik zu verschärfen. 1885 wurden 30 000 nicht eingebürgerte Polen, die meisten davon Juden, ausgewiesen. Der Antisemitismus grassierte außerdem in Sachsen sowie in einigen gemischtkonfessionellen Regionen des Rheinlands. Dort wurde er von Vereinen und Verbänden lautstark verbreitet, fand ein Echo in der Presse und führte zu Beleidigungen und einer vergifteten Atmosphäre.

All dies hätte man als weitere Welle der bekannten antijüdischen Hetze interpretieren können, ausgelöst durch Probleme, die sich aus dem Modernisierungsprozess im Allgemeinen und besonders durch unmittelbare wirtschaftliche Not ergaben. Doch in den späten siebziger Jahren bemerkten Betroffene und Beobachter, dass sich etwas verändert hatte. Sowohl die antijüdische Rhetorik als auch das damit verbundene politische Geschehen schienen auf einer anderen Ebene zu liegen. Man spürte, dass ein neuer Diskurs entstanden war, eine andere Sprache und eine andere Terminologie. In den späten Siebzigern war die Kombination von Antiliberalismus und Antisemitismus offensichtlich alles andere als eine marginale Angelegenheit. Es war daraus ein diffuses soziales Reformprogramm geworden, das auf die Interessen bestimmter sozialer Gruppen ausgerichtet war. Nun wurden nicht nur jüdische Immigranten angegriffen oder die zumeist armen orthodoxen Juden, sondern auch die erfolgreich integrierten, inmitten der bürgerlichen Gesellschaft lebenden Juden. Man machte sich den Neid auf den ökonomischen und kulturellen Erfolg vieler Juden zunutze. Und so gelang es, unterschiedliche Themen in einer viele Aspekte umfassenden, gut konstruierten und offensichtlich auf fruchtbaren Boden fallenden Ideologie zusammenzubringen.

«Wir hassen niemand», predigte Pastor Stöcker, «wir hassen auch die Juden nicht; wir achten sie als unsere Mitbürger und lieben sie als das Volk der Propheten und Apostel, aus welchem unser Erlöser hervorgegangen ist.» Man lehne nur ihren «Mammongeist» ab, erklärte er, und ihr mittlerweile unverhohlenes Bestreben, «Herr Deutschlands werden zu wollen».[7] Obwohl man ihre Religion respektiere und ihre «alten heiligen Erinnerungen» teile, drehte und wand sich auch Treitschke, lehne auch er jene «deutsch-jüdische Mischcultur» ab, mit der Juden offenbar «Jahrtausende germanischer Gesittung» ersetzen wollten.[8] Im Erfurter Programm der von Otto Böckel gegründeten Antisemitischen Volkspartei wurde schließlich ein konkretes Ziel öffentlich propagiert, nämlich «die Aufhebung der Judenemancipation auf gesetzlichem Wege».[9]

Etwa zur gleichen Zeit, 1881, ging Eugen Dühring, ein exzentrischer Privatgelehrter, der seit Mitte der sechziger Jahre bereits allerlei philosophische Bücher zu verschiedenen Themen verfasst hatte, mit einem extrem antisemitischen Buch an die Öffentlichkeit: *Die Judenfrage als Racen-, Sitten- und Culturfrage.* Die Begriffe «Volk», «Nation» und «Kultur» wurden hier verwendet, als wären sie austauschbar. Hinzugefügt wurde der in Mode gekommene Begriff der Rasse. Die in früheren antisemitischen Publikationen selten verwendete Rassenterminologie tauchte nun immer häufiger auf. Selbst bei einigen Sozialdemokraten kam Dührings Veröffentlichung gut an. Das veranlasste Friedrich Engels zu seiner berühmten Polemik *Anti-Dühring*. Später ließ sich auch August Bebel überzeugen, bei diesem innerparteilichen Streit auf der Seite der Anti-Antisemiten einzugreifen.

Erwartungsgemäß waren es jedoch die Politiker der Rechten, die häufiger auf den Antisemitismus zurückgriffen, um ihre politischen Kampagnen attraktiver zu machen. Die Konservative Partei fügte ihrem Parteiprogramm 1892 einen antijüdischen Paragraphen hinzu, und ihr propagandistisches Sprachrohr, der Bund der Landwirte, nutzte in all seinen Kampagnen regelmäßig antisemitische Parolen. Allerdings waren die neuen ideologischen Formulierungen der Gruppe, die später als Bayreuther Kreis bekannt wurde, langfristig vermutlich wichtiger. Unter dem Einfluss von Richard Wagners mythischem Christentum und Arthur de Gobineaus Rassentheorie machten Wagner und die sich um ihn scharenden Intellektuellen keinen Hehl aus ihren antijüdischen Obsessionen. «Deutsches Christentum, Neuromantik, der mystische Kult des heiligen arischen Blutes und ultrakonservativer Nationalismus»: Daraus brauten sie ein eigentümliches Gemisch, schrieb Saul Friedländer. Gegen Ende des Jahrhunderts kamen Phantasien von einer Erlösung durch das geistige oder sogar physische «Verschwinden» der Juden hinzu.[10] Der Engländer Houston Stewart Chamberlain, der Wagners Schwiegersohn werden sollte, konkretisierte diese Vision in seinem Opus magnum *Die Grundlagen des neunzehnten Jahrhunderts.* Mehrfach betonte er den tiefen und alles entscheidenden Antagonismus zwischen Deutschtum und Judentum. Die Juden in Deutschland könnten niemals wahre Deutsche werden, sie müssten beseitigt werden.

Der Antisemitismus konnte nun nicht mehr ignoriert werden. Er erfüllte in der politischen Landschaft jener Zeit eine wichtige Funktion. Was früher eher ein unbestimmtes, auf der langen Tradition des Judenhasses im christlichen Europa beruhendes Gefühl war, das sich durch die drängenden Erfordernisse des neuen deutschen Nationalstaats – oder was man dafür hielt – verstärkte, war nun zur umfassenden, säkularen Ideologie geworden. Die alten Formen des Judenhasses verschwanden nie ganz, die neu hinzugekommenen machten ihn jedoch viel konkreter.

Die Kombination aus traditionellen und neuen Elementen gab dem Antisemitismus, den man zuvor noch als überkommenes Vorurteil betrachten konnte, eine moderne Bedeutung. Juden waren die «Anderen», und die Einstellung zu Juden erfüllte die Funktion eines kulturellen Codes. Antisemitische Ansichten verwiesen auf ein wirkmächtiges komplexes Syndrom, das sich aus reaktionären antimodernen Überzeugungen zusammensetzte. Gleichzeitig wurde die Verteidigung der Juden zum Kennzeichen für das entgegengesetzte Syndrom, das sich auf die liberale Moderne in all ihren besonderen Facetten stützte. Im späten neunzehnten Jahrhundert positionierte sich der rechte völkische Nationalismus eindeutig gegen die liberale humanitäre Einstellung. Seine Frontstellung zur Sozialdemokratie wurde immer vehementer und schärfer. Für das Gesamtkonzept der deutschen Politik jener Zeit waren der Antisemitismus und der Anti-Antisemitismus vielleicht nicht entscheidend, doch beide wurden zu vertrauten Indikatoren: Einerseits wurde der Nationalismus eines bestimmten Typus im rechten Flügel gestärkt, andererseits kam es dadurch zu einem Bündnis der liberalen und sogar offen demokratischen Tendenzen. Beide Fronten brachten sich in der bürgerlichen Welt des Kaiserreichs und ihrer politischen Kultur gegeneinander in Stellung.[11]

III.

Das jüdische Leben in Deutschland war im späten neunzehnten Jahrhundert nicht durchgängig vom Antisemitismus stigmatisiert und in Mitleidenschaft gezogen. Deutschland war unter Bismarcks Führung und durch sein diplomatisches Geschick ein machtvoller Nationalstaat geworden, der die Bevölkerung langsam, aber stetig zu einer kompakten Nation mit weitreichenden imperialen Ambitionen formte, Ambitionen, die in der Zeit nach Bismarck noch deutlich stärker wurden. Gleichzeitig entwickelte sich der jüdische Teil der Bevölkerung, der seine Besonderheit trotz oder womöglich auch wegen der erfolgreichen Integration bewahrte, zu einer zwar sehr kleinen, aber kohärenten Minderheit, und diese behauptete ihren Platz in der Gesamtgesellschaft. Die Juden entwickelten ein kraftvolles Selbstbewusstsein, organisierten ihre eigenen Bürgervereine, wählten säkulare Führungskräfte für ihre Gemeinden und entwickelten eine lebhafte und zunehmend wirksame öffentliche Sphäre: ein Netzwerk von Tageszeitungen und Zeitschriften, einen ganz speziellen, nur ihnen eigenen Diskurs. Ihr Status im Reich spiegelte sowohl die Stärken wie auch die Schwächen dieses Gemeinwesens wider.

Schon während der ersten Hälfte des Jahrhunderts, als viele Juden noch sehr traditionell dachten und lebten, war anderen, die sich Modernisierungsziele gesetzt hatten, eine reformierte Variante des Judentums gelungen. Diese bot selbst denjenigen, die sich der Assimilation verschrieben hatten, eine konfessionelle Orientierung. Zentrum dieses Reformjudentums war das blühende Gemeindeleben. Andere, die sogenannten Neo-Orthodoxen, hatten mittlerweile eigene Synagogen, Schulen und sogar Rabbinerseminare. Ständig wurden neue Wohlfahrtsvereine ins Leben gerufen, die das aschkenasische Gemeindeleben alten Stils durch ein neues, ebenso lockeres, aber viel wirkungsvolleres deutsch-jüdisches ersetzten. Während Wien, Prag und Metz viel von ihrer alten Bedeutung für das jüdische Leben einbüßten, entstanden neue Zentren in Berlin, Frankfurt und Hamburg. Allmählich verloren konfessionelle Gruppierungen um die vom Rabbinat geleiteten Synagogen an Bedeutung. Sie wurden durch regionale und sogar nationale weltliche Verbände und Vereine ersetzt. Es gab jüdische Berufsverbände, die zum Teil ihre eigenen Fachzeitschriften herausgaben, schließlich auch ein Statistikbüro, zahlreiche öffentliche Bibliotheken und als Krönung den *Central-Verein deutscher Staatsbürger jüdischen Glaubens*, kurz CV. Diese 1893 gegründete Dachorganisation zählte schließlich 70 000 Mitglieder und weitere 200 000 durch die Mitgliederschaft kleinerer sozialer und kultureller Vereine, die dem CV angeschlossen waren.

Der CV gab diesem merkwürdigen, aber überaus lebendigen Wesen eine Stimme: den Juden mit doppelter, deutsch-jüdischer Identität, den «Bindestrich-Juden». «Wir sind ein Verein deutscher Staatsbürger», erklärte der Verein in ihrem Namen, «wir stehen fest auf dem Boden der deutschen Nationalität. Unsere Gemeinschaft mit den Juden anderer Länder ist keine andere als die Gemeinschaft der Katholiken und Protestanten Deutschlands mit den Katholiken und Protestanten anderer Länder.»[12] Die jahrhundertealte religiöse jüdische Identität blieb bewahrt, aber der Blick richtete sich nicht mehr nach innen, sondern auch und ganz besonders auf die Außenwelt. Unter diesen Bedingungen gab es für beide, Mehrheit und Minderheit, eine vergleichsweise friedliche Koexistenz, relative Harmonie trotz des Nationalismus der einen und trotz des Beharrens der anderen auf ihrer Besonderheit. Trotz des großen Widerstands gegen jede Art von Pluralismus im Leben der neuen Nation, selbst unter denen, die man in Deutschland zur Linken oder zur Mitte zählte, gelang es den Juden, sich selbstbewusst zu behaupten.

Theodor Mommsen, Historiker der Geschichte Roms und Heinrich von Treitschkes prominentester Gegner an der Berliner Universität, schrieb in seinem Aufsatz «Auch ein Wort über unser Judenthum» dazu Folgendes: «Der Eintritt in eine große Nation kostet seinen Preis; die Hannoveraner und die Hessen und wir Schleswig-Holsteiner, sind daran, ihn zu bezahlen (…) Auch die Juden führt kein Moses wieder in das gelobte Land; mögen sie Hosen verkaufen oder Bücher schreiben, es ist ihre Pflicht, soweit sie es können, (…) auch ihrerseits die Sonderart nach bestem Vermögen von sich zu tun und mit entschlossener Hand niederzuwerfen.»[13] Das Anderssein der Juden war also selbst dann ein Moment der Irritation, wenn es von jemandem angesprochen wurde, der eigentlich auf ihrer Seite und eindeutiger Gegner des Antisemitismus war. Wie in vielen Texten vom Beginn des neunzehnten Jahrhunderts war die vollständige Assimilation immer noch die unabdingbare

Voraussetzung für die Gleichstellung, und bis zu einem gewissen Grad hatten auch Juden diese Forderung verinnerlicht. Der Philosoph Hermann Cohen thematisierte in seinen Schriften diesen deutsch-jüdischen Dualismus ebenfalls, für ihn waren die beiden Komponenten allerdings gut miteinander vereinbar.

Die Juden hatten trotz allem weiterhin das Gefühl, ein integraler Teil der deutschen Gesellschaft zu sein, in der sie nun lebten. Ihr Erfolg schien die Feindseligkeit zu kompensieren, mit der man ihnen bisweilen begegnete, die gelegentliche öffentliche Verurteilung und selbst so manche direkte persönlich zugefügte Beleidigung. Gewiss gab es Jahre, in denen ihnen diese Feindseligkeit das Leben schwer oder zumindest unangenehmer machte. Doch es gab auch Zeiten, in denen Judenhasser weniger wichtig waren, weil die Juden immer selbstbewusster und oft, zumindest in einigen Bereichen, außerordentlich prominent wurden. Zufrieden waren auch die, die ganz unauffällig und im öffentlichen Leben bedeutungslos waren.[14]

Während jüdische Männer und Frauen in all ihrer Verschiedenheit das Leben in diesem neuen Deutschland auf unterschiedliche Weise wahrnahmen, erwies sich das Nebeneinander von Diskriminierung und Offenheit für viele als produktiv. Sie lernten mit dem Antisemitismus zu leben, ignorierten ihn oder wehrten sich. Viele litten unter der antijüdischen Stimmung, ließen sich jedoch nicht entmutigen. Walther Rathenau, der spätere Außenminister der Weimarer Republik und einer ihrer ersten Märtyrer, erinnerte sich voll Bitterkeit an seinen Militärdienst während der frühen neunziger Jahre des neunzehnten Jahrhunderts, als es ihm nicht gelungen war, zum Leutnant der Reserve ernannt zu werden: «In den Jugendjahren eines jeden deutschen Juden gibt es einen schmerzlichen Augenblick, an den er sich zeitlebens erinnert: wenn ihm zum ersten Male voll bewußt wird, daß er als Bürger zweiter Klasse in die Welt getreten ist und keine Tüchtigkeit und kein Verdienst ihn aus dieser Lage befreien kann.»[15] Doch dieser unvergessliche

Augenblick hinderte ihn nicht daran, seine Fähigkeiten und die reichlich vorhandenen väterlichen Ressourcen optimal zu nutzen, um sozial aufzusteigen. Anderen Juden gelang es, traumatisierende Erfahrungen dieser Art zu vermeiden und auf anderen Wegen Spitzenpositionen zu erreichen. Gershom Scholem, der in Berlin aufgewachsen war, erwähnt in seinen Lebenserinnerungen keinen einzigen antisemitischen Vorfall in seiner Kindheit und Jugend. Er hatte allerdings auch nie versucht, preußischer Kavallerieoffizier zu werden. Die Karrieren einiger der erfolgreichsten Wissenschaftler jüdischer Herkunft zur Zeit des Kaiserreichs zeigen, dass ihre Erfolge häufig von der besonderen Mischung von offenen und verschlossenen Türen abhingen, die für die deutsche Gesellschaft auch schon früher im neunzehnten Jahrhundert typisch war. Im Kaiserreich war die Kombination nur ein wenig verändert. Nun ließ man Juden zwar an die besten Universitäten, da ihnen jedoch in den meisten Fällen die Laufbahn eines Ordinarius verschlossen blieb, suchten die besten unter ihnen in der Welt der Wissenschaft und auch außerhalb nach anderen Möglichkeiten, ihre Kreativität zu entfalten, auf ihre besondere Weise beruflich erfolgreich zu sein und immer wieder ihre Fähigkeiten unter Beweis zu stellen.[16]

Natürlich war es oft schwer, Diskriminierungen zu entgehen. Deshalb verkehrten viele Juden lieber untereinander. Scholem berichtet, dass in seinem Elternhaus nahezu ausschließlich Juden zu Gast waren, und bei Rathenau war es ähnlich. Selbstverständlich arbeiteten Juden mit Nichtjuden zusammen. Oft entstanden daraus sogar lang andauernde Freundschaften, aber in der Regel fanden soziale Kontakte in der Familie und im engeren rein jüdischen Kreis der Familie statt. Dieses Thema taucht in vielen Memoiren auf, in denen gesellschaftliche Zusammenkünfte zu jüdischen Feiertagen oder an Ferienorten beschrieben werden. Auch bei Nichtjuden liest man von Begegnungen junger Verwandter, die oft, spontan oder häufiger arrangiert, der Eheanbahnung dienten. In solch geschützten Milieus konnte man sich trotz gelegentlicher Feindseligkeit von außen seiner Erfolge erfreuen. Unter diesen Bedingungen konnte man, zumindest für eine Weile, den Antisemitismus vergessen.

Darüber hinaus wuchs offensichtlich die Bereitwilligkeit, sich mit einem Leben in einem teilweise antisemitischen Umfeld zu arrangieren. Das hing auch mit der Erwartungshaltung der Juden zusammen, die sich unter anderem aus Erinnerungen an das Leben früherer Generationen und aus Informationen über die Lebensbedingungen an anderen Orten in und außerhalb Europas speiste. Deshalb erschien den meisten Juden das Leben im Deutschen Kaiserreich als Privileg und gewiss als Fortschritt. Während deutsche Juden mit dem Antisemitismus à la Treitschke zurechtkommen mussten, und das war mühsam genug, waren in Russland Juden zur selben Zeit, besonders in den südlichen Provinzen des Zarenreichs, gewalttätigen, blutigen Pogromen ausgesetzt. Anfang der siebziger Jahre erreichten die ersten Berichte darüber Deutschland. Die Ereignisse wiederholten sich zehn Jahre später und nochmals verstärkt zwischen 1903 und 1905. Die Pogrome lösten große Fluchtbewegungen aus. Vor dem Ersten Weltkrieg kamen etwa 90 000 osteuropäische Juden nach Deutschland. Die hier ansässigen Juden hießen sie gewiss nicht immer willkommen, unterstützten die Neuankömmlinge aber finanziell und sozial. Manche kamen auch aus eigenem Antrieb. Vor allem jüdische junge Leute, die wegen der Zulassungsbeschränkungen nicht an russischen Universitäten studieren konnten, kamen gern nach Deutschland. Shmarya Levin zum Beispiel, später einer der führenden Zionisten, verließ Russland 1908, um in Berlin zu studieren. In seinen Lebenserinnerungen beschreibt er den Grenzübertritt als einen Moment wahrer Befreiung: «Hätte ich mich nicht geschämt, dann hätte ich den preußischen Gendarm, der nun in den Zug stieg, umarmt und geküsst.» [17] Chaim Weizmann, der viele Jahre später Israels erster

Präsident werden sollte, war anfangs nicht so enthusiastisch, doch auch er lernte, seine Zeit als Chemiestudent an der Technischen Hochschule Charlottenburg zu schätzen. Für viele Neuankömmlinge, Migranten und Flüchtlinge wurde Deutschland zum gelobten Land, oft auch für die meisten ansässigen Juden.

Auch im Vergleich zu Frankreich ergaben sich gegen Ende des neunzehnten Jahrhunderts aus jüdischer Sicht Pluspunkte für Deutschland. Das antisemitische Buch *La France Juive* (1886) von Edouard Drumont wurde sehr populär und in angesehenen Kreisen mit mehr Aufmerksamkeit aufgenommen als alles, was deutsche Antisemiten in jener Zeit produziert hatten. Die Rassentheorie war in Frankreich mindestens so einflussreich wie in Deutschland, und die *Ligue antisémitique française,* obwohl keine politische Partei im eigentlichen Sinn, gewann im Mutterland und in den nordafrikanischen Kolonien, besonders in Algerien, viel Unterstützung. Darüber hinaus war Antisemitismus seit den frühen achtziger Jahren des neunzehnten Jahrhunderts in Frankreich wie in Deutschland ein fester Bestandteil des rechten völkischen Nationalismus. In beiden Ländern wurde auf diese Weise die Abneigung gegen und die Furcht vor der Moderne in Feindseligkeit gegenüber Juden kanalisiert. Nach dem Zusammenbruch des Finanzsystems, als 1882 die Bank Union Générale plötzlich kollabierte und die französische Wirtschaft in eine der schlimmsten Krisen des neunzehnten Jahrhunderts geriet, war nicht mehr zu leugnen, dass antisemitische Ansichten in der ganzen Republik kursierten. Deutsche Juden waren sich dessen sehr wohl bewusst, und seit 1894 verfolgten sie die Ereignisse auf der anderen Seite des Rheins während der zwölf Jahre dauernden Dreyfus-Affäre mit einer Mischung aus Sorge, Solidarität und mehr oder weniger verstecktem Stolz. Einen Skandal dieses Ausmaßes hätte es in Deutschland nicht geben können, dachten sie. Schließlich lebten sie, anders als französische Juden, in einem stabilen Rechtsstaat, in dem der «Pöbel» von einer korrekt agierenden

Polizei und einem funktionierenden Rechtssystem in Schranken gehalten wurde. Vor allem aber wurden ihre Gegner von einem mächtigen, wohlaustarierten Staat in Schach gehalten. Die lokalen und nationalen Behörden hatten sich nach Ansicht der Juden während der antijüdischen Ausschreitungen in Neustettin (1881), Xanten (1891) und während des Konitzer Mordprozesses (1900) als sehr zuverlässig erwiesen. Auch die öffentlichen Solidaritätsbekundungen im Zusammenhang mit einem angeblichen Ritualmord in Russland, der Beilis-Affäre (1913), waren für deutsche Juden Anlass zur Genugtuung. Ihr Patriotismus schien belohnt zu werden, und Deutscher zu sein blieb für die meisten ein Grund für Stolz und Zufriedenheit.

IV.

Nun ist es an der Zeit, die wichtigsten positiven Aspekte der Ära des Kaiserreichs anzuführen: das blühende kulturelle Leben, das erfolgreiche akademische Ausbildungssystem und wissenschaftliche Spitzenleistungen. Dies waren die Jahre von Wagners *Ring*, Nietzsches Philosophie, Fontanes Romanen, die Zeit des jungen Thomas Mann und von Rilkes Lyrik, von Theodor Mommsen und Max Weber, von Hauptmanns Theater und experimentellen expressionistischen Dramen, die Zeit der Opern von Richard Strauss und der großen Symphonien von Brahms – all dies vor dem Ersten Weltkrieg, vieles sogar vor der Jahrhundertwende. Es waren auch die Jahre großer wissenschaftlicher Entdeckungen in der Physik, von Durchbrüchen in der Zellbiologie und der physikalischen Chemie und eindrucksvollen Fortschritten in der Medizin. Deutschland war in diesen vielfältigen Bereichen an vorderster Front.[18]

Die wichtige Rolle, die Juden in dieser Blütezeit spielten, ist bekannt. Sie gehörten zu den entschiedensten Förderern der Moderne und trotz Wagners Antisemitismus zu den treuesten Zuhörern, wenn landauf, landab seine Opern aufgeführt wurden. Man sah sie ebenso häufig im modernen Theater und Anfang des zwanzigsten Jahrhunderts auch im Theater des Expressionismus. Die Berliner Kulturszene mit ihrem begeisterten jüdischen Publikum und ihren zahlreichen jüdischen Kulturschaffenden ist bestens dokumentiert. Nicht anders das Wiener Fin de Siècle, zwar nicht im Deutschen Kaiserreich, aber in der Donaumonarchie. Hier wurden sie bewundert: Jacob Wassermanns Romane, Arthur Schnitzlers Dramen, Freuds Psychoanalyse und – sofern man bereit oder willens war, die Taufe zu übersehen – Gustav Mahler, Dirigent eines der weltbesten Orchester, König der Musikszene der Hauptstadt Österreich-Ungarns, wenn auch nicht immer zur Freude aller Musikliebhaber in Wien. Die Liste der jüdischen Berühmtheiten in der Kultur- und Wissenschaftsszene der Zeit ist lang und eindrucksvoll. Auch Stefan Zweig muss hier genannt werden. Aber im Zusammenhang dieses Buches ist es aufschlussreicher, nicht Zweigs Verdienste und Leistungen als Schriftsteller in den Mittelpunkt zu stellen, sondern seine Schwächen und seine tief verwurzelte Weltanschauung, denn sie ist typisch für eine kollektive, tragische Blindheit in dieser Zeit.

Zweigs Memoiren, die 1943 posthum unter dem Titel *Die Welt von Gestern* veröffentlicht wurden, beginnen mit dem Satz: «Wenn ich versuche, für die Zeit vor dem Ersten Weltkriege, in der ich aufgewachsen bin, eine handliche Formel zu finden, so hoffe ich am prägnantesten zu sein, wenn ich sage: es war das goldene Zeitalter der Sicherheit.» Es folgt die Beschreibung einer vollkommenen sozialen Ordnung, eines verlässlichen, stabilen politischen Systems, einer florierenden Ökonomie und einer blühenden Kultur. «Niemand glaubte an Kriege, an Revolutionen und Umstürze», fasst Zweig zusammen. «Alles Radikale, alles Gewaltsame schien bereits unmöglich in einem Zeitalter der Vernunft.»[19]

Das ist anrührend. Es ist Ausdruck der positiven Stimmung, die für die zeitgenössische jüdische und nichtjüdische Bourgeoisie so typisch war. Doch es ist auch vollkommen falsch. Als Beschreibung der Situation in «unserer fast tausendjährigen österreichischen Monarchie», um Zweigs Worte zu gebrauchen, taugte es wohl kaum. Seine geliebte Heimatstadt Wien war damals eine Stadt der Immigranten und Flüchtlinge mit hermetischen Klassenschranken und harten sozialen Konflikten. Nach der Revolution von 1905 in Russland demonstrierten im Herbst desselben Jahres mehr als 250 000 Arbeiter auf der Wiener Ringstraße für die Einführung des allgemeinen Wahlrechts, nach Jahren eines erbitterten Arbeitskampfs in der Industrie – in Wien und überall auf dem Kontinent. Sogar in direkter Nähe, in Zweigs eigenem sozialem Umkreis, erreichte die politische Unzufriedenheit einen neuen Höhepunkt.

Der Antisemitismus war in Wien ebenfalls immer nur mühsam verdeckt. Karl Lueger, Führer der Christlichsozialen Partei und erklärter Antisemit, war von 1897 bis 1919 Bürgermeister von Wien, während noch radikalere Judenhasser, angeführt vom pangermanischen, alldeutschen Georg Ritter von Schönerer, die Straßen der Stadt unsicher machten. Zur selben Zeit begannen bürgerliche Frauen, die in der Öffentlichkeit, laut Zweig, nicht einmal ihre Fesseln zeigen durften, Gleichberechtigung einzufordern. Sie artikulierten ihren Protest, es kam zu Auseinandersetzungen und manchmal zu heftigen Konflikten.

Außerhalb Europas waren die Verhältnisse um die Jahrhundertwende ebenfalls in Aufruhr. Von 1899 bis 1902 führten Briten und Buren in Südafrika mit äußerster Grausamkeit den Zweiten Burenkrieg, von 1904 bis 1905 tobte in Ostasien der Russisch-Japanische Krieg. In vielen anderen Regionen der Welt wurden Konflikte zwischen den imperialistischen Großmächten ausgefochten, vor allem in Afrika. Vielleicht war dies zu weit weg, um Zweigs Seelenfrieden zu stören, aber auch in den benachbarten Ländern des Balkans gärte es ständig, besonders nach der Jungtürkischen Revolution 1908 und nochmals während der blutigen Unruhen 1912/13. All dies waren Anzeichen dafür, dass bald ein Krieg ausbrechen konnte. Doch in den eleganten Salons der Wiener Oberschicht und des arrivierten jüdischen Bildungsbürgertums merkte man nicht, wie bedrohlich die Lage war.

In seinem schmalen, aber einflussreichen Buch *German Jews beyond Judaism* (1985) stellte der Historiker George Mosse die These auf, dass es am Ende die Juden waren, die die liberale Bildungstradition pflegten, die im späten achtzehnten und frühen neunzehnten Jahrhundert, in der Zeit ihres Eintritts in die deutsche Gesellschaft, entstanden war. Die Aufrechterhaltung dieser Tradition sei der jüdische Königsweg zur Assimilation gewesen. Daher sei damals und auch später der aufgeklärte Liberalismus in Verbindung mit einem humanen und den humanistischen Idealen verpflichteten Nationalismus ihr Credo geblieben, und dies auch noch, als sich Nichtjuden vom Liberalismus distanzierten und einem radikalen Konservativismus und einem antimodernen, unverhüllten Chauvinismus zuwandten.[20] Man kann gegen Mosses These einwenden, dass es auch Juden gab, die Fichte ebenso begeistert studierten wie Kant, die Nietzsche statt Lessing und außer Goethe auch Langbehn lasen. Viele Juden waren sich der Herausforderung durch die Moderne sehr wohl bewusst. Einige wurden Mitglieder bei den Sozialdemokraten oder gehörten sogar zu deren ideologischem und politischem Führungspersonal. Andere blieben jedoch wie Stefan Zweig liberal, und viele gewöhnten sich daran, die große intellektuelle, manche sagen womöglich spirituelle Transformation der Vorkriegsjahre zu ignorieren. Sie schienen den Rechtsruck ihrer liberalen Verbündeten, denen sie vertrauten, und das Anwachsen eines aggressiven, häufig durch Rassenideologie verschärften Nationalismus nicht bemerkt zu haben, weder die imperialen Träume noch die selbstgerechte Kriegstreiberei im Deutschen Kaiserreich und in der österreichisch-ungarischen Doppelmonarchie.

In Frankreich kam die Dreyfus-Affäre 1906 in ihre Schlussphase. Die Republik entschied sich am Ende dieser langen und schmerzlichen Affäre für Demokratie und Rechtsstaatlichkeit und damit – so schien es jedenfalls – gegen die Auswüchse des rechtsextremen integralen Nationalismus. In Deutschland gab es damals nichts, was mit der Dreyfus-Affäre vergleichbar gewesen wäre. Entscheidungen dieser Art mussten nicht gefällt werden. Etwas früher zeigte sich an der brutalen Niederschlagung des Herero-Aufstands in Deutsch-Südwestafrika 1904, zu welcher Rücksichtslosigkeit Preußen, ja ganz Deutschland mittlerweile fähig war. Generalleutnant Lothar von Trotha entschied, den rebellischen Stamm zu vernichten, und rechtfertigte seine Politik in einer rassistischen Note an seinen Generalstabschef in Deutschland. Dann trieb er die Hereros in die Wüste, wo die meisten an Hunger und Durst starben. Wer überlebte, wurde in einem Lager interniert, in dem es ebenfalls kaum Überlebenschancen gab.

Der beispiellose Genozid schockierte im Deutschen Reich alle, die bereit waren, sich den Fakten zu stellen und deren rassistische Rechtfertigung zurückzuweisen. Doch das waren nicht sehr viele. Das brutale Verhalten von ein paar Offizieren wurde untersucht, und sie wurden unehrenhaft entlassen. Viel mehr geschah nicht. Nach einigem bürokratischem Hin und Her gelang es Reichskanzler von Bülow, den Kaiser zu überzeugen, dass er Trotha nach Deutschland zurückbeordern müsse. Für die Afrikaner kam dies zu spät, und der General musste sich nicht einmal vor Gericht verantworten. Man bemühte sich stattdessen intensiv, die Affäre herunterzuspielen. Aber Anfang 1907 spitzte sich die Situation in Südwestafrika erneut zu, diesmal im Kampf gegen den Stamm der Nama. Die Angelegenheit führte zu hitzigen Debatten im Parlament, vor allem weil der verlängerte Krieg ein zusätzliches Budget erforderte, was von den Sozialdemokraten und dem katholischen Zentrum vehement abgelehnt wurde. Schließlich musste der Reichstag aufgelöst werden, und es wurden Neuwahlen, die sogenannten

Hottentottenwahlen, angesetzt. Der chauvinistische Ton des Wahlkampfs war nicht zu überhören. Der Antisemitismus war wieder sehr präsent im öffentlichen Leben – immer im Verbund mit einem Konglomerat von Rassismus, Sozialdarwinismus und fanatischem Nationalismus. Die verschiedenen antisemitischen Splitterparteien, die sich zuvor im Hintergrund gehalten hatten, gewannen zehn zusätzliche Reichstagssitze. Was bereits in den neunziger Jahren mit dem Flottenverein und der pangermanischen Bewegung begonnen hatte, führte nun zu nationalistischer Inbrunst und einem Kreuzzug für den Imperialismus.

Geschichtsbücher betonen oft, dass Grausamkeit und grenzenlose Gewalt keineswegs nur bei deutschen Kolonialisten dokumentiert seien. Andere imperialistische Nationen wie Briten, Franzosen und Belgier seien ebenfalls rücksichtslos und rassistisch motiviert gegen die ansässige Bevölkerung vorgegangen. Das ist sicher richtig, und doch lohnt es sich, Deutschland hier genauer zu betrachten. Militarismus gepaart mit Nationalismus war hier bereits einige Jahrzehnte vor dem Ersten Weltkrieg laut und deutlich in der Öffentlichkeit zu vernehmen. Rassismus und antijüdische Propaganda waren im ganzen Land verbreitet. Auch wenn man keine direkte Verbindung zwischen dem Rassismus in Afrika und späteren Ereignissen in Deutschland herstellen kann, bleibt doch festzuhalten, dass von dem aufgeklärten Nationalismus, den die Juden in ihrem Bemühen, sich in Deutschland zu assimilieren, so sehr begrüßt hatten, nicht mehr viel übrig geblieben war. Das Versprechen einer humanen, toleranten Gesellschaft, die sich auf die humanistische Tradition beruft, blieb unerfüllt. Wie Stefan Zweig neigten die meisten Juden jedoch dazu, die Anzeichen der Gefahr zu ignorieren. Für die jüdische Minderheit blieb das Kaiserreich ein gelobtes Land – trotz der düsteren Vorzeichen.

V.

Ein außergewöhnlicher deutscher Jude kommentierte die Ereignisse in den afrikanischen Kolonien mit großer Sorgfalt. Im Juli 1907, mitten in der aufgeheizten politischen Kontroverse, begleitete Walther Rathenau, inzwischen ein erfolgreicher Industrieller und Finanzmagnat, den leitenden Staatssekretär der Kolonialabteilung Bernhard Dernburg auf einer Reise in die deutschen Kolonien in Afrika. Zurückgekehrt verfasste er zwei ausführliche Berichte, die sowohl an den Kaiser als auch den Kanzler gerichtet waren. Im ersten beschrieb er die Situation in Ostafrika und versicherte: «Alles in allem verlangt aber die Aufgabe der Kolonisation Eigenschaften, die der Deutsche im reichem Maße besitzt.» Sein Kommentar jedoch, dass er den Respekt lieber «durch eine vorbildliche Führung der Europäer bestärkt» sähe als durch brutale Gewaltanwendung, wies auf seine spätere Kritik voraus.[21] Als er dann sah, was in Deutsch-Südwestafrika geschah, wurde er deutlicher. Der Umgang mit den Hereros, stellte Rathenau fest, sei «die größte Atrozität, die jemals durch deutsche Waffenpolitik hervorgerufen wurde». Ein Vergleich mit der britischen Politik in Südafrika werfe ein negatives Licht auf Deutschland. Außerdem widerspreche es den wahren Interessen des Deutschen Reiches. Doch Rathenau fiel schnell wieder in die übliche Rhetorik seiner Zeit zurück: «Durch das deutsche Blut, das auf seinen Feldern vergossen wurde, ist es ein Stück unserer Heimat geworden, und deutsches Land muß intangibel sein.»[22]

Diese vorsichtige Formulierung blieb folgenlos. Sowohl Reichskanzler von Bülow als auch der Kaiser lasen anscheinend Rathenaus zweiten Bericht und übergingen ihn. Er hatte keine Konsequenzen. Rathenaus Erwartung, man werde ihm danken oder ihn gar für seine Dienste auszeichnen, erfüllten sich nicht. Kritik, selbst patriotische, war zweifellos unerwünscht. Und Rathenau war keineswegs repräsentativ für die deutschen Juden. Er war zu wohlhabend, zu prominent und zu exzentrisch. Trotzdem war seine Haltung in diesem Fall in gewisser Weise nicht untypisch – weder für deutsche Juden noch für viele andere Bürger im Deutschen Kaiserreich. Rathenau war zwar entsetzt über die Gräueltaten in Afrika, glaubte aber, eine milde Mahnung werde ausreichen. Nicht einmal ein verhältnismäßig einflussreicher Mann wie er, mit vielfachen persönlichen Kontakten zu den höchsten Kreisen des preußischen Beamtenapparats, war in der Lage, der nationalistischen, imperialistischen, rassistisch motivierten Weltanschauung entgegenzutreten, die sich in Deutschland zunehmend ausbreitete. Die Gräueltaten konnte man nicht mehr ignorieren, aber genauso wenig konnte man sie scharf kritisieren. Die Mehrheit der Juden erkannte genauso wenig wie er, oder *wollte* nicht erkennen, dass dies womöglich auch für sie selbst zur Gefahr werden könnte. Es war ohne Frage nicht mehr so leicht, an den Werten festzuhalten, für die sie immer eingestanden hatten.

Es gab andere Anzeichen dafür, dass Gefahr drohte. 1912 veröffentlichte Heinrich Claß, der Vorsitzende des Alldeutschen Verbands, in seinem Buch *Wenn ich der Kaiser wär'* ein voll ausgearbeitetes politisches Programm, das auf einer «germanischen» Weltanschauung aufbaute. Claß war bekannt für seinen Antisemitismus, doch sein ideologisches Arsenal beschränkte sich nicht darauf. Er hatte zu einer ganzen Reihe von Themen sehr entschiedene Ansichten. Das Buch hatte sensationellen Erfolg und wurde weithin gelesen. Als der Erste Weltkrieg begann, waren mehr als 25 000 Exemplare verkauft, eine beachtliche Auflage. Claß entwickelte hier eine kritische Abhandlung zur deutschen Außenpolitik. Er lehnte das Konzept eines «saturierten Deutschland», das keine weiteren Gebietsansprüche in Europa oder Übersee stellte, und den Wert eines «gerechten Friedens» ab. Damit werde Deutschland dazu gebracht, sich in der internationalen Arena mit der Position des Unterlegenen abzufinden. Er verlangte stattdessen die

Expansion im Osten und den Erwerb von zusätzlichen Kolonien in Übersee, rief zu einem Krieg der «nationalen Verjüngung» auf und trat für einen neuen Typ von Sozialgesetzen ein, die die industrielle Modernisierung aufhalten sollten. Claß kam es vor allem darauf an, die «rassische Durchmischung» zu beenden, die für die «deutsche Seele» eine ernsthafte Gefahr darstelle. Judenhass passte nur allzu gut in diese ideologische Mixtur. Wiewohl nicht immer explizit, konnte man ihn doch leicht zwischen den Zeilen lesen. Der von Claß geleitete Alldeutsche Verband predigte militanten Nationalismus, imperialistische Expansion, Rassismus, Antisozialismus, Militarismus und unterstützte den autoritären Staat. Bald begann die antislawische, mit Hetzreden gegen die Polen verbundene Propaganda. Hinzu kamen immer wieder Parolen voller Abscheu und Ressentiments gegen Juden.[23] Das Buch stellte einen Höhepunkt der nationalistischen Kampagne der Rechten dar, doch sein Geist war bereits zuvor und auch viel später noch spürbar. Trotzdem fiel die Propaganda des Alldeutschen Verbands mit seiner Hetze noch nicht so sehr auf. Man konnte sie immer noch ignorieren und auf die Gesetzestreue des Reiches vertrauen, da man sich ja im Gefühl politischer Gleichberechtigung und kulturellen Erfolgs sonnte.

Jenseits der Grenzen des Reiches, in einer Atmosphäre extremer nationaler und ethnischer Zerrissenheit, begannen allerdings manche Juden doch ihr Vertrauen zu verlieren. Das Jahr 1904, für die Hereros das grauenhafteste, war das Jahr, in dem Theodor Herzl starb. Zehn Jahre zuvor hatte er, nach der Dreyfus-Affäre und unter dem Eindruck des Antisemitismus in seiner Heimatstadt Wien, mit dem Zionismus eine Ideologie für eine jüdische Nationalbewegung entworfen. Mit der Unterstützung vor allem durch die osteuropäischen und ostmitteleuropäischen Juden gelang ihm der Aufbau einer internationalen Bewegung. Mit Blick auf Österreich-Ungarn kam Herzl zu der Erkenntnis, dass Assimilation ein hoffnungsloses Unterfangen war. Die Juden müssten, so meinte er, wie die Angehörigen anderer Nationen, die in der Doppelmonarchie lebten, nach dem Vorbild des deutschen Nationalismus eine eigene Nation bilden.

Für Herzl selbst stand sicher die alte liberale Tradition im Zentrum, doch manche Mitstreiter der Bewegung schlossen sich dem aggressiveren, eher rechten Flügel des Nationalismus an. Ungeachtet dieser internen Kontroverse waren die österreichischen und mehr noch die osteuropäischen Juden daran interessiert, die unterschiedlichen Optionen, die Juden hatten – von der vollen Assimilation bis zur Bildung einer eigenen Nation –, abzuwägen. Arthur Schnitzler, der in der kulturellen Elite Wiens ebenso aktiv war wie Herzl, behandelt in seinem Roman *Der Weg ins Freie* diese Fragen in allen Einzelheiten. Nördlich der österreichischen Grenze beschäftigte sie jedoch nur eine kleine Minderheit. Im zweiten Jahrzehnt des zwanzigsten Jahrhunderts begegneten Juden dem neuen Antisemitismus im Kaiserrreich vor allem mit Apathie. Als Moritz Goldstein im März 1912 in der nationalkonservativen Zeitschrift *Der Kunstwart* den Aufsatz «Deutsch-jüdischer Parnass» veröffentlichte, war jedoch die gesamte jüdische Welt eine Zeit lang aufgeschreckt. Goldstein schien einige antisemitische Behauptungen zu akzeptieren und stellte die Logik der Assimilation und ihren vermeintlichen Erfolg infrage. Aber Goldstein war eine Ausnahme, und selbst unter Zionisten war er eine Art Enfant terrible. Im bürgerlichen Umfeld, in dem die Mehrheit der Juden lebte, war die antijüdische Stimmung nicht so offensichtlich. Man musste vielleicht einräumen, dass unter Konservativen jeder Art, unter Adligen und in der Mittelschicht, die die Moderne ablehnten, selbst unter einigen rechten Liberalen, der völkische Nationalismus in Verbindung mit dem Antisemitismus stärker wurde. Aber offensichtlich war es immer noch möglich, ihn zu ignorieren und den positiven Trends der Modernisierung zu vertrauen, sogar der Demokratisierung, die gleichfalls in Sichtweite und zu jener Zeit einflussreicher schien.

Was für Juden galt, galt umso mehr für Nichtjuden. Wer nicht selbst dem aggressiven Nationalismus verfallen war, nahm die Bedrohung durch Rassismus und Antisemitismus nicht sehr ernst. In der Regel weigerten sich auch viele Christen, der Gefahr ins Gesicht zu sehen. Die Sozialdemokraten waren zweifellos wachsamer, weil sie selbst ständig Ziel der Propaganda der Rechten waren, gerade die jüdischen Parteimitglieder achteten auf Anzeichen von Gefahr. Aber für das Bürgertum als Ganzes, Christen und Juden, Mehrheit und Minderheit, war das Leben in Deutschland zu angenehm, zu vielversprechend und zu ermutigend, um besorgt zu sein. Deutschland war mittlerweile eine wissenschaftliche Macht, ein kulturelles und akademisches Zentrum von Weltruhm. Neue Kunstformen blühten auf. Die Moderne war weiterhin erfolgversprechend. Es war eine Epoche der großen Errungenschaften und zugleich einer realitätsfernen Selbstzufriedenheit.

8. Im Krieg vereint und getrennt

I.

Im Sommer 1914, kurz vor Kriegsausbruch, war die bürgerliche Selbstzufriedenheit in Deutschland besonders auffällig. Trotz der wachsenden Spannungen zwischen den europäischen Großmächten und der durch verschiedene Allianzen und Gegenbündnisse verursachten Unsicherheit genoss das Bürgertum wie gewohnt die Sommerferien. Ende Juli 1914, einen Monat nach der Ermordung des österreichisch-ungarischen Thronfolgers Franz Ferdinand, sahen die meisten noch keinen Grund zur Sorge. «Am 1. August 1914», schrieb Sebastian Haffner in seinen posthum veröffentlichten Memoiren, «hatten wir gerade noch beschlossen, das Ganze nicht ernstzunehmen und in unserer Sommerfrische zu bleiben.»[24] Einen Tag zuvor veröffentlichte Walther Rathenau, ein bestens informierter Mann mit außergewöhnlichen politischen Kontakten und allerhand politischer Erfahrung, einen Kommentar im *Berliner Tageblatt*, in dem er unbekümmert feststellte: «Eine Frage, wie etwa die, ob österreichische Kommissare bei den serbischen Umtriebsermittlungen mitzuwirken haben, ist kein Anlaß für einen Völkerkrieg.»[25] Das war zweifellos richtig. Und doch erwies es sich bald als falsch. Am 4. August befand sich Deutschland im Krieg gegen Russland, Frankreich und Großbritannien. Der Erste Weltkrieg hatte begonnen.

Wenige Tage zuvor, am 31. Juli, war Jean Jaurès, ein Mitgründer der französischen Sozialistischen Partei und Präsident der französischen Sektion der internationalen Arbeiterbewegung SFIO, in Paris ermordet worden. Unmittelbar danach rief Staatspräsident Raymond Poincaré, der bislang Nachrichten über die serbische Affäre mit großem Gleichmut hingenommen hatte, das französische Volk auf, zusammenzurücken und in Vorbereitung auf den Kampf um die Verteidigung des Vaterlands die so sehr erhoffte nationale «Union sacrée» zu verwirklichen. Gemeinsames Handeln sei nun vonnöten, alle vorherigen innenpolitischen Streitigkeiten müssten beiseitegelegt werden. Die Stimmung in Berlin war sogar noch zuversichtlicher – falls sie überhaupt vergleichbar war. Hunderttausende jubelten auf der Straße Unter den Linden dem Kaiser zu. Wilhelm II. gelobte feierlich, «keine Parteien und auch keine Konfessionen mehr» zu kennen, Einheit im Inneren sei für den gemeinsamen Kampf gegen die Feinde von außen erforderlich. Oft wird erzählt, dieser «Rausch des Gefühls», wie der Autor und Politiker Ernst Toller es nannte, habe die gesamte Öffentlichkeit erfasst. Tageszeitungen berichteten, innerhalb weniger Tage hätten sich weit mehr als eine Million Männer freiwillig zum Dienst an der Waffe verpflichtet. Berühmte Namen von Dichtern, Schriftstellern, Wissenschaftlern und Künstlern wurden genannt. So bestand der neoromantische Dichter Richard Dehmel darauf, eingezogen zu werden, obwohl er schon über fünfzig und vorher nie Soldat gewesen war. Hermann Hesse meldete sich ebenfalls freiwillig, wurde jedoch umgehend ausgemustert, und auch Rainer Maria Rilke, später erklärter Pazifist, durchlebte zunächst dionysische Höhenflüge. Der Soziologe Georg Simmel, der Kunstkritiker Friedrich Gundolf, beide jüdischer Herkunft, und der Maler Franz Marc, der anderthalb Jahre später fiel, reagierten ebenfalls enthusiastisch.

Auch Bevölkerungsgruppen, die nicht zur Bildungselite gehörten, waren begeistert. Es gibt unzählige patriotische Lieder, die in diesen Tagen geschrieben und gesungen wurden, und Feldpostbriefe, die anfangs noch von patriotischem Pathos durchglüht waren. Das allgemeine, auch von diesen Briefen ausstrahlende Gefühl war, dass man «eine neue Ordnung» der Welt erlebe. So hieß es in einem Brief: «Aber wenn es je eine Gerechtigkeit und göttliche

Fügung in der Geschichte gab, dann muß der Sieg unser sein, früher oder später.»[26] Nach jahrelangen internen Streitereien und Kämpfen in nahezu allen innen- und außenpolitischen Angelegenheiten verspürte man plötzlich Erleichterung. Viele glaubten, die nationale Einheit sei endlich erreicht und der Sieg werde bald gelingen.

Aber es gab auch Menschen, die einen kühlen Kopf bewahrten, und sie waren zahlreicher, als man früher annahm. «Die meisten Menschen in Europa haben den Krieg keineswegs mit Begeisterung erwartet und begrüßt», schreibt der Historiker Oliver Janz als Fazit der neueren Forschung zu diesem Thema.[27] In Deutschland und auch andernorts konnte ein breit gefächertes Spektrum an öffentlichen Reaktionen auf den Kriegsausbruch dokumentiert werden. Es reicht vom patriotischen Enthusiasmus über Indifferenz, Resignation und Furcht bis hin zu deutlicher Opposition. Nirgends in Europa gingen laut Janz so viele Menschen auf die Straßen, um *gegen* den Krieg zu protestieren, wie in Deutschland. Am 28. Juli nahmen zwischen 100 000 und 200 000 Personen an einer Demonstration in Berlin teil, vermutlich genauso viele oder gar mehr als jene, die sich ein paar Tage darauf Unter den Linden und in vielen anderen Städten versammelten, um den Kriegsbeginn zu feiern. Die in der Presse zirkulierenden Zahlen der angeblich rekrutierten Freiwilligen waren, wie man heute weiß, stark übertrieben. Am Ende des Jahres berichtete das Militär von über 300 000 Freiwilligen – nicht weniger, aber auch nicht mehr.

Bis zu diesem Punkt hatte die sonst eher verantwortungslos agierende Reichsregierung sogar versucht, den internationalen Konkurrenzkampf in Grenzen zu halten, um eine militärische Auseinandersetzung zu vermeiden. Wie wir gesehen haben, hatte Bismarck zunächst einen offensiven Imperialismus abgelehnt und erst allmählich, langsam und zögernd seine Haltung geändert. Sein Nachfolger Leo von Caprivi, Reichskanzler von 1890 bis 1894, suchte ein neues Bündnis mit den Liberalen. Er war weltoffener, und die Atmosphäre während seiner Amtszeit war deutlich weniger kriegslüstern als zu Bismarcks Zeit. Selbst das Parlament schien zu seinem Recht zu kommen. Während der Kanzlerschaft von Chlodwig zu Hohenlohe-Schillingsfürst schlug das Pendel wieder zurück, und die Regierung investierte unter dem Druck der Junkeraristokratie mit erheblichem Aufwand in den Aufbau einer groß angelegten Handels- und Kriegsflotte, womit eine Konfrontation mit Großbritannien vorprogrammiert war. Unter Bernhard von Bülow, Reichskanzler von 1900 bis 1909, und durch die unselige Intervention des Kaisers in außenpolitischen Fragen verwickelte sich Deutschland hoffnungslos in imperiale Auseinandersetzungen, nun vor allem mit Frankreich wegen Marokko. 1914 führten militärische Selbstüberschätzung und die Hoffnung, Deutschland werde doch noch einen «Platz an der Sonne» bekommen, dazu, dass die Armee der unvermeidlichen Niederlage entgegenmarschierte.

Viele Juden, die mehr oder weniger assimiliert waren, liberal oder orthodox, und in dem Bewusstsein lebten, ein untrennbarer Teil des deutschen Bürgertums zu sein, ließen sich wie ihre nichtjüdischen Mitbürger von der nationalistischen Euphorie mitreißen. Vor allem die kaiserliche Zusicherung eines «Burgfriedens» befeuerte ihre Phantasie. Obwohl sich von diesem Angebot vor allem die Arbeiterklasse angesprochen fühlen sollte, die bis zum Krieg aus der nationalen Gemeinschaft faktisch ausgeschlossen war, glaubten die Juden überall in Deutschland, sie seien ebenfalls gemeint. Endlich sollte diese warme brüderliche Umarmung auch ihnen gelten. Man rief sie auf, gemeinsam mit den anderen in diesen heroischen Krieg zu ziehen.

Arnold Tänzer, der Rabbiner der Göttinger jüdischen Gemeinde, der sich freiwillig zum Dienst als Militärrabbiner meldete, beschrieb in seinen Lebenserinnerungen den Rausch, den er bei seiner plötzlichen Einberufung zur Verteidigung des geliebten Vaterlands verspürte, das von bösen Feinden angegriffen worden sei, die es vernichten wollten.[28] Den populären «Haßgesang gegen England», der in allen Zeitungen abgedruckt wurde und in allen Klassenzimmern zum Unterrichtsstoff gehörte, hatte der jüdische Schriftsteller Ernst Lissauer verfasst. Am Ende nahmen 17 Prozent aller deutschen Juden als Soldaten am Krieg teil – kaum weniger als die 18,5 Prozent aller nichtjüdischen Deutschen. Mehr als drei Viertel von ihnen gingen an die Front, mehr als 10 Prozent der jüdischen Kriegsteilnehmer fielen. Da Juden zuvor selten beim Militär gewesen waren, ist es bis heute schwer, einen aussagekräftigen Vergleich anzustellen, der ihren Anteil an militärischen Kampfhandlungen darstellen könnte. An ihrem Patriotismus und ihrer Bereitschaft, ja ihrem Willen, ihr Leben zu riskieren, kann jedoch kein Zweifel bestehen.

Wie im Fall des Proletariats, das trotz der proklamierten internationalen Solidarität auf beiden Seiten der Front kämpfte, spielte die Tatsache, dass Juden gegen französische, russische oder andere osteuropäische Juden kämpften, in ihrer eigenen Einschätzung der Situation eine erstaunlich geringe Rolle. Solange sich der Kampf vorrangig gegen den von allen verabscheuten Feind, das Zarenreich, zu richten schien, konnte man den Krieg sogar als Unterstützung für die unterdrückten Glaubensgenossen im Osten interpretieren. Einige deutsche und österreichische jüdische Organisationen versuchten, ihre Glaubensbrüder davon zu überzeugen, sie müssten gegen die herannahenden russischen Truppen kämpfen, um die bisher erlittene Diskriminierung und die gewaltsamen, blutigen Pogrome der jüngsten Vergangenheit zu rächen. Manche Zionisten erhofften sich als Belohnung Hilfe für jüdische Siedlungen in Palästina. Doch nach den ersten Rückschlägen im Herbst 1914 fanden diese Aktivitäten ein Ende. Besondere jüdische «Kriegsziele» wurden nicht mehr proklamiert, auch wenn der «Geist von 1914» noch weit verbreitet schien.

Zu Beginn des Kriegs schlossen sich viele jüdische oder von

Juden herausgegebene Zeitungen der patriotischen Begeisterung an. Jüdische Vereine verkündeten ihre Treue zum Vaterland, und zahlreiche öffentlich bekannte jüdische Persönlichkeiten setzten ihre ganze Kraft für den Sieg ein. Zu ihnen gehörte auch Walther Rathenau. Da er zu Kriegsbeginn mit siebenundvierzig Jahren zu alt für die Armee war, bot er nach wenigen Tagen in aller Eile dem Reichskanzler Theobald von Bethmann Hollweg seine Dienste an. Schon bald erarbeitete er Pläne für den Import kriegswichtiger Rohstoffe und für deren Produktion im Inland. Erstaunlicherweise fehlte dem Militär für diesen kritischen Bereich ein Plan, und so ernannte der preußische Kriegsminister General Erich von Falkenhayn nach kurzen Beratungen Rathenau zum Chef der Kriegsrohstoffabteilung (KRA). In den acht Monaten seiner Arbeit in dieser Funktion erwies sich Rathenau als unentbehrlich, obwohl ihm manche Industrielle – frühere Freunde und bisweilen nahe Mitarbeiter – sein aggressives Eingreifen in die Wirtschaft verübelten. Jedenfalls deutete seine Akzeptanz in den Korridoren der Macht an, dass sich die Ernennungspolitik der Behörden von nun an änderte, obwohl man sich nicht durchgängig wohlwollend oder begeistert zeigte. Bald wurden auch andere einflussreiche Juden für wichtige Posten rekrutiert. Der Reeder Albert Ballin organisierte gemeinsam mit einigen Kollegen aus der zwangsläufig stillgelegten HAPAG, der Hamburg-Amerikanischen Packetfahrt-Actien-Gesellschaft, in Hamburg die sogenannte Zentraleinkaufsgesellschaft. Der ebenfalls aus der Hansestadt stammende Jurist und Bankier Carl Melchior wurde Anfang 1915 beauftragt, mit Rumänien und der Ukraine über Getreidelieferungen zu verhandeln. Der Wirtschaftswissenschaftler Julius Hirsch leitete die Behörde für Preiskontrolle, und der Unternehmer Eduard Arnhold wurde Chef des Amts für Kohlebeschaffung. Die regulären Beamten und Bürokraten waren vielleicht nicht immer mit diesen Neuankömmlingen einverstanden, aber sie wurden nun dringend gebraucht und erwiesen sich als unentbehrlich für die Kriegswirtschaft.

Zumindest anfangs waren sogar einige Antisemiten bereit, jüdischen Patriotismus anzuerkennen. Houston Stewart Chamberlain räumte ein, Juden «tun ihre Pflicht als Deutsche vor dem Feind und daheim»,[29] und Karl Iro, ehemals Mitglied der antisemitischen österreichischen Alldeutschen Vereinigung, stellte fest, jeder Jude, der an der Front stehe, habe «sich das Recht, einer von uns zu sein, erkämpft».[30] In den ersten Kriegsmonaten tat die Regierung in Berlin das ihre, um die Fiktion der Brüderlichkeit aufrechtzuerhalten, und zensierte offen antisemitische Publikationen, so dass es im Großen und Ganzen so schien, als werde die Einheit wirklich gewahrt. Doch dies war nur von kurzer Dauer.

II.

Aus der Perspektive der preußischen Führung galt in der Ära des Kaiserreichs über lange Zeit die Idee einer *deutschen* nationalen Einheit als unangemessen oder sogar gefährlich. Friedrich Meinecke lieferte in seinem Werk *Weltbürgertum und Nationalstaat* (1908) wohlüberlegte Begründungen dafür. Im zweiten, weniger oft gelesenen und seltener kommentierten Teil arbeitete Meinecke die inneren Spannungen im Reich heraus, vor allem jene zwischen Preußen und den anderen Bundesstaaten. Die seit Langem bestehende Kluft zwischen einem nationalen Ideal, das auf einer gemeinsamen Vergangenheit und einer besonderen Kultur basierte, typisch für die Teile des Reiches, die nicht preußisch waren, und dem zentralistischen, militaristischen Nationalismus Preußens wird hier deutlich. Obwohl Meinecke Bismarck bewunderte, erkannte er, und das war seine wichtigste Leistung, dass das Kaiserreich ein instabiler, problembehafteter Staat war. Bis zum Kriegsausbruch 1914 seien «Preußen und Deutschland» – so formulierte er es – immer noch weit entfernt davon gewesen, eine Einheit zu bilden. In den ersten Tagen des Deutschen Reiches fühlten sich linke

Liberale und, zugegebenermaßen nur wenige, deutsche Demokraten von seiner autokratischen Grundstruktur abgestoßen. Das föderale System schien ihnen abträglich für die Einheit, und die Existenz einer großen katholischen Minderheit verschärfte Konflikte im Inneren. In diesem merkwürdigen Staat – weder war es ein einheitlicher Nationalstaat wie Frankreich oder England noch ein multinationales Imperium wie Österreich-Ungarn oder Russland – war nicht einmal der Nationalismus ein einheitsstiftender Faktor.

Natürlich war im Kaiserreich der Riss zwischen Bürgertum und Arbeiterklasse der tiefste und bedeutendste. Bismarck hatte alle organisierten Arbeiter zu «vaterlandslosen Gesellen» und zur akuten und gefährlichen Bedrohung im Innern erklärt. Die Mitglieder der Sozialdemokratischen Partei blieben selbst dann noch Parias im Reichstag, als sie nach der Wahl von 1912 die größte Fraktion bildeten. Die Industriearbeiter und andere erwerbstätige Arme, die *laboring poor*, die sie gewählt hatten, lebten in ihrem eigenen, separaten Milieu. Sie hatten eigene Zeitschriften und Zeitungen, Vereine und Interessenorganisationen, Chöre und Theatergruppen. Es war eine Subkultur, die neben der hegemonialen bürgerlichen Kultur existierte und wohl funktionierte. Außerdem gab es in diesem Staat den Konflikt zwischen Katholiken und Protestanten. Nicht nur Juden, sondern auch die große Minderheit der Polen, selbst gut integrierte, fühlten sich oft als Außenseiter. Im frühen zwanzigsten Jahrhundert verursachte der Kampf um die Gleichberechtigung der Frauen eine zusätzliche Spaltung dieser von Männern beherrschten Gesellschaft.

Zerrissenheit im Innern gab es natürlich nicht nur in Deutschland. George Dangerfields Beschreibung der tiefen Spaltung und des drohenden Bruchs der britischen Gesellschaft im Zeitalter Edwards VII. in seinem Buch *The Strange Death of Liberal England* ist ein Klassiker. Auch Frankreich war zur Zeit der Dreyfus-Affäre, zwischen 1894 und 1906, nicht gerade ein Vorbild an Harmonie. Doch konnten diese beiden Nationalstaaten stolz auf eine lange

Nationalgeschichte zurückblicken, während sich die Vergangenheit des Deutschen Kaiserreichs nicht so einfach in ein einheitsstiftendes Narrativ ummünzen ließ. Dieser Staat war durch eine Reihe von Kriegen und durch Bismarcks geschickte Politik, die sich gegen althergebrachte Traditionen durchsetzen musste, konstruiert worden. Bestenfalls konnte man darin einen vorübergehenden Kompromiss mit allerhand Verbesserungsbedarf sehen.

Die verschärfte nationale Rhetorik seit August 1914 zielte darauf ab, dem Krieg Sinn und Bedeutung zu verleihen, das deutsche Nationalgefühl neu zu definieren, das Wesen des Deutschseins in modernen Zeiten zu schärfen und so die lang ersehnte innere Einheit herzustellen. Die Rhetorik sollte die Einzigartigkeit des Nationalstaats Deutschland erfahrbar machen und seine hochfliegenden Ideale ins rechte Licht rücken. So erlebte die Generation von 1914 zum ersten Mal das Gefühl, wenn auch nur im Angesicht des Feindes, ein gemeinsames Ziel zu haben: das «Deutschtum» zu festigen und die Nation zu vollenden.[31]

Das Jahr 1914 bringe eine «nationale Erhebung» mit sich, stellte Friedrich Meinecke fest. Er hat seine ganze Autorität auf diese These gesetzt. Es sei die vierte «Erhebung» seit dem frühen neunzehnten Jahrhundert. Die erste sei der Krieg gegen Napoleon für die Befreiung Deutschlands gewesen, die zweite die Revolution von 1848, die dritte habe sich während der Einigungskriege zwischen 1864 und 1871 ereignet, und die vierte vollziehe sich nun infolge des «Großen Kriegs». Endlich kämpfe man gegen die arrogante französische Republik, gegen die materialistischen, selbstsüchtigen Engländer und gegen das tyrannische, rückständige Russland. Der Krieg, fügten andere Intellektuelle hinzu, habe sich in der deutschen Geschichte seit jeher als konsolidierende Kraft erwiesen, indem er zu neuer Solidarität führe, Kämpfe im Innern abschwäche und die Einheit fördere. Es gab skeptischere Menschen, beispielsweise den Berliner Juristen Otto von Gierke, der am 18. September 1914 in einer Vorlesung über «Krieg und Kultur» seine Zuhörer daran erinnerte, dass nach den Freiheitskriegen 1813 die Kämpfe im Innern nur noch erbitterter wurden und die Kriege, die zur Einigung von 1871 führten, ebenfalls wenig zur Förderung der Solidarität beigetragen hatten. Doch auch er hoffte, dieser Krieg könne «uns alle heilen» und Deutschland endlich in die Lage versetzen, sich nicht nur eine hoch achtbare Vergangenheit, sondern auch eine hoffnungsfrohe Zukunft zu sichern.[32]

All dies war jedoch leichter gesagt als getan. Sobald sich die Armee im festgefahrenen Grabenkrieg wiederfand, wurde offensichtlich, dass keiner, vor allem keiner der handelnden politischen Akteure in Deutschland, eine klare Zielvorstellung oder einen präzisen politischen Plan hatte. Sie konnten sich auch nicht über die konkreten Kriegsziele einig werden. Unter diesen Umständen war es schwer, Einigkeit zu wahren, geschweige denn sie zu stärken. Mitte 1916 befand sich die Gesellschaft in Deutschland im Belagerungszustand. Die Verluste an der Front wurden immer höher, immer mehr Soldaten waren physisch und psychisch erschöpft, und diese Erschöpfung schien sich auf andere zu übertragen. Die Spannungen zwischen Soldaten und Offizieren und die Anzahl der Deserteure nahmen zu, und an der Heimatfront standen die Dinge nicht besser. Die Bevölkerung litt, weil Nahrungsmittel und Kohle zur Mangelware wurden. Plünderungen von Warenhäusern und Geschäften nahmen zu. Während des sogenannten Steckrübenwinters von 1916/17, auf dem Höhepunkt der Unruhen, endete auch der Stillstand im Arbeitskampf. Die Streiks erreichten ungeahnte Ausmaße. In einer Atmosphäre des Klassenkampfes wuchsen die Spannungen sogar *innerhalb* der Mittelschicht. Diese machten sich zunehmend zwischen Stadt und Land und zwischen den verschiedenen Regionen bemerkbar, wobei im Westen und Süden antipreußische Gefühle wieder hochkamen. All dies waren Zeichen der inneren Spaltung und der Tatsache, dass ein nationales Gemeinschaftsgefühl trotz allem noch fehlte. Symptomatisch dafür war die Wiederkehr des Antisemitismus.

III.

Man hätte das Wiedererstarken des Antisemitismus schon früher, spätestens seit dem Sommer 1915, erkennen können. Im August kam es aufgrund von Beschwerden darüber, dass angeblich zu viele Juden Posten in den explosionsartig zunehmenden kriegswichtigen Institutionen bekommen hätten, zu einer Debatte im Reichstag. Im Dezember schritt die Militärzensur gegen ein Pamphlet von Hans von Liebig ein, Mitglied im pangermanischen Alldeutschen Verband. Liebig bezeichnete darin Bethmann Hollweg als «Kanzler des deutschen Judentums». Die Kontroverse über Kriegsziele war für ihn ein «Kampf zwischen der deutschen Judenheit und den teutonischen Deutschen».[33] Aber die Zensur konnte den Lauf der Dinge nicht aufhalten. Der Alldeutsche Verband trieb sein Unwesen im Deutschen Reich und ging mit seinem bis dato noch unter Kontrolle gehaltenen Antisemitismus in die Offensive. In der Armee kehrte man ab 1915 wieder zu der Gewohnheit zurück, Juden nicht in das Offizierskorps aufsteigen zu lassen, während Gerüchte über Juden, die sich dem Dienst an militärisch gefährlicheren Posten entzögen, die Atmosphäre vergifteten.

Zu Kriegsbeginn ignorierte der 1912 gegründete Reichshammerbund alle Solidaritätsappelle und drängte seine Mitglieder, «Material» über jüdisches Verhalten an und hinter der Front zu sammeln. Jüdische Organisationen gründeten daraufhin ihrerseits einen «Ausschuss für Kriegsstatistik», der diese Anschuldigungen mit statistischen Daten widerlegen sollte. Um die Zensur zu umgehen, konzentrierten sich antisemitische Zeitungen auf Angriffe gegen Juden im Ausland. Man verallgemeinerte Einzelfälle von angeblich antideutschen Ansichten der Juden in Deutschland und nicht nur im Ausland. Gleichzeitig lieferten die Kämpfe an der Ostfront den Antisemiten die Gelegenheit, vor jüdischen Flüchtlingen zu warnen und an die Behörden zu appellieren, sie müssten die Grenze für alle «Ostjuden» schließen. Diese, so behaupteten sie, drohten das Reich «wie ein Heuschreckenschwarm» zu überfallen, es komme eine Horde von «6 Millionen minderwertiger, vermongolisierter Menschen».[34]

Der Burgfrieden wurde also eindeutig von der radikalen Rechten und den sie flankierenden antijüdischen Verbänden gebrochen. Alfred Roth, Theodor Fritsch, Freiherr von Gebsattel und andere Antisemiten wurden nicht müde, den Kaiser, den Kanzler und alle leitenden Regierungsmitglieder, Politiker und Abgeordneten vor der vermeintlichen jüdischen Gefahr zu warnen. Sie waren diejenigen, die mit der Radikalisierung ihrer eigenen Anhänger begannen, um dann die Regierung zu bedrohen und gegen sie zu hetzen. Sie verschärften die Konflikte im Innern und forderten sodann die Errichtung einer Militärdiktatur, um diese Konflikte zu unterdrücken.

Anfang Oktober 1916 verlangte Matthias Erzberger, Vorsitzender der katholischen Zentrumspartei und *nicht* als Antisemit bekannt, in seiner Funktion als Mitglied der Budgetkommission des Reichstags «eine eingehende Übersicht über das gesamte Personal aller Kriegsgesellschaften (...) und zwar nach Geschlecht, militärpflichtigem Alter, Bezügen und Konfession».[35] Er rechtfertigte seine Anfrage mit den Gerüchten über unverhältnismäßig viele Juden in den «Kriegsgesellschaften» und über ihre angebliche «Drückebergerei» vor dem Dienst an der Front. Eine ganze Phalanx wichtiger Politiker beteiligte sich an der nun folgenden Debatte. Man erstellte schließlich die geforderte Liste, allerdings ohne die Information über die Konfession. Die Erleichterung war von kurzer Dauer. Nicht viel später, am 11. Oktober 1916, konnte die antijüdische Lobby einen viel eindeutigeren Erfolg verzeichnen. Sie brachte das preußische Kriegsministerium dazu, eine «Judenzählung» ins Werk zu setzen, eine amtliche Statistik zum Anteil der Juden an allen Soldaten im Krieg.

Dies führte bei den Juden zu großer Irritation. Man betrachtete diese Maßnahme als Zeichen grober Diskriminierung, die nicht in eine Zeit der Gleichberechtigung und Emanzipation passte. Vor allem jüdische Soldaten empfanden ihre «Zählung» als verletzend. Anfangs versuchten einige, die Statistik als unbeabsichtigten Fehlgriff zu interpretieren oder als ehrlichen Versuch, die antijüdischen Behauptungen zu widerlegen. Doch derartige Rationalisierungen wurden nur selten ernst genommen, stattdessen wurde diese Affäre als bedeutsamer Wendepunkt verstanden. Julius Marx, ein jüdischer Sanitätsleutnant aus München, der während des ganzen Kriegs Tagebuch führte, schrieb schon im Oktober 1914 über antisemitische Tendenzen unter den kämpfenden Kameraden. Zwei Jahre später konstatierte er nur noch sarkastisch, «ich wunderte mich, daß die Leute dem ‹Gezählten› nicht den Gehorsam verweigerten».[36] Ernst Simon, der später ein berühmter jüdischer Denker und Pädagoge werden sollte, schrieb in seinen Memoiren: «Der Traum von Gemeinsamkeit war dahin, mit einem furchtbaren Schlage tat sich vor uns zum andern Male die tiefe, nie verschwundene Kluft auf …» Er sah hier den letzten Beweis dafür, «daß wir fremd waren, daß wir daneben standen, besonders rubriziert und gezählt, aufgeschrieben und behandelt werden mußten».[37]

Es war schwer, die wachsende antisemitische Stimmung im Land zu ignorieren. «Je mehr Juden in diesem Kriege fallen, desto nachhaltiger werden ihre Gegner beweisen, daß sie alle hinter der Front gesessen haben, um Kriegswucher zu treiben», schrieb Rathenau in einem seiner depressiven Momente seinem antisemitischen Freund Wilhelm Schwaner. Er selbst zog es vor, die «Judenzählung» nicht weiter zu beachten, doch er war sich sicher: «Der Haß wird sich verdoppeln und verdreifachen …», davon müsse man unter den gegebenen Umständen ausgehen.[38] Mit Antisemiten zu diskutieren sei sinnlos, schrieb er ganz abgeklärt. Doch auch für ihn muss es schmerzhaft gewesen sein.

Der Antisemitismus vergällte vielen Juden das Leben, aber im weiteren Verlauf des Kriegs wurden andere Probleme drängender. Im Winter und Frühjahr 1917 war die politische Führung Deutschlands schließlich gezwungen, sich zu entscheiden zwischen einem weitreichenden Reformprogramm, das sowohl zur Demokratisierung als auch zu einem Frieden ohne Gebietsgewinne führte, und der weiteren Loyalität zu Monarchie und Militärautokratie. Die Wahl wurde allen Deutschen zu einem Problem, die der alten Ordnung so lange und so sehr verbunden waren. Während Rathenau typischerweise an diesem Punkt zauderte, schien Albert Ballin klarer und selbstbewusster zu sein.

Ballin kam 1857 als jüngstes von acht Geschwistern zur Welt. Seine Eltern kamen aus einer angesehenen Familie von Rabbinern.[39] Im Alter von siebzehn Jahren trat er in die Firma seines Vaters ein, eine Auswandereragentur für Schiffspassagen nach England und Nordamerika für meist jüdische Emigranten. Etwas später arbeitete er für die HAPAG. 1899 wurde er deren Generaldirektor und trug entscheidend dazu bei, dass sie zur weltgrößten Reederei der Passagierschifffahrt wurde – zweifellos eine glänzende Karriere. Als der Krieg begann, hatte der Reedermagnat exzellente politische Kontakte. In England kannte er den Premierminister und den Außenminister, in Deutschland den Kaiser, der jedes Jahr in seiner eleganten Villa in der Nähe von Hamburg, heute im Stadtteil Rotherbaum, zu Gast war, sowie den Reichskanzler Bethmann Hollweg, mit dem er gut befreundet war. Eine ganze Reihe höchster Regierungsbeamter wäre darüber hinaus noch zu nennen: Gottlieb von Jagow vom Auswärtigen Amt und dort später auch Arthur Zimmermann; Karl Helfferich, seit Oktober 1917 Staatssekretär im Reichsamt des Innern; Parlamentarier wie Gustav Stresemann und einflussreiche Journalisten wie Maximilian Harden. Ballin korrespondierte mit diesen Persönlichkeiten, wenn er sich in Hamburg aufhielt, und traf sich häufig mit ihnen in Berlin. Er nahm an zahlreichen informellen politischen Beratungen teil und übernahm auf Anweisung der Regierung mehr oder weniger formelle diplomatische Aufgaben. Dieser einflussreiche «Kaiser-Jude» war ein fester Bestandteil der autokratischen Ordnung des Reichs, loyal bis ins Mark.

Die zentrale Streitfrage der politischen Entscheidungsträger in Deutschland war 1916 und mehr noch Anfang 1917, ob man einen uneingeschränkten U-Boot-Krieg führen solle. Als das britische Passagierschiff Lusitania am 7. Mai 1915 von der kaiserlichen Marine vor der irischen Südküste versenkt wurde und dabei 1198 Menschen starben, darunter 128 US-Amerikaner, war klar, dass der U-Boot-Krieg den Krieg gegen Großbritannien verschärfen und das Risiko des Kriegseintritts der USA auf der Seite der Alliierten erhöhen musste. Ballin war daran interessiert, den Krieg gegen England in Grenzen zu halten, was angesichts seiner Geschäftsinteressen nicht überrascht. Trotzdem meinte er, ein aggressiver U-Boot-Krieg sei gerechtfertigt, sogar um den Preis derartiger menschlicher Katastrophen. 1916 und 1917 änderte Ballin mehrfach seine Meinung. Mal vertrat er die Ansicht, die Zukunft der deutschen Wirtschaft liege im Handel mit dem Westen, diese Beziehungen dürften deshalb nicht irreparabel beschädigt werden, und mal akzeptierte er, seinen eigenen Interessen zum Trotz, die Argumentation, die Pattsituation zu Lande rechtfertige eine Verschärfung des Seekriegs. Als später das von Amerikanern und Briten organisierte Konvoi-System diese Strategie immer gefährlicher machte und 1918 offensichtlich wurde, dass Deutschland den Krieg nicht gewinnen konnte und die Revolution nahte, fiel Ballin in eine tiefe Depression. An einen Freund schrieb er, die Revolutionen seien in ganz Europa nicht aufzuhalten. «Es wird aber keine Freude mehr sein, in dieser neuen Welt zu leben.»[40]

Unmittelbar darauf überwand Ballin seine Lähmung, traf sich noch einmal mit dem Kaiser und versuchte ein letztes Mal, ihn davon zu überzeugen, dass er auf Frieden dringen müsse. Als dies scheiterte, fuhr er nach Hamburg, zurück zu seinen Pflichten, und traf sich wie gewöhnlich, so schien es, mit seinen Kollegen und Mitarbeitern in den Büros der HAPAG. Selbst die bevorstehende Abdankung des Kaisers und die Erfahrung der beginnenden Revolution versetzten ihn nach Aussage von Zeugenberichten nicht in Unruhe. Doch am 9. November, dem historischen Tag der Revolution, blieb er zu Hause, nahm eine Überdosis Schlaftabletten und starb noch am selben Tag in einer Privatklinik der Stadt. Für ihn kam der Tod zur rechten Zeit. Wie das Deutschland, dem er so verbunden war, das er so heiß liebte und dem er so treu ergeben war, war auch er in eine tödliche Sackgasse geraten.

IV.

Ballin war ein Einzelfall, doch auch Rathenau, der zwar der Macht nie so nah gekommen war wie der mächtige Reeder, aber ebenfalls kein typischer Jude seiner Zeit war, befand sich in einer Art Schockzustand. Ende September 1918 sprach er sich öffentlich und ohne ersichtlichen Grund gegen Ludendorffs Angebot einer bedingungslosen Kapitulation aus, änderte dann jedoch schnell seine Meinung und bot für die Demobilisierung und die drohende Gefahr eines ökonomischen Zusammenbruchs seinen Rat an. Im Dezember 1918 schien Rathenau die Orientierung ganz verloren zu haben. Einen seiner «offenen Briefe» schloss er, vielleicht ein wenig theatralisch, doch sichtlich sehr deprimiert, mit den Worten: «mein Leben ist vollbracht; für mich erhoffe und fürchte ich nichts mehr, mein Land bedarf meiner nicht, ich denke seinen Untergang nicht lange zu überleben.»[41] Menschen wie Ballin und Rathenau, die der «Welt von gestern» so eng und tief verbunden waren, sahen einer düsteren Zukunft entgegen.

Doch die Mehrheit der deutschen Juden konnte angesichts der Wende der Ereignisse sicher Hoffnung schöpfen. Die meisten unterstützten zumindest seit Mitte 1916 die Opposition. Die Zivilbevölkerung war gespalten: zwischen Hardlinern einerseits und denen, die durch deutsche Zugeständnisse das Ende der Kämpfe und auch grundsätzliche Reformen im Innern erreichen wollten, andererseits. Gefordert wurde diese Linie von den Sozialisten, den meisten Liberalen und der Mehrheit des katholischen Zentrums. Juden waren im Grunde genommen immer in diesem Lager gewesen, sowohl als Einzelne als auch mit ihren Organisationen und Publikationen. Schon vor dem Kaiserreich waren sie Anhänger der liberalen Parteien gewesen, und seit 1890 schlossen sich viele der Sozialdemokratie an. Da die politische Rechte, einschließlich der Konservativen und der verschiedenen Splitterparteien an ihrem Rand, häufig offen antisemitisch war und selbst einige Nationalliberale den Alldeutschen ziemlich nahe gekommen waren, glaubten die meisten Juden, eigentlich keine Wahl zu haben. Insgesamt tendierten sie zur Linken, und da sie mehrheitlich zur Mittelschicht, vor allem zur unteren Mittelschicht, gehörten, blieben sie durchweg bei den Liberalen oder beim moderaten Flügel der Sozialisten.

Im Krieg schlossen sich die meisten Juden denjenigen an, die das Kriegsziel von Annexionen im Osten und Westen ablehnten und die sich von den Befürwortern des uneingeschränkten U-Boot-Kriegs vorsichtig distanzierten, für einen Verständigungsfrieden mit der Zahlung von Reparationen einstanden und gleichzeitig für die Reform des preußischen Dreiklassenwahlrechts und für die Demokratisierung Deutschlands insgesamt eintraten. Die gebildeten Juden in Berlin abonnierten nicht nur überregionale und manchmal auch lokale jüdische Zeitungen, sondern lasen beispielsweise auch das liberale *Berliner Tageblatt* oder die moderatere *Vossische Zeitung*. Im Süden war es die *Frankfurter Zeitung*, einige lasen auch Maximilian Hardens *Zukunft*. Das war im Großen und Ganzen die Grundhaltung ihrer politischen Einstellung. Sie waren damit ein recht kleiner Teil eines fortschrittlichen Blocks der bürgerlichen Politik jener Zeit.

Der Historiker Jacob Toury hat gezeigt, dass unter den aktiven Funktionären der Sozialdemokratie von Beginn an viele Juden waren. Während der späteren radikaleren Phase der Sozialdemokratie waren vermutlich nicht sehr viele Juden unter ihren regelmäßigen Wählern, aber deren Anzahl wuchs während des Kriegs beträchtlich. Als es 1917 zur Spaltung der SPD kam und die USPD, die Unabhängige Sozialdemokratische Partei Deutschlands, gegründet wurde, hatten Juden in beiden Parteien Führungspositionen inne, auch beim linksradikalen Spartakusbund. Zwar waren die bürgerlichen Juden keine ausgesprochenen Revolutionäre, doch viele erhofften weitreichende Reformen des politischen Systems. Als Deutschland zusammenbrach, gehörten sie zu denjenigen, die ihre Hoffnung auf die Weimarer Republik richteten, um alsbald einen dauerhaften Friedensvertrag, einen Rechtsstaat und ihre Gleichberechtigung zu erreichen.

Während also ein bedeutender Teil der Nation sich voller Energie dafür einsetzte, die Folgen des verlorenen Krieges zu überwinden, trauerte der andere Teil der vergangenen Größe Deutschlands nach. Die wenigen Juden unter diesen waren verwirrt und verzweifelt. Einige der ressentimentgeladenen Nichtjuden fanden es nützlich, angesichts der Niederlage eine alte Taktik anzuwenden: Sie schoben die ganze Schuld auf die Juden.

Der Hamburger Historiker Werner Jochmann hat 1971 die «Ausbreitung des Antisemitismus» während des Ersten Weltkriegs im Einzelnen dargestellt.[42] Auf der Grundlage von Dokumenten und Lebenserinnerungen beschrieb er die antisemitischen Anschuldigungen des Offizierskorps und der Militärverwaltung, wies deren Lügen nach und widerlegte ihre Unterstellungen. Bemerkenswert ist, dass man als Jude den Antisemitismus vor dem Krieg noch als «lästig, ... aber keineswegs gefährlich»[43] betrachten konnte, um den führenden Zionisten Richard Lichtheim zu zitieren. Während des Kriegs wurde Antisemitismus jedoch zu einer realen und sehr präsenten Gefahr. In den letzten Dekaden des neunzehnten und im frühen zwanzigsten Jahrhundert war er ein Werkzeug in den Händen der extremen Rechten, ein kultureller Code – nützlich, aber nicht zentral. Womöglich spielte er diese Rolle noch im Ersten Weltkrieg, doch gegen Ende des Kriegs und unmittelbar danach erodierte diese Funktion.

Saul Friedländer hat dazu geschrieben: «Das Wiederaufleben des Antisemitismus in Deutschland fiel zusammen mit dem Ende der Hoffnung auf einen schnellen Sieg der Mittelmächte, mit den ersten durch die Entente-Blockade verursachten wirtschaftlichen Schwierigkeiten und ganz allgemein mit dem Ende der nationalen Solidarität.»[44] Die Juden wurden für diejenigen zum Sündenbock, die ihre Treue zur herrschenden Macht aufrechterhalten wollten und sich weigerten, die wahren Gründe für die militärische Niederlage und den damit einhergehenden politischen Zusammenbruch zu erkennen. Man konnte nicht nur Juden, aber ganz sicher auch Juden, vielleicht besonders Juden für das ganze Elend die Schuld geben. Denn die Juden waren nun zu diesen «Verrätern» geworden, den sogenannten volksfremden Elementen. An diesem Punkt war der Antisemitismus nicht mehr Relikt alter Vorurteile, auch kein wiederauflebender, der Selbstdefinition dienender Hass, sondern nun wurden die Juden konkret für den demütigenden Zusammenbruch und das Ende des alten Regimes verantwortlich gemacht.

Während sich die Feindschaft zu Kriegsbeginn gegen einige wenige Juden richtete, denen man vorwarf, Wehrdienstverweigerer oder Kriegsgewinnler zu sein, konnte man ihnen im späteren Verlauf eine kollektive finstere Täterschaft unterstellen. Die entschiedensten Vertreter der Antikriegsfraktion, besonders in den Jahren 1917 und 1918, waren außer Karl Liebknecht vor allem Hugo Haase und Rosa Luxemburg, beide jüdischer Herkunft. Nach der Machtübernahme der Bolschewiki in Russland, wo Juden eine Reihe von wichtigen Posten innehatten, kam die USPD besonders unter Beschuss und damit auch einige prominente deutsche Juden wie Oskar Cohn und der in Russland geborene Adolf Joffe. Von nun an gehörte die angebliche Verschwörung von Bolschewisten und Juden zur antisemitischen Agenda. Sie lieferte die Erklärung für das, was einige einfach nicht akzeptieren konnten. Sie ermöglichte später den Rechten, Widerstand gegen die neue Republik zu leisten, insbesondere gegen die Münchner Räterepublik, gegen den Friedensvertrag und gegen das wiederaufgebaute Nachkriegsdeutschland.

Die Legende von einer «jüdischen Weltverschwörung» wurde nach dem Krieg zu einer der wichtigsten antisemitischen Waffen. Das Pamphlet *Protokolle der Weisen von Zion*, das 1921 in einer deutschen Übersetzung veröffentlicht wurde, untermauerte diese Legende. Ebenso zentral wurde die «Dolchstoßlegende», der zufolge Sozialdemokraten, Kommunisten und Juden durch die Revolution der eigenen Nation hinterrücks einen Dolchstoß versetzt und damit die Niederlage im Krieg verursacht hätten. All dies wurde nach dem Krieg besonders in München lautstark propagiert, wo 1918 im katholischen Bayern sogar drei Juden an der Spitze der «Roten Republik» standen: Ministerpräsident Kurt Eisner, der utopische Anarchist und Philosoph Gustav Landauer und der Dichter Erich Mühsam.[45] Schrittweise wurden diese Parolen in den ersten Tagen der Weimarer Republik zum politischen Werkzeug der Rechten gemacht. Die Gewalterfahrungen großer Teile der Bevölkerung während der Revolution kamen zum Schock der militärischen Niederlage hinzu, der durch Jahre der Falschinformation vom nahenden Sieg verschärft worden war und angesichts des offensichtlichen Bankrotts der alten Eliten noch schmerzlicher wurde. Am 10. Dezember 1918 begrüßte Friedrich Ebert am Brandenburger Tor die heimkehrenden Truppen mit den Worten: «Froh begrüßen wir euch in der Heimat (…) Kein Feind hat euch überwunden!»[46] Damit hatte der Vorsitzende der Sozialdemokraten, unabsichtlich, so scheint es, die Parole für eine Kampagne formuliert, die, angeführt von Paul von Hindenburg und Erich Ludendorff, dem Generalstab die Verantwortung für die Niederlage abnahm und sie der neuen revolutionären Regierung in die Schuhe schob, die angeblich von Juden kontrolliert wurde. Es dauerte nicht lange, da ließen noch halbwegs respektable Organisationen wie der pangermanische Alldeutsche Verband die letzten Anzeichen von Mäßigung fallen und konzentrierten sich darauf, eine radikale antijüdische Propaganda zu verbreiten. Sie hatten damals womöglich keine allzu große Gefolgschaft, doch sie arbeiteten hart daran, eine Ideologie zu konzipieren, die den zivilen und militärischen Ruhm des alten Regimes aufrechterhalten und allen Anhängern der Linken und vor allem den Juden die Schuld für das katastrophale Ende des Krieges zuweisen sollte.

So schwach die Rechte damals auch aussah, gelang es ihr doch, ein wirkmächtiges Instrumentarium zusammenzustellen, das man für die Delegitimierung der jungen Republik nutzen konnte, um deren fragile Autorität zu unterminieren und gleichzeitig den Juden die Schuld zuzuweisen. Der bekannte antijüdische Autor Hans Blüher resümierte die Situation: «Es ist aber bereits Ereignis geworden, daß jeder Deutsche es im Blute hat: Preußentum und Heroismus gehören zusammen, zusammen gehören Judentum und der Geist der Niederlage … Hier helfen keine ‹Beweise› dafür und dawider, und wenn hunderttausend deutsche Juden für das Vaterland gefallen wären. Der Deutsche wird bald wissen, daß der Kern aller politischen Fragen die Judenfrage ist.»[47] Trotz der großen Hoffnungen, die auf die Weimarer Republik gesetzt wurden, deutete all dies wieder auf zukünftige Gefahren hin.

9. Hoffnungen – erfüllt und zerstört

I.

Trotz der düsteren Vorzeichen nach dem Ersten Weltkrieg bewerteten viele Deutsche die neue Republik, die auf der Asche des Krieges und dem Wagnis der Revolution aufgebaut wurde, positiv. Zu ihnen gehörte auch die Mehrheit der deutschen Juden. Die Republik ermöglichte einen Neuanfang für alle. Aus der Perspektive der Juden, die nicht vergessen hatten, dass das Kaiserreich seine Versprechungen von jeher bestenfalls halb erfüllt hatte, weckte dieser Neuanfang, wieder einmal, große Erwartungen. In der Vergangenheit schienen die weiter bestehenden Diskriminierungen in Verbindung mit wiederholten Ausbrüchen von Antisemitismus ihre nach langen Kämpfen erreichte Emanzipation zu bedrohen. Nun sollte die Republik die alten Wunden heilen und die Hoffnungen erfüllen. Sie sollte die Aufnahme in die deutsche Gesellschaft und die Integration in Kultur und Politik vollenden. Erneut hatten die meisten Juden, wenn auch nur für kurze Zeit, doch mit besonderer Intensität, das Gefühl, angekommen zu sein.

Natürlich hatten nicht nur Juden dieses Gefühl. Die Weimarer Reichsverfassung gab allen Frauen dasselbe Wahlrecht wie Männern, nämlich ab dem zwanzigsten Lebensjahr, und schaffte die längst überfällige Ausgrenzung der Arbeiter ab – sowohl für die Klasse als Ganzes als auch für den Einzelnen. Die umfassende Liste sozialer Rechte kündete von einem neuen Zeitalter, dem Versprechen auf ein wahrhaft humanes Deutschland, das nun von einer demokratischen politischen Ordnung in höchster Vollendung gekrönt wurde. Der von dem jüdischen Politikwissenschaftler Hugo Preuss vorbereitete und im Sommer 1919 vom neu konstituierten

Reichstag verabschiedete Verfassungsentwurf bestärkte diese Hoffnungen trotz seiner nicht unerheblichen Schwächen. Die Hoffnungen, die sich auf die Siegermächte richteten, erfüllten sich jedoch nicht, denn sie boten Deutschland im Friedensvertrag keine besseren Bedingungen an. Und im Innern befriedete die Verfassung den rechten Flügel der nationalistischen Opposition *nicht*. Sie lieferte jedoch eine klare Zukunftsvision und stärkte eindeutig die pazifistischen, progressiven Kräfte, denen es nun trotz aller Widrigkeiten gelang, zusammenzufinden und sich gemeinsam für ein besseres, moderneres, egalitäres Deutschland einzusetzen.

Gewiss, die Startbedingungen für die Weimarer Republik waren extrem schwierig, und sie erwies sich bald als kurzlebig. Wäre nicht ebenso erwiesen, dass sie für künftige Entwicklungen prägend war, könnte man sie für eine unbedeutende Episode halten. Die ersten beiden Jahre der Republik waren durch eine gewaltsame Revolution verdüstert, und Anfang 1930 existierte sie im Grunde genommen schon nicht mehr. So reichte die Zeit kaum, um all die großen Pläne umzusetzen und die Reformen durchzuführen, auf die viele Menschen hofften. Als die revolutionären Unruhen gerade abgeebbt waren und bevor ein verlässliches Maß an Ordnung und Routine aufgebaut werden konnte, sahen sich die Deutschen von feindseligen Nachbarn umringt und mit einer Hyperinflation konfrontiert. Diese ökonomische Entwicklung trieb große Teile der Mittelschicht in den Ruin und ließ am Ende die gesamte Wirtschaft zusammenbrechen. Als die Inflationskrise unter Kontrolle gebracht war, galt es, sich der innenpolitischen Dauerkrise zuzuwenden. Sie äußerte sich in einer schnellen Abfolge wechselnder Koalitionen, die bald nicht mehr von der Sozialdemokratie, sondern von den geschwächten, vom katholischen Zentrum gestützten liberalen Parteien angeführt wurden. Es folgte eine Prosperitäts- und Stabilitätsphase von 1924 bis 1929. 1928 war die Große Koalition von SPD, Zentrum und den beiden liberalen Parteien, nämlich der Deutschen Demokratischen Partei und der Deutschen Volkspartei, unfähig, einen Kompromiss über die brennenden sozioökonomischen Probleme der Zeit zu erzielen, und zerbrach. Infolge der Weltwirtschaftskrise schien es nicht mehr möglich zu sein, eine funktionsfähige Koalition zu bilden. Im März 1930 entschied sich der hochbetagte Reichswehrgeneral Paul von Hindenburg, der 1925 zum Reichspräsidenten gewählt worden war, den berühmten – oder eher berüchtigten – Artikel 48 der Weimarer Verfassung anzuwenden, der ihm den Erlass von Notverordnungen ohne Zustimmung des Parlaments erlaubte. De facto ergriff Hindenburg damit die Macht über das zerrissene Land. Zunächst ernannte er den Zentrumspolitiker Heinrich Brüning zum Kanzler, dann verließ er sich für zwei kurze Intervalle auf die Manöver von Franz von Papen und den immer präsenten General Kurt von Schleicher. Am 30. Januar 1933 übergab er schließlich, trotz offensichtlicher Bedenken, den Posten des Reichskanzlers an Adolf Hitler.

Die Schwächen der Republik waren von Beginn an offensichtlich. Auf der Suche nach den Ursachen dafür wurde oft auf die Auswirkungen des Versailler Vertrags, die Reparationsleistungen und die fatale Verknüpfung des neuen Staats mit der vorangegangenen militärischen Niederlage hingewiesen, die sich in vielen Köpfen festgesetzt hatte. Auch die Sozialdemokratische Partei wurde kritisiert, weil sie in der frühen Phase der Republik dringend notwendige Reformen nicht umgesetzt habe und schon 1920 bei den Wahlen schlecht abschnitt. Große Bedeutung wurde der Spaltung der Linken in Sozialdemokraten und Kommunisten zugeschrieben, ganz zu schweigen von der Dauerkrise der liberalen bürgerlichen Parteien, der Gier der Industriellen und der Beharrlichkeit, mit der die immer noch zur Elite gehörenden adligen Grundeigentümer staatliche Entschädigungen für ihre schwächelnden landwirtschaftlichen Betriebe einforderten. Für den Zusammenbruch der Republik wurde schließlich der preußische Militarismus verantwortlich gemacht, der Mangel an demokratischer Tradition, die Schwäche des Liberalismus und vieles mehr.

Es ist offensichtlich, dass der katastrophale Zusammenbruch der vielversprechenden Republik nicht mit einer einzigen Ursache erklärt werden kann. Womöglich hat man in der Geschichtswissenschaft den Fehlern der Republik zu viel Beachtung geschenkt und ihre Verdienste zu wenig gewürdigt. Wenn man das Chaos und die politisch motivierte Gewalt von Anfang an bedenkt, waren diese Leistungen eindrucksvoll. Das gilt besonders für die Kultur in den sogenannten mittleren Jahren der Weimarer Republik. Aus der Perspektive der deutschen Geschichte nach 1945 scheinen die positiven Seiten der Republik sogar hervorzustechen. Im Vergleich mit den Ereignissen unter dem Regime der Nationalsozialisten kurz vor und während des Zweiten Weltkriegs könnten sogar einige ihrer negativen Seiten nachsichtiger beurteilt werden.[48]

Der Historiker Mark Jones konstatierte 2016, dass «Gewalt in den meisten historischen Arbeiten über die deutsche Revolution ein Nebenaspekt» sei.[49] Dabei war sie ein zentraler Aspekt der gesamten Weimarer Zeit. Nach ihrer Gründung war die Republik fast vier Jahre lang Schauplatz eines erbitterten Bürgerkriegs. Straßenkämpfe mit Toten waren keine Seltenheit. Sie kamen in Wellen: im Dezember 1918 und im Januar 1919 angeführt von Spartakisten, der radikalen, marxistischen Splittergruppe der Sozialdemokratie, im März 1919 hauptsächlich in Berlin und Sachsen und im April vor allem in München. Ein Jahr später, im März 1920, lief im Zusammenhang mit den ständigen Demonstrationen der Arbeiter, später als Reaktion auf den Kapp-Putsch, eine weitere Welle der Gewalt durch das Land. Kurz darauf stand im Ruhrgebiet in und um Münster die sogenannte Rote Ruhrarmee, mehr als 50 000 bewaffnete Arbeiter, in der Mehrheit Bergarbeiter, den rechten Freikorps und anderen Reichswehrtruppen gegenüber. Jeder dieser Zusammenstöße endete mit Hunderten von Toten. Nach einer kurzen Atempause wurde das Jahr 1923 wieder ein Jahr der Gewalt: zuerst als Reaktion auf die Besetzung des Ruhrgebiets durch Frankreich, dann in der Folge des gescheiterten Hitlerputsches am 8. und 9. November in München. Von Anfang an kam die Gewalt sowohl von den radikalen Linken als auch von den Rechten, wobei die beispiellose Brutalität der Regierungstruppen, die zur Wiederherstellung der Ordnung eingesetzt wurden, die Zahl der Toten erheblich erhöhte.

Im Oktober 1922 veröffentlichte der relativ unbekannte deutsch-jüdische Statistiker, linke Sozialist und Pazifist Emil Julius Gumbel ein Buch mit dem Titel *Vier Jahre politischer Mord*. Er hatte im Alleingang Nachforschungen zu Hunderten von politischen Morden angestellt und sich auf die Fälle konzentriert, in denen die exakten Namen und weitere Details zu Opfern und Tätern bekannt waren, im Gegensatz zu den zufälligen Toten bei Demonstrationen und Straßenkämpfen. Er fand heraus, dass die meisten Fälle nicht aufgeklärt wurden. Entweder kamen sie nie vor Gericht, oder die Anklagen wurden schnell niedergeschlagen. Sie endeten häufig in einem juristischen Fiasko.[50]

Die Zahlen sind niederschmetternd. Gumbel beginnt mit dem Spartakusaufstand im Januar 1919, in dessen Verlauf das Verlagsgebäude des *Vorwärts*, der Tageszeitung der SPD, in Berlin besetzt wurde. Das Gebäude wurde sofort von schwer bewaffneten Regierungseinheiten umstellt. Die Belagerten sandten sieben in der Öffentlichkeit bekannte unbewaffnete Männer hinaus, meist ehemalige Abgeordnete, um den Konflikt durch Verhandlungen zu beenden. Diese Vermittler wurden umgehend verhaftet, in eine Militärbaracke gebracht und am nächsten Morgen kurzerhand erschossen. Obwohl man die Männer, die sie erschossen hatten, leicht hätte identifizieren können und obwohl klar war, wer den Befehl zu dieser Exekution gegeben hatte, wurde niemand angeklagt und niemand bestraft.[51]

Wenige Tage später, am 15. Januar, wurden Karl Liebknecht und Rosa Luxemburg ermordet. In dieser Atmosphäre der Gewalt neigten selbst einige ihrer sozialistischen Weggefährten dazu, die Eigenverantwortung der Opfer hervorzuheben und den Tätern gegenüber Nachsicht walten zu lassen. Am Tag nach dem Mord erklärte der prominente SPD-Politiker Philipp Scheidemann: «Sie sind nun selbst Opfer ihrer eigenen blutigen Terrortaktik geworden.»[52] Obwohl die Rolle der Garde-Kavallerie Schützendivision (GKSD) in dieser Affäre ein offenes Geheimnis war, schauten die Behörden lieber weg. Nach dieser Affäre wurde allen klar, dass Gewalt als politisches Instrument eine Option war, die zwar nicht offen gebilligt, von den Behörden jedoch nicht weiter beachtet oder sogar stillschweigend akzeptiert und von ihnen selbst wiederholt angewandt wurde.

Die Liste des Schreckens ist lang. Gumbel berichtet von Spartakisten, die in den Wäldern bei Berlin erschossen wurden, weil sie angeblich versucht hatten, vor der Festnahme zu fliehen, und von Gefangenen, die man revolutionärer Aktionen verdächtigte, die im Gefängnis, willkürlich auf den Straßen Berlins oder bei verschiedenen Versammlungen erschossen wurden. Morde wie diese wurden auch andernorts verübt, im Rheinland, im Ruhrgebiet und vor allem in München. Die Angst vor revolutionärem Terror beziehungsweise vor dem «Bolschewismus», wie man es damals nannte, war weit verbreitet. Im Zuge der gewaltsamen Auflösung der bayerischen Räterepublik wurden nicht weniger als 160 Männer und einige Frauen standrechtlich erschossen. Brutale Morde begleiteten den Kapp-Putsch im März 1920, hauptsächlich, aber nicht ausschließlich in Berlin. Und so ging es in den folgenden beiden Jahren weiter. Gumbel hebt in seinem Bericht die Geschichte Einzelner hervor: Einer ist Mitglied des Stadtrats vom Bezirk Köpenick, ein anderer Tierarzt in einer kleinen Stadt in der Nähe von Erfurt oder Polizist aus Düsseldorf.

Am bekanntesten sind die Morde an berühmten Politikern:

Kurt Eisner, der erste Ministerpräsident des Freistaats Bayern, starb am 21. Februar 1919 durch ein Attentat, der Zentrumspolitiker Matthias Erzberger wurde am 26. August 1921 ermordet, Walther Rathenau, Außenminister des Deutschen Reiches, wurde am 24. Juni 1922 am helllichten Tag auf dem Weg von seiner Villa in Berlin-Grunewald zu den Büros in der Wilhelmstraße in seinem offenen Coupé erschossen.

Gewalt war in der Zeit nach dem Ersten Weltkrieg auch für andere europäische Gesellschaften kennzeichnend. 1975 befasste sich der Historiker Charles Maier mit der Tatsache, dass es auch in Frankreich und Italien Probleme bei der Stabilisierung der öffentlichen Ordnung gab. Der Historiker Andreas Wirsching hat die politische Gewalt in Paris und Berlin nach dem Krieg und das allgemeine Chaos in beiden Hauptstädten vergleichend betrachtet. Dabei kam er zu dem Ergebnis, dass die Angriffe auf das «System» von links wie von rechts in Deutschland weitaus gefährlicher waren als in Frankreich.[53] Zu Terror und Gewalt kam es auch in Österreich, Ungarn und anderen Ländern auf der Verliererseite des Krieges. Doch nach der extremen Brutalisierung an der Front, der endgültigen Kapitulation und einer Revolution, die die alten Institutionen zerstörte, wurde Deutschland, anders als andere europäische Länder, zu einem nahezu gesetzlosen, gewaltbereiten Land.

II.

Schon während der ersten Jahre nach dem Krieg verspürten viele Juden den ersten Schmerz einer weiteren Desillusionierung. Am Anfang hatten sie, wie auch andere Bürger der Mittelschicht, die ständigen gewaltsamen Unruhen um sie herum ignorieren können. So schien *ihr* Leben auf dem Höhepunkt der Revolution noch relativ ungestört, als das Leben in den ärmeren Bezirken der verschiedenen Städte in Deutschland nahezu zum Stillstand kam. In den bürgerlichen Wohnbezirken in Berlin, München, Frankfurt und Hamburg war es offenbar ruhig genug. «Jetzt hörte man zeitweise fast täglich schießen, aber man erfuhr keineswegs immer, was es bedeutete», schrieb Sebastian Haffner in seinen Lebenserinnerungen, und so muss es auch vielen Juden und Nichtjuden gegangen sein, die in bürgerlichen Gegenden wohnten.[54] Gershom Scholems Mutter erholte sich von vier schweren Kriegsjahren und machte sich in den Tagen des Spartakusaufstands auf den Weg, um einen neuen Teppich für ihr Esszimmer zu kaufen, wie sie ihrem Sohn in einem Brief berichtete.[55] Das Leben ging weiter. Außerdem gab es nun neue Möglichkeiten und Chancen für alle, so dass es leichter war, die Anzeichen der Gefahr zu übersehen.

Die öffentlichen Behörden und Institutionen, die den Juden im Kaiserreich verschlossen gewesen waren, standen ihnen nun offen. Jüdischen Akademikern war nun endlich eine Universitätskarriere möglich. Studentinnen und Studenten jüdischer Herkunft, einschließlich derjenigen, die aus dem Ausland kamen, strömten in die akademischen Institutionen. In allen großen Städten erwies sich, dass sehr viele der älteren, in freien Berufen arbeitenden Juden außerordentlich hohes Prestige genossen. Jüdische Journalisten, Kritiker und Essayisten, die schon im Kaiserreich bekannt waren, wurden in der Zeit der Weimarer Republik noch prominenter und einflussreicher. Trotz der vielen Krisen, die alle betrafen, und trotz des Antisemitismus, der die Juden betraf, wurden die zwanziger Jahre oft die «goldenen» genannt.

Sie waren vor allem eine Zeit außergewöhnlicher kultureller Kreativität. Die meisten Formen der Avantgarde hatten zwar schon vor dem Krieg eine Blütezeit erlebt, doch die freie Atmosphäre der mittleren Jahre der Republik bot ihnen noch bessere Entfaltungsmöglichkeiten. Die Juden, die sowohl begeisterte Konsumenten als auch herausragende Produzenten vieler dieser Trends waren, blühten mit ihnen auf. Überdies waren sie nun, im Unterschied zum

Kaiserreich, selbstbewusst genug, aus ihrem Jüdischsein in der Öffentlichkeit keinen Hehl zu machen. Nun gab es Veröffentlichungen über ihren Erfolg: Arnold Zweig schrieb über Juden im deutschsprachigen Theater, andere Autoren über Juden in der Medizin, in den Naturwissenschaften, in Musik und bildender Kunst. Der Publizist Gustav Krojanker machte 1922 diese neue Welle jüdischer kultureller Prominenz in einem Buch zum Thema, und Siegmund Kaznelson fasste all diese Entwicklungen 1933 in seinem Werk *Juden im deutschen Kulturbereich* zusammen, zu dem eine Reihe von ausgezeichneten Experten Beiträge leisteten. Es wurde 1934 publiziert und sofort von der Gestapo verboten und beschlagnahmt. 1959, im Jahr von Kaznelsons Tod, gelangte es in einer zweiten Auflage an die Öffentlichkeit.

Wissenschaftliche Leistungen von Juden zeigen sich an dem hohen prozentualen Anteil von Juden unter den deutschen Nobelpreisträgern vor der Nazizeit. Als die Nationalsozialisten an die Macht kamen, entließen sie, ihrer Rassenideologie folgend, 30 Prozent der akademischen Belegschaft in den Naturwissenschaften, mehr als 40 Prozent in den medizinischen Fakultäten und fast 50 Prozent der Mathematiker. In den Geisteswissenschaften waren zwar nicht so viele bemerkenswerte Juden vertreten, doch einige waren besonders herausragend. Anerkannte und erfolgreiche Historiker, Philosophen und Literaturkritiker, deren Karrieren vor der Gründung der Republik begonnen hatten und nach ihrem Untergang meist endeten, wären ebenfalls zu nennen. Es war zweifellos eine beeindruckende Schar. Da Frauen unter den Weimarer Berühmtheiten in Kultur, Politik und Gesellschaft ein Novum waren, sind ihre Geschichten besonders eindrucksvoll. Hier drei Beispiele:

Bertha Pappenheim ist repräsentativ für die ältere Generation.[56] Sie wurde 1859 in Wien geboren und später als Patientin von Josef Breuer und Sigmund Freud öffentlich bekannt, von denen sie wegen verschiedener Nervenleiden behandelt wurde. 1895 publizierten diese in ihren *Studien über Hysterie* eine Fallstudie mit dem Titel «Anna O.». Pappenheim wuchs in einem jüdisch-orthodoxen Umfeld auf. Doch wurde ihr Lebensstil liberaler, als sie von Wien nach Frankfurt übersiedelte und zweifach beruflich tätig wurde, in der Sozialarbeit und als engagierte Frauenrechtlerin. Bertha Pappenheim setzte sich für jüdische Frauen in Deutschland und in anderen Ländern ein und schrieb über sie. Sie übersetzte Mary Wollstonecrafts *Vindication of the Rights of Women* (1792) aus dem Englischen *(Eine Verteidigung der Rechte der Frau)* und Glikls Lebenserinnerungen aus dem späten siebzehnten Jahrhundert aus dem Jiddischen (*Die Memoiren der Glückel von Hameln,* 1910). Sie schrieb Erzählungen und verschiedene kurze Prosatexte, Gedichte und Theaterstücke.

Seit Anfang des zwanzigsten Jahrhunderts scheint Pappenheims soziale und politische Arbeit, zuerst im Jüdischen Frauenbund, später im BDF, dem Bund Deutscher Frauenvereine, zu ihrem Lebensmittelpunkt geworden zu sein. Wie andere Frauenrechtlerinnen ihrer Zeit versuchte sie, den Kampf für die Rechte der Frauen mit umfangreicher Sozialarbeit zu verbinden, wobei sie sich vor allem um Frauen und Kinder in Not kümmerte, gelegentlich auch um Mittellose ganz allgemein. Während der Weimarer Zeit konzentrierte sich Pappenheim auf den Kampf gegen den Frauenhandel unter Juden. Sie reiste nach Galizien, um die Ursachen dieses Menschenhandels zu untersuchen, veröffentlichte die Ergebnisse und koordinierte den Kampf dagegen. In Neu-Isenburg bei Frankfurt gründete sie ein Waisenhaus für jüdische Mädchen, in dem diese gesundheitlich betreut und unterrichtet wurden, ansatzweise sogar eine berufliche Ausbildung bekamen.

Durch ihre Aktivitäten kam Bertha Pappenheim wiederholt mit der Leitung der jüdischen Gemeinden in Konflikt, sowohl der orthodoxen als auch der liberalen. Das Establishment marginalisierte Frauen häufig immer noch und weigerte sich, sich mit feministischer Kritik, welcher Art auch immer, auseinanderzusetzen. Ihr Leben war ein Kampf gegen Konventionen und Ungerechtigkeit. Zugleich war und blieb sie eine deutsche Patriotin. Sie lehnte den Exodus der Juden aus Deutschland sogar dann noch ab, als deren Existenz in diesem Land faktisch unmöglich wurde. Sie erkannte zwar den wachsenden Antisemitismus in großen Teilen der Bevölkerung, besonders als die guten Jahre der Republik 1929 zu Ende gingen. Dennoch konnte sie sich nicht von den grundsätzlichen Assimilationsvorstellungen frei machen, die ein wesentlicher Bestandteil ihrer Erziehung und essenziell für das Leben in ihrem jüdischen Milieu waren. Sozusagen in letzter Minute, als im Herbst 1935 die Nürnberger Gesetze in Kraft traten, begann sie zögernd ihre Meinung zu ändern. Sie kooperierte nun mit der zionistischen Jugend-Alija und half, jüdische Kinder und Jugendliche in Sicherheit zu bringen, vor allem nach Palästina. Pappenheim verkörpert mit all dem in vollkommener Weise Hoffnung und Enttäuschung, die für ihre Generation so charakteristisch waren. Nach kurzer Krankheit verstarb Bertha Pappenheim am 28. Mai 1936. Wenige Tage vor ihrem Tod war sie noch von der Gestapo verhört worden.

Käte Frankenthal war dreißig Jahre jünger als Bertha Pappenheim.[57] Sie wuchs in einer wohlhabenden Familie in Kiel auf, erhielt eine gute Ausbildung und 1914 die Approbation als Ärztin. Sie war eine der ersten Medizinerinnen überhaupt, die in Deutschland praktizierten. Zwar gab es damals bereits andere jüdische Ärztinnen, doch als eine der ersten Militärärztinnen war sie doppelt einzigartig. Da das preußische Militär Frauen den Eintritt verwehrte, ging sie in den österreichischen Militärdienst, denn dort war man gegenüber Juden im Allgemeinen und während des Kriegs sogar gegenüber einigen Jüdinnen aufgeschlossener eingestellt.

Während der Kriegsjahre trat Käte Frankenthal der Sozialdemokratischen Partei bei, und nach dem Krieg verband sie, nun in Berlin lebend, ihre politischen Aktivitäten tatkräftig mit der medizinischen Praxis. Nach dem Tod ihrer Eltern brach sie alle Verbindungen zur jüdischen Gemeinde ab und widmete sich der sozialistischen Politik im linken Flügel der SPD. Für sie wie für viele vollkommen assimilierte Deutsche mit jüdischem Hintergrund hatte die Arbeit im Dienst der Republik Priorität vor allen anderen Anliegen.

Frankenthal arbeitete in der Berliner Stadtverordnetenversammlung in den Ressorts Gesundheit und Wohlfahrt. 1928 gab sie ihre Privatpraxis auf und war bis 1931 als Stadtärztin für den Arbeiterbezirk Neukölln tätig. In diesen Jahren setzte sie sich engagiert dafür ein, dass die gesetzlichen Verbote des Schwangerschaftsabbruchs und der Homosexualität zurückgenommen wurden, und erkämpfte die Einrichtung einer Institution für Eheberatung, in der Sexual- und Verhütungsberatung eingeschlossen waren. Gleichzeitig arbeitete sie sowohl für den *Bund Deutscher Ärztinnen* als auch für den *Verein sozialistischer Ärzte*. Sie führte ein aktives politisches Leben mit stark sozialistischem Engagement.

Ende 1931 trat Käte Frankenthal der *Sozialistischen Arbeiterpartei Deutschlands* (SAP) bei und kandidierte 1932 erfolglos in zwei Wahlen, erst für den Preußischen Landtag, dann für den Reichstag. Nach der Machtübernahme der Nationalsozialisten wurde sie als «national unzuverlässig» und «nichtarisch» aus dem öffentlichen Dienst entlassen. Im März 1933 verließ sie Deutschland. Sie erklärte, obwohl es keiner Erklärung bedurfte, sie passe in jede Kategorie, die die Nazis verabscheuten: «Jüdin, Sozialistin, Volksvertreter, emanzipiertes Weib … Ich hatte nichts mehr in Deutschland zu tun.»[58] Ihr Weg führte sie über Prag, Zürich und Paris nach New York, wo sie sich zur Psychoanalytikerin ausbilden ließ und ihren neuen Beruf bis ins hohe Alter erfolgreich ausübte. Und doch schien ihr dies nicht so vielversprechend und erfüllend zu sein wie ihr Engagement in der Politik und im öffentlichen Leben in Deutschland. Sie starb 1976 mit siebenundachtzig Jahren.

III.

Bevor die dritte Protagonistin porträtiert wird, die stellvertretend für die jüngere Generation deutscher Juden in der Weimarer Republik steht, sind hier ein paar Anmerkungen zur allgemeinen Situation während der letzten Jahre der Republik angebracht. Schon als Rathenau ermordet wurde, schien die Existenz der Republik akut in Gefahr zu sein. Doch die Dinge entwickelten sich nicht so, wie die Attentäter gehofft hatten. Der Historiker Martin Sabrow hat dargelegt, dass dieser Mord, wie auch das Attentat auf den führenden SPD-Politiker Philipp Scheidemann drei Wochen zuvor und die Ermordung des Vorsitzenden des katholischen Zentrums Matthias Erzberger zehn Monate zuvor, Teil einer ausgeklügelten Strategie war: In der deutschen Republik sollte Chaos entstehen, die Arbeiter sollten in wütendem Protest auf die Straße gehen, so dass man zur Wiederherstellung der Ordnung die Freikorps entsenden und eine «nationale Regierung», wie sie es nannten, einsetzen könnte, die gemäß ihrer politischen Agenda handeln würde.[59] Die Massen gingen in Berlin und an anderen Orten zwar tatsächlich auf die Straße, jedoch nicht, um gegen die Regierung zu demonstrieren, sondern zu Ehren ihres ermordeten Außenministers, der nun plötzlich zu ihrem Märtyrer geworden war. Mehr als eine halbe Million Menschen versammelten sich zu Rathenaus Beisetzung in Berlin, und auch in vielen anderen Städten kam es zu großen Ansammlungen Trauernder. Daraufhin verabschiedete die Regierung ein «Gesetz zum Schutze der Republik», das den chaotischen Zustand zumindest für eine Weile beendete. Bayern legte allerdings Widerspruch ein, so dass es dort nicht in Kraft trat und das Jahr 1923 hier ein Jahr fortdauernder Gewalt blieb.

Zwischen 1924 und 1929 schienen die Zentralregierung und die Regierungen der einzelnen Länder ihr Gewaltmonopol zurückgewonnen zu haben. Für kurze Zeit war Deutschland ein Magnet für die Kreativen der Welt. Die Mehrheit der Juden hatte das Gefühl, in einer Atmosphäre von Freiheit und Gleichheit zu leben. Meist konnten sie ihre Integration in die neue Republik genießen und sich dazugehörig fühlen. Auch in Österreich schienen sie ihre Bedeutung wiedererlangt zu haben und kamen, vor allem in Wien, zu einem gewissen Wohlstand. In vielen anderen Städten gab es zahlreiche oftmals hoch angesehene jüdische Rechtsanwälte und Ärzte. Trotzdem waren damals immer noch zwei Drittel der Juden im Einzelhandel tätig, und nur wenige hatten Spitzenpositionen in großen Firmen inne. In der Mehrheit waren sie kleine Ladeninhaber oder kleine bis mittlere Geschäftsleute. Die Stabilisierung der Mark im Jahr 1923 gab ihnen, wie der ganzen Bevölkerung, ein neues Sicherheitsgefühl, wieder eine Chance.

Aber die guten Jahre waren schnell vorbei. Nach dem unerwarteten Schock der Weltwirtschaftskrise von 1929 erschütterte eine zweite Welle politischer Instabilität die immer noch fragile Republik, die mit gewaltsamen Demonstrationen einherging: weniger blutig dieses Mal, doch am Ende, wie *wir* wissen, katastrophaler. Die politische Lage hatte sich deutlich geändert. Die Jahre der revolutionären Gewalt in der Nachkriegszeit waren durch Zusammenstöße zwischen Demonstrierenden, die manchmal friedlich, gelegentlich aber auch bewaffnet und kampfbereit waren, und den sogenannten Ordnungskräften gekennzeichnet. Nun, ab 1929, kam die Gewalt von beiden Seiten des politischen Spektrums aus der Zivilbevölkerung. Mittlerweile befand sich die deutsche Gesellschaft in einem bürgerkriegsähnlichen Zustand. Ganz rechts stand die SA, die die Nationalsozialisten als ihren «Selbstschutzverband» betrachteten, und auf der extremen Linken formierte sich der Rote Frontkämpferbund, der ebenso entschlossen und bewaffnet war. Die Mitte war gleichfalls mit organisierten paramilitärischen Formationen vertreten. Hier stand der nationalistische Stahlhelm, links von der Mitte das sozialdemokratische Reichsbanner Schwarz-Rot-

Gold. Es ist klar, dass die SA und die Phalanx der Kommunisten besser auf den Bürgerkrieg vorbereitet und gewaltbereiter waren. Die Atmosphäre wurde aber deshalb immer hitziger, weil die politische Auseinandersetzung mit täglichen Aufmärschen, Massendemonstrationen und blutigen Zusammenstößen nahezu ganz auf die Straße verlagert worden war. In den frühen dreißiger Jahren wurde dies für alle in der Weimarer Republik zum Alltag. Freilich war es in den bürgerlichen Stadtquartieren im Westen von Berlin oder den ruhigen Wohngebieten der Wohlhabenden und Gebildeten in Frankfurt, Hamburg und München weniger spürbar.[60]

Ende der zwanziger Jahre schnellten die Arbeitslosenzahlen in die Höhe, und der Sozialstaat, Weimars Stolz und bemerkenswerteste Leistung, brach unter dieser Last zusammen. Die Zeit spektakulärer Attentate war zwar vorüber, doch politisch motivierte Gewalt grassierte wieder, und persönliche Bedrohungen wurden zum alltäglichen Mittel der Einschüchterung. 1929, als Deutschland wenigstens die formale Fassade einer ordnungsgemäßen Demokratie noch aufrechterhielt, musste die Polizei bei 580 politischen Versammlungen eingreifen, die zu tumultartigen Schlägereien ausgeufert waren. Die erschreckende Eskalation der Gewalt entstand, weil deutlich mehr Aktionen von den Nationalsozialisten ausgingen als von den Kommunisten. Sie waren für Hunderte von Massenaufmärschen verantwortlich, die in Straßenkämpfe ausarteten und damit einen permanenten Bürgerkrieg erzeugten.

Man konnte sich bei Justiz und Militär darauf verlassen, dass sie irgendwie noch gegen die Linke vorgingen, doch gegenüber der Gefahr von rechts bewiesen sie Inkompetenz, Feigheit und fehlenden Willen. Die Gründe dafür waren vielschichtig, und sie wurden immer klarer, als der Zentrumspolitiker Heinrich Brüning Ende März 1930 zum Reichskanzler ernannt wurde. Während seines ersten Amtsjahrs schien ihm ein gewisses Maß an Aufruhr im Innern ein willkommener Vorwand zu sein, um die Reparationszahlungen an die Alliierten einzufrieren. Strikte Maßnahmen gegen den Aufruhr wurden vom Reichspräsidenten Hindenburg normalerweise kurzerhand abgeschmettert, der seinen Anhängern von den konservativen Rechten im Stahlhelm unbedingt freie Hand lassen wollte. Im März 1931 und nochmals im Juli und August desselben Jahres erließ Hindenburg jedoch Notverordnungen, so dass die Ordnungskräfte gegen die radikale Gewalt von links und rechts vorgehen konnten. Doch auch diese waren am Ende eingeschüchtert, und widersprüchliche Maßnahmen erzielten wenig Wirkung. Der Schatten der Nazis war bereits lang und bedrohlich. Die Republik lag in den letzten Zügen. Ihre längst geschlagenen Anhänger, unter ihnen viele Juden, begannen zu fliehen.

Unter diesen belastenden Umständen studierte Hannah Arendt Philosophie.[61] 1929 reichte sie ihre von Karl Jaspers betreute Dissertation über den Liebesbegriff bei Augustinus ein. Sie beabsichtigte, ihr Studium fortzusetzen und eine akademische Laufbahn einzuschlagen. Ihr Naturell war völlig anders als das von Bertha Pappenheim oder Käte Frankenthal. In jener Zeit war sie weder Feministin noch Aktivistin in der Politik oder in der Sozialarbeit. Wie die brillantesten Intellektuellen jener Zeit lebte sie eine Vita contemplativa. Während wir unsere Informationen über Bertha Pappenheim und Käte Frankthal vor allem deren autobiographischen Texten verdanken, ist über die Jüngste und Berühmteste dieses Trios sehr viel geschrieben worden.

Hannah Arendt wurde 1906 geboren und erlebte die Republik nur in deren Endphase als Erwachsene. Es ist erstaunlich, wie viel sie wahrgenommen hat und mit welcher Intensität sie in diesen Jahren gelebt hat. Die längsten Phasen ihrer frühen Jugend verbrachte sie in Königsberg, wo ihre Eltern und fast alle Verwandten beider Elternteile lange lebten. Sie gehörten zu einem lebendigen jüdischen Milieu politisch und sozial fortschrittlich eingestellter Männer und Frauen, die gut in die deutsche Gesellschaft integriert waren. Der Religion gegenüber war man zwar relativ indifferent, doch man pflegte Kontakte zur liberalen jüdischen Gemeinde. Als hochbegabte Schülerin begann Hannah Ahrendt bereits im Alter von siebzehn Jahren in Berlin mit dem Studium. Wie viele ihrer männlichen Glaubensgenossen der jüngeren Generation entschied sie sich nicht für die Welt der Sozialarbeit oder freier akademischer Berufe, sondern für die Geisteswissenschaften. Ab Mitte der zwanziger Jahre studierte sie Altphilologie, deutsche Literatur und vor allem Theologie und Philosophie in Marburg, Freiburg und schließlich in Heidelberg. Seit einiger Zeit findet ihre Beziehung zu Martin Heidegger viel Beachtung, den sie ihr Leben lang bewunderte und mit dem sie als Studentin eine kurze leidenschaftliche Affäre hatte.

Die Welt, die dieses exklusive intellektuelle Milieu umgab, war in Aufruhr. Der Antisemitismus machte sich zunehmend sowohl in der Öffentlichkeit als auch im Privatleben der Juden bemerkbar. Sie sahen sich gezwungen zu reagieren. Nach einigen Jahren, in denen eine ruhigere und angenehmere Atmosphäre ermutigend gewirkt hatte, tauchte um 1930 die bedrohliche antijüdische Propaganda wieder auf – in der Politik, in Kultur- und Sportvereinen, in Schulen und Universitäten, häufig in aggressiver Form auf der Straße. Die Nationalsozialisten, die sich vor der Krise von 1929 eher vorsichtig verhalten hatten, sahen sich nun ermutigt, ihre antisemitischen Attacken wieder aufzunehmen. Berichte über Geschehnisse, die Pogromen gleichkamen, gab es nicht nur aus verschiedenen kleinen Städten und Dörfern, sondern auch aus den besten Bezirken Berlins, ganz besonders allerdings aus dem Scheunenviertel, wo viele osteuropäische jüdische Flüchtlinge wohnten. Die Polizei versäumte es, Vorkommnisse dieser Art zu verhindern, wie auch sehr oft bei Angriffen auf Kommunisten und Sozialdemokraten.

Juden reagierten ganz unterschiedlich auf diese Situation. Als Beispiel wird oft die Familie Scholem in Berlin angeführt. Nur Gerhard, der später als Gershom bekannt wurde, der jüngste der vier Brüder, zeigte Interesse am Judentum. Sein Bruder Werner war von 1924 bis 1928 Reichstagsabgeordneter für die KPD. Erich Scholem war Mitglied der liberalen DDP, und Reinhold, der älteste Bruder, ein ausgewiesener Patriot, wählte aus dem rechten Spektrum die Deutsche Volkspartei. Trotz dieser Bandbreite lassen sich in der Weimarer Zeit zwei Tendenzen erkennen. Einige Juden engagierten sich in einer Art «jüdischen Renaissance», wie es Martin Buber vielleicht zugespitzt genannt hat, wie sie Franz Rosenzweig in seinem kurzen Leben personifizierte und mit seinem jüdischen Lehrhaus in Frankfurt praktizierte. Vielen, die wie er dem alten Glauben in zeitgemäßer Weise wieder gerecht werden wollten, gefiel das. Bücher zu jüdischen Themen erschienen, wurden wieder aufgelegt und gekauft. Neue wurden geschrieben und fanden ein interessiertes Publikum. Nach einem Jahrhundert, in dem Juden vor allem damit beschäftigt waren, deutsch zu werden, wurde es nun zunehmend reizvoll, sich mit der fast vergessenen jüdischen Identität auseinanderzusetzen. Die zweite Tendenz bestand darin, dass Juden als deutsche Staatsbürger entschiedene Anhänger der liberalen Demokratie waren, und das auch noch zu einer Zeit, in der andere Deutsche ihren Glauben an die bedrängte Republik bereits verloren hatten. Für einige Juden schlossen sich die beiden Tendenzen nicht aus.

1929 heiratete Hannah Arendt Günther Stern, der sich als Günther Anders in der Philosophie einen Namen machte. Sie suchte in dieser Zeit nach einem Thema für ihre zweite wissenschaftliche Arbeit, die Habilitation, und fühlte sich besonders zur deutschen Romantik hingezogen. Als sie zufällig die Gelegenheit hatte, Rahel Varnhagens hundert Jahre zuvor entstandenen Briefwechsel zu lesen, und sich mit dem erfolglosen Bemühen dieser unglücklichen Berliner Salonnière beschäftigte, ihr Jüdischsein loszuwerden, entschied sie sich, eine Biographie über Rahel Varnhagen zu schreiben.

Hannah Arendt erkannte, dass ihre Chancen, als Frau und Jüdin jemals Professorin zu werden, minimal waren. Sie war auf der Suche nach neuen Wegen, sich auf ihr Jüdischsein zu beziehen, und nahm Anfang 1933 Kontakt zu Kurt Blumenfeld auf, dem Präsidenten der Zionistischen Vereinigung für Deutschland (ZVfD), der zum Freundeskreis der Familie gehörte. Trotz der wachsenden Gefahr sammelte sie auf Anregung Blumenfelds Informationen über Antisemitismus in der deutschen Presse. Im Juli 1933 wurde sie von der Gestapo festgenommen, aber glücklicherweise nach kurzer Haft entlassen, gerade noch rechtzeitig, um aus Deutschland zu fliehen, bevor alles noch schrecklicher wurde. Das fertige Manuskript über Rahel Varnhagen – ein Stück Literatur und zugleich Geschichte, Biographie und Autobiographie – hatte sie bei sich, als sie das Land verließ. Über die Stationen Prag, Genua und Genf erreichte sie im Juli 1933 Paris. Damit endete ein Kapitel ihres Lebens und auch ein Kapitel der Geschichte des deutschen Judentums.

IV.

Antisemitismus war in der Zeit der Weimarer Republik nicht ungewöhnlich. Walther Rathenau wurde zweifellos aus verschiedenen Motiven ermordet. Die Tatsache, dass er Jude war, war nur eines davon. In der durch die Dolchstoßlegende aufgewiegelten Atmosphäre von Schuldzuweisungen erregten auch andere jüdische Politiker, meist jene, die mit den sozialistischen Parteien verbunden waren, immer wieder öffentliche Entrüstung. Wie bereits erwähnt, wurde Rosa Luxemburg, eine Führungsfigur des Spartakusbundes, am 15. Januar 1919 ermordet, Kurt Eisner am 21. Februar und Gustav Landauer am 2. Mai 1919, die beiden Letzteren in München. In diesem frühen Stadium der Republik verbreitete sich die antisemitische Propaganda im ganzen Land. Initiiert wurde sie von den Konservativen, finanziell unterstützt von Organisationen wie dem Alldeutschen Verband und dem Deutschen Schutz- und Trutzbund, die die Öffentlichkeit mit ihren vergifteten Publikationen überschwemmten. Dies wurde 1922 teilweise gestoppt, als die Alldeutschen gesetzlich verboten wurden. Abgesehen von den Veröffentlichungen dieser extremistischen Kreise zirkulierten beispielsweise die *Protokolle der Weisen von Zion* und ähnliche antisemitische Bestseller in erschreckend hohen Auflagenzahlen. Antijüdische Gräueltaten in ländlichen Gegenden waren nicht selten, sie waren jedoch in einigen Städten noch viel brutaler, ganz besonders da, wo viele osteuropäische jüdische Migranten wohnten. In Bayern, wo physische Angriffe auf einzelne Juden in der aufgeheizten Atmosphäre vor dem Hitlerputsch 1923 schon fast zum Alltag gehörten, führten sie unmittelbar danach zur Ausweisung der sogenannten Ostjuden aus dem Freistaat. Überall wurden Juden bedroht und einige tatsächlich von Naziputschisten am Abend ihres vermeintlichen Erfolgs eine Zeit lang als Geiseln festgehalten. Ähnliches ereignete sich im oberschlesischen Beuthen, in Oldenburg und Nürnberg. Die Justiz war in jenen Jahren dafür berüchtigt, auf dem rechten Auge blind zu sein, und war es ab 1929 umso mehr, als Unruhen und Gewalttätigkeit wieder aufflammten, nun unter der Führung der SA mit ihren ungezügelten rechten Schlägertrupps.

Damals konnte man alle diese Ereignisse als typisch für die allgemeine Gesetzlosigkeit der Weimarer Zeit in Deutschland, und nicht nur dort, verstehen. Den meisten Juden konnte dies, verglichen mit ihrem kometenhaften Erfolg und ihrer ununterbrochenen sozialen Mobilität, als unbedeutend erscheinen. Die Zionisten hingegen sahen sich in ihren pessimistischen Voraussagen bestätigt, und die zunehmenden antisemitischen Übergriffe motivierten sie umso mehr, sich von dem einst so sicheren Gefühl der Zugehörigkeit zu Deutschland zu verabschieden. Selbst die großen liberalen Organisationen des deutschen Judentums signalisierten, dass sie ihren uneingeschränkten und entschiedenen Patriotismus überdachten. Doch für die Mehrheit der deutschen Juden unterschied sich die Erfahrung dieser Jahre nicht wesentlich von der Ambivalenz, die fast ein Jahrhundert lang für ihre Situation in Deutschland charakteristisch war: einerseits voranschreitende Akkulturation und soziale Integration, andererseits offene Feindseligkeit, die gelegentlich sogar in körperlichen Angriffen eskalierte. Sie waren es gewohnt, nur unter Vorbehalt akzeptiert zu werden, ausgeschlossen zu sein oder nur mit Zögern eingelassen zu werden und zu erleben, dass ihnen jeder Erfolg geneidet wurde. Ebenso facettenreich wie der Neid waren auch Freundlichkeit und Wertschätzung gegenüber Juden. Die Weimarer Republik bot ein weiteres Kapitel dieses langen Zickzackkurses, und nur allmählich wurden die Anzeichen der Gefahr tatsächlich klarer und konkreter. Die Republik vollendete den formalen Prozess der Gleichberechtigung der Juden, und das war für sie zweifellos positiv. Doch besonders die späte Weimarer Zeit bereitete die Grundlagen für die kommenden bösen Zeiten. Zwar sollte man die Republik nicht nur aus der Perspektive ihres Endes beurteilen, doch die jüdische Perspektive unterstreicht, wie begrenzt der Blickwinkel wäre, wenn man ihr Ende vernachlässigte. Als Zeitgenossen konnten die Juden nicht wissen, was ihnen bevorstand. Die Biographien der drei Jüdinnen, die oben skizziert wurden, stehen für jene, die zum ersten Mal die Chancen, die die Republik bot, ergriffen. Bertha Pappenheim widmete sich der Sozialarbeit und der Literatur, Käte Frankenthal schloss sich mit großem Idealismus der Bewegung der Arbeiterklasse an, und Hannah Arendt stürzte sich in ein intellektuelles Abenteuer mit Gleichgesinnten, darunter keineswegs nur Juden oder Frauen, die für die gleichen Hoffnungen und gleichen Ziele brannten. Alle drei erlitten am Ende Schiffbruch. Zweifellos gab es viele Juden, die bis zum Ende optimistisch blieben, doch viele verspürten die Entfremdung, den tiefen und stetig wachsenden Abgrund zwischen ihnen und jenen, die sich beharrlich weigerten, sie zu akzeptieren. Es blieb den Nazis überlassen, den Optimismus gänzlich zu vernichten und den Lauf der Dinge in ein unvorstellbares Extrem zu wenden.

Vierter Teil

Eine verlorene Heimat

1930–2000

10. Der Abgrund

I.

Im Schicksal der Juden der Weimarer Zeit spiegelt sich in mancher Hinsicht das Schicksal der gesamten Republik. Doch nach Hitlers Machtergreifung wurden Juden von einem Augenblick zum anderen zu Staatsfeinden gemacht, zu Verrätern und gefährlichen Widersachern. Sie waren nun per Dekret nicht mehr Teil der deutschen Gesellschaft. Vier Wochen später, unmittelbar nach dem Reichstagsbrand am 27. Februar 1933, begann eine regelrechte Jagd auf sie. Göring erklärte nur wenige Tage danach in einer Rede an seine «Truppen» zur angeblichen jüdischen Gefahr: «Hier habe ich keine Gerechtigkeit zu üben, hier habe ich nur zu vernichten und auszurotten, weiter nichts!»[1] Gegen einen derart bedrohlichen, manipulativen, allgegenwärtigen Feind sei jede Maßnahme gerechtfertigt. Die Nazis begannen bald, ihre Ankündigungen wahrzumachen. Zunächst sollten die «sofortige Verhaftung und Aburteilung aller kommunistischen und sozialdemokratischen Parteifunktionäre erreicht werden, sodann die «Unterbringung Verdächtiger und intellektueller Anstifter in Konzentrationslager».[2] Danach waren dieselben Methoden auf Juden anzuwenden. Auf bürokratische und rechtliche Maßnahmen folgten die bei den Nazis mittlerweile üblichen weitverbreiteten Gewalttaten. In verschiedenen Städten wurden nicht nur die Vertreter der Parteispitze, sondern auch die Parteibasis der Kommunisten und Sozialdemokraten gejagt, zusammengeschlagen und öffentlich gedemütigt. Sie wurden in Lager verschleppt, die man in Rekordzeit an verschiedenen Orten errichtete. Dort quälte man diese Männer und Frauen Tag und Nacht. Mit Juden verfuhr man wenig später ähnlich. Juden aus der neu definierten Volksgemeinschaft auszuschließen war schließlich viel einfacher, denn in dieser Gemeinschaft waren sie ohnehin nie als legitime Mitglieder akzeptiert worden. Sie bestand nun nicht mehr aus rechtlich definierten deutschen Staatsbürgern, sondern aus rassisch definierten Ariern. Diese galten als die Quelle aller Souveränität im neuen Nazistaat.

Die antijüdische Kampagne startete mit großer Wucht und Schlagkraft. Nach über hundert Jahren Kampf um Gleichberechtigung und über sechzig Jahren, in denen alle erwachsenen männlichen Juden als deutsche Staatsbürger mit gleichen Rechten und Pflichten ausgestattet worden waren, wurde der Emanzipationsprozess rückgängig gemacht. Täglich neue Verordnungen und eine Flut rechtlicher Maßnahmen folgten Schlag auf Schlag.[3] Nachdem alle liberalen Freiheitsrechte abgeschafft, die Kommunisten verboten waren, die Sozialdemokratie buchstäblich in die Knie gezwungen war und das Ermächtigungsgesetz den Nazis erlaubte, ohne Zustimmung des Parlaments zu handeln, starteten sie eine beispiellose antisemitische Kampagne. Zuerst ging es um polnische Ostjuden, die keine eindeutigen Einwanderungspapiere vorweisen konnten. Mehr als 17 000 Männer, Frauen und Kinder wurden verhaftet und nach Polen abgeschoben, wo manche in Transitlagern bleiben mussten. Danach konzentrierten sich die Nazis auf die deutschen Juden im Reich.

Die diskriminierenden Maßnahmen begannen exakt da, wo der

Prozess der jüdischen Integration einst begonnen hatte, nämlich in den verschiedenen Bereichen der Kultur. Es sei kurz rekapituliert: In der zweiten Hälfte des achtzehnten Jahrhunderts besuchten Juden zunehmend deutschsprachige Theater, schätzten deutsche Literatur, interessierten sich für Musik und übernahmen den typischen Lebensstil der Bildungsbürger ihres unmittelbaren Umfelds – und das bereits vor den frühen öffentlichen Debatten über ihre rechtliche Gleichstellung. Später wurde die erfolgreiche Akkulturation zur Bedingung für jeden weiteren Schritt auf dem Weg zur vollen Gleichberechtigung. Diese war und blieb die wesentliche Säule ihrer erfolgreichen Integration in die deutsche Gesellschaft. Und nun waren bereits im März 1933 Auftritte von Otto Klemperer und Bruno Walter, die zu den renommiertesten Dirigenten ihrer Zeit gehörten, verboten. Kurt Weill verließ Deutschland am 21. März 1933, fast gleichzeitig gingen auch der Kritiker Alfred Kerr und der Regisseur Max Reinhardt. Sie alle waren führend in der Weimarer Theaterszene. Auch Schriftsteller wanderten aus, etwa Walter Benjamin am 18. März. Lion Feuchtwanger kehrte von einer Lesereise durch die Vereinigten Staaten nicht mehr zurück. Mittlerweile war offensichtlich, dass sie nicht mehr erwünscht waren und ihre Freiheit, wenn nicht sogar ihr Leben in Gefahr war. Auch Albert Einstein war damals in Amerika und kam, wie Feuchtwanger, nicht zurück. Andere prominente Wissenschaftler folgten wenig später. Fritz Haber, seit Langem konvertiert und für seinen patriotischen Dienst am Vaterland im Ersten Weltkrieg bekannt, wurde angewiesen, alle jüdischen Kollegen im Kaiser-Wilhelm-Institut, dessen Direktor er war, zu entlassen. Am 30. April 1933 reichte er seine eigene Kündigung ein. Noch im August desselben Jahres verließ er Deutschland voller Bitterkeit als gebrochener Mann.

Doch auch weniger berühmte Juden waren unmittelbar bedroht. Wohin auch immer sie sich wandten, stießen sie auf verschlossene Türen. Der organisierte Boykott jüdischer Geschäfte vom 1. April

1933 war zwar vor allem in den größeren Städten nicht sehr erfolgreich, und jüdische Ladenbesitzer konnten meist ihr Geschäft weiter betreiben. Mit dem «Gesetz zur Wiederherstellung des Berufsbeamtentums» vom 7. April 1933 wurde jedoch kurzerhand allen jüdischen Beamten gekündigt, Universitätspersonal eingeschlossen. Die Zahl der tatsächlich Entlassenen war zwar relativ klein, doch zur Ungleichbehandlung kam die Kränkung: Das Gesetz enthielt einen «Arierparagraphen», der die Juden durch eine besondere Mixtur aus alten und neuen Kriterien definierte, nämlich als Personen mit einem Elternteil oder sogar nur einem Großelternteil jüdischen Glaubens. Gewiss, dies blieb noch relativ vage, aber es war ein Warnsignal für Kommendes. Weitere Verordnungen zielten auf die Entlassung jüdischer Ärzte aus städtischen und staatlichen Krankenhäusern, auf die Entfernung von Anwälten und Richtern aus der Justizverwaltung und von Studenten wie auch Fakultätsmitgliedern aus akademischen Institutionen. Am Ende folgten brutale Misshandlungen. Im ganzen Land wurden Juden auf den Straßen verhöhnt und malträtiert und sogar in ihren Häusern und Wohnungen bedrängt.

Seit März 1933 setzten Naziaktivisten zahlreiche Verbote durch: Juden wurden von Sportaktivitäten ausgeschlossen, durften auf Märkten nicht mehr Jiddisch sprechen und ihre jüdischen Namen nicht mehr amtlich ändern lassen. Schilder wiesen darauf hin, dass ihnen der Zugang zu Parks und Unterhaltungsstätten verboten war, besonders nachdrücklich der Zugang zu Schwimmbädern. Schulfreunde begannen, jüdische Kinder zu meiden, deren Eltern kündigte man ihre Posten in Vereinen und Verbänden oder zwang sie mit dubiosen Methoden zu gehen. Viele Juden wurden von der Gestapo verhört, mehr oder weniger lange in Konzentrationslagern festgehalten, und danach waren sie oft gezwungen zu fliehen. 1933 flohen 37 000 Juden aus Deutschland, 1934 etwa 22 000, ebenso viele 1935, zusammengenommen gingen knapp über 8 Prozent der halben Million Juden, die zu Beginn des Jahres 1933 im Deutschen

Reich lebten. Die Situation derer, die blieben, wurde von Historikern treffend als «das neue Ghetto» bezeichnet. Obwohl all dies vor allem Juden betraf, so veränderte es das Gesicht Deutschlands insgesamt. Sebastian Haffner schildert das sehr lebendig in seinen Lebenserinnerungen. Man konnte diese Veränderung nur übersehen, wenn man bewusst wegschaute.

Nach den ersten hundert Tagen des neuen Regimes glaubten manche, die Dinge würden sich beruhigen. Erstaunlicherweise führte die gewalttätige, blutige «Nacht der langen Messer» Ende Juni 1934 bei der Mehrheit der Juden und anderen Deutschen nicht zu vermehrter Aufmerksamkeit, obwohl der gesetzwidrige und gewalttätige Charakter der Nazis nun nicht mehr bezweifelt werden konnte. Man konnte den Mord an den Führungskräften der SA wohl immer noch als eine parteiinterne Auseinandersetzung interpretieren. Nach Hindenburgs Tod am 2. August 1934 wurden auch die Befugnisse des Reichspräsidenten auf Hitler übertragen, der den Titel «Führer und Reichskanzler» erhielt. Seine anfänglichen Erfolge in der Außenpolitik und die Verbreitung der Behauptung, das Land beginne sich wirtschaftlich zu erholen, machten ihn zunehmend populär. Während sich die Dinge für die allgemeine Bevölkerung zu verbessern schienen, geriet die jüdische Minderheit mehr und mehr in die Isolation und verarmte zunehmend. Der Kontrast hätte nicht krasser sein können. Die Juden verloren ihre Existenzgrundlage, und zur selben Zeit sank die Zahl der Arbeitslosen. Das Programm zur Wiederaufrüstung, das nun weniger geheim realisiert wurde als vor 1933, verschaffte der Regierung machtpolitisch neuen Bewegungsspielraum in der Außenpolitik. Die Olympischen Spiele von 1936 brachten weltweites Ansehen. Besondere Initiativen für Kinder, soziale Programme für Erwachsene wie beispielsweise «Kraft durch Freude» versetzten die Bevölkerung in eine neue positive Gestimmtheit. Obwohl die Juden in der Vergangenheit Teil des deutschen Geschicks gewesen waren und in mancher Hinsicht die Wirklichkeit der Gesellschaft als Ganzer widerspiegelten, hatten sie an all dem keinen Anteil.

Der Historiker Avraham Barkai hat gezeigt, dass große und kleine Unternehmen in viel größerer Zahl jüdische als nichtjüdische Mitarbeiter entließen. Viele Juden verloren ihre Kunden oder wurden aus Aufsichtsräten, Gewerkschaften, Sparkassen und Versicherungen hinausgedrängt. Der Boykott jüdischer Geschäfte wurde zwar «von oben» nicht weitergeführt, «von unten» dagegen schon. SA-Männer und Banden aus der Hitlerjugend postierten sich in der Nähe jüdischer Geschäfte, beschmierten Schaufenster, schüchterten potentielle Käufer ein und misshandelten ältere Ladeninhaber. In der Folge mussten sie ihre Läden zu absurd niedrigen Preisen verkaufen, nicht nur an bekennende Nazis, sondern auch an kleine oder mittlere Geschäftsleute und sogar an große Unternehmer. Alle beuteten die Situation aus. Indem man Drohungen aussprach, die Gestapo informierte oder den Verkäufer mit anderen Mitteln unter Druck setzte, konnte man gute Gewinne machen. Die «Arisierung» von jüdischem Besitz wurde bald zur offiziellen Nazipolitik und mit Gesetzen und Verordnungen weiter erleichtert. Die Juden waren demgegenüber machtlos.

Die Verfolgung wurde zunehmend rassistisch. Das Verbot der Eheschließung zwischen «Ariern» und «Nichtariern» war noch nicht gesetzlich verankert, doch auch hier wuchs täglich der soziale Druck, eine Ehe mit Juden zu meiden. Die antijüdische Atmosphäre war in der zweiten Hälfte des Jahres 1935 besonders aufgeheizt. Am 15. September wurden am Ende des jährlichen NSDAP-Parteitags im eigens einberufenen Reichstag die Nürnberger Gesetze erlassen: das «Gesetz zum Schutze des deutschen Blutes und der deutschen Ehre» und das «Reichsbürgergesetz». Damit war die Diskriminierung der Juden aufgrund rassischer Kriterien endgültig offiziell.

II.

Dennoch verloren nicht alle Juden die Hoffnung. Einige – darunter auch Juden in der Reichsvertretung der Juden in Deutschland, der wichtigen Organisation, die den Juden von den Nazis noch gestattet war – bestanden darauf, dass der Erlass der Nürnberger Gesetze als Verbesserung zu werten sei, denn sie würden willkürlichen Terror und unterschiedliche regionale Anordnungen durch Rechtsstaatlichkeit ersetzen. Die kurzzeitig moderatere Rhetorik der Führungsriege, mit der Hitler der negativen Einstellung des Auslands gegenüber seinem Regime begegnen wollte, war ebenfalls ein Grund für vorsichtigen Optimismus. Diese Stimmung ist in einer der berührendsten Autobiographien nachzuempfinden, die von einem deutschen Juden geschrieben wurde, nämlich dem bedeutenden amerikanischen Historiker Peter Gay, ehemals Peter Joachim Fröhlich. Das Buch trägt den Titel *Meine deutsche Frage* und handelt vor allem von Gays Jugend während der dreißiger Jahre in Berlin.[4]

Peter Gays Vater Moritz Fröhlich besaß zusammen mit einem nichtjüdischen Kompagnon ein erfolgreiches kleines Unternehmen. Er weigerte sich lange, den Ernst der Lage zu akzeptieren. Zuerst nahm auch der Sohn die diskriminierende Politik der Nazis kaum wahr. Im März 1933 wurde er ins örtliche Goethe-Realgymnasium aufgenommen. Wegen der Verwundung seines Vaters im Ersten Weltkrieg war er von der Quotenbeschränkung für Juden befreit. Die Atmosphäre in seiner Schule beschreibt Peter Gay als «fast unpolitisch». Antisemitische Lehrer waren in der Minderheit, den Druck auf jüdische Mitschüler bezeichnet er als «selektiv».[5] Peter gewöhnte sich bald daran, den Kontakt mit Schulfreunden durch altersgemäße Hobbys zu ersetzen, er sammelte zum Beispiel Briefmarken und hörte Sportreportagen im Rundfunk. In seinen Lebenserinnerungen hebt er besonders die «widersprüchlichen Signale» hervor, die man als Jude aus dem Umfeld erhielt.[6]

Die Familie konnte jedenfalls erstaunlich lange ein mehr oder weniger normales Leben weiterführen. Mit den Nürnberger Gesetzen verlor sie lediglich die Dienste ihrer Hausangestellten Johanna. Die Tatsache, dass Juden keine deutschen Staatsbürger, sondern nur Staatsangehörige waren, erregte kaum Aufsehen, schrieb er, und dass juristisch gegen «Mischehen» durch das «Gesetz zum Schutze des deutschen Blutes» vorgegangen wurde, erregte höchstens leisen Spott. Meist sei es immer noch möglich gewesen, das private vom öffentlichen Leben zu trennen. Sein Vater verdiente gut und 1936 offenbar besser als zuvor. Selbst als Göring Ende 1937 das Reichswirtschaftsministerium übernahm und mit einer neuen, von SS-Übergriffen auf der Straße begleiteten Enteignungswelle viele Juden zwang, ihre Unternehmen aufzugeben, florierten die Geschäfte von Moritz Fröhlich. Gay stellt fest, sie hätten nie daran gezweifelt, «daß Deutschland früher oder später für uns kein Ort zum Leben sein würde. Noch aber war es das – wenn auch vorläufig.»[7]

Deutschland war seit Langem ihre Heimat, und man verlässt die Heimat nicht, nicht einmal in schweren Zeiten. Gay erzählt von einer zehntägigen Reise der Familie zu historisch bedeutsamen Orten in Deutschland. 1936 genossen Vater und Sohn die Olympischen Spiele und bewunderten Jesse Owens Siege über seine «nordischen» Konkurrenten. Erst als 1937 der Druck auf die deutschen Juden wieder stieg, überzeugten einige ernüchternde Ereignisse seinen Vater, dass konkrete Auswanderungspläne gemacht werden müssten. Als 1938 Berichte von Plünderungen jüdischen Eigentums und brutalen Demütigungen der bis dahin gut etablierten jüdischen Bevölkerung der «Stadt an der blauen Donau» aus dem von den Nationalsozialisten beherrschten Wien kamen, wurde ihnen schließlich der Ernst der Lage klar. Im November 1938 wurde ihre Emigration durch die landesweiten Pogrome, die als «Reichskristallnacht» bekannt wurden, unumgänglich. Den Fröhlichs gelang die Flucht, und sie erreichten nach einigen Rückschlägen Amerika.

In seiner Autobiographie richtet sich Gay wiederholt gegen diejenigen, die damals und auch in späteren Jahren deutschen Juden Blindheit vorwarfen. Vor allem sei es der Irrsinn, das absolut Unvorstellbare an Hitlers Plänen gewesen, was sie so gänzlich unfassbar gemacht hätten.[8] Es sei schwer, vielleicht unmöglich gewesen, die Anzeichen zu erkennen. Tatsächlich verließen Juden erst 1938, vor allem nach den Pogromen, in großer Zahl das Land. 1938 waren es 40 000, 1939 gingen 78 000. Für jeden Einzelnen war die Emigration eine Tortur. Die Behörden überhäuften alle Ausreisewilligen mit zahllosen Formularen und Bedingungen, und das Ausland war neuen Einwanderern faktisch verschlossen. Das Schicksal derer, denen die Flucht nicht gelang, war jedoch schrecklicher. Sie sollten vom nächsten und weitaus schlimmeren Schritt auf dem gewundenen Weg zur «Endlösung» erfasst werden.

Nicht jeder empfand den Nazistaat vor dem Krieg als so harmlos wie die Familie Fröhlich. Schlägt man Monika Richarz' Sammlung jüdischer Erinnerungen an diese Zeit auf, stößt man schnell auf die Memoiren von Marta Appel. Sie wurde 1884 in Metz geboren, heiratete 1918 Ernst Appel, den Rabbiner von Bingen, und zog später mit ihm nach Duisburg. Dort erlebte sie die Tortur ihrer beiden Töchter, die wiederholt in der Schule von Aktivitäten der Klasse ausgeschlossen und wegen ihres Judentums gedemütigt wurden. Sie selbst erfuhr schmerzhaft «die wachsende Kluft zwischen uns und unseren Mitbürgern».[9] Schon bevor diese Verbote Gesetz wurden oder von den städtischen Behörden bekannt gemacht worden waren, hätten sich Juden nicht mehr mit alten Freunden getroffen oder an öffentlichen Versammlungen teilgenommen. Zunächst seien zwar einige Freunde bereit gewesen, sich noch mit Juden zu treffen, doch seien schließlich alle auf Distanz gegangen. «Alle unsere Freunde – ja, das ganze Volk – [hatte] uns in unserer Not verlassen.»[10]

Marta Appel erwähnt noch einen anderen Aspekt der Entwicklung: Juden verließen ihre Gemeinden in den ländlichen Gegenden, um in die Anonymität der Großstädte zu gelangen; häufig war dies der erste Schritt zur Emigration. Nach 1938 existierten mehr als ein Viertel aller deutsch-jüdischen Gemeinden nicht mehr, und in den übrig gebliebenen war – in Stadt und Land – die Altersstruktur völlig verändert. Besonders wichtig war, dass die Jungen gingen. Die Eltern wollten unbedingt ihre Kinder wegschicken. 1939 verließen etwa 80 Prozent aller Juden unter vierundzwanzig Deutschland. Teilweise kamen sie mit der Hilfe der Jugend-Alijah nach Palästina, teilweise nach England und, wenn möglich, nach Amerika. Familien wurden auch auf andere Weise auseinandergerissen. Oft blieben nur noch die Alten zurück. Das Gefüge der jüdischen Familien und des Gemeindelebens wurde allmählich zerstört.

Während zunächst vor allem Sozialisten und Kommunisten Ziel des Naziterrors waren, wurde die Verfolgung der Juden seit 1938 zunehmend schärfer und Hauptaufgabe der verschiedenen Polizeiorgane des neuen Staates. Verfolgt wurden Juden zwar zusammen mit Sinti und Roma, sogenannten Asozialen, Homosexuellen und jenen, deren Leben für «unwert» gehalten wurde, doch schließlich richtete sich die Raserei der Nazifanatiker hauptsächlich gegen Juden.

Allerdings gab es bis 1938 auch Perioden, in denen dieses Problem in den Hintergrund trat, und es gab stets einige freundlich gesinnte Männer und Frauen, die die Nazipropaganda ignorierten und sich hilfsbereit zeigten. Historiker haben drei Phasen des besonders aktiven Antisemitismus festgestellt: 1933 unmittelbar nach der Machtergreifung, 1935, als die Nürnberger Gesetze erlassen wurden, und 1938 während und nach den Novemberpogromen. Die Vorwürfe wechselten dabei: Mal wurden alte Vorurteile wieder aufgewärmt, mal wurden Juden als Hintermänner des Bolschewismus angegriffen oder als Repräsentanten eines mysteriösen «Weltjudentums», das angeblich den westlichen Kapitalismus und die Politik der USA und Großbritanniens kontrollierte. Die Versuche amerikanischer und britischer Juden, ihre Regierungen zu veranlassen, auf Hitlers antijüdische Maßnahmen schärfer zu reagieren, wurden zum Beweis finsterer Machenschaften gegen Deutschland umgedeutet. Am Ende erwies sich eine Kombination aller drei Themen als besonders wirkungsvoll, und man bombardierte die deutsche Öffentlichkeit damit in zahllosen Zeitungsartikeln, flammenden Reden und hasserfüllten Meldungen in allen Medien. Hitler und Goebbels preschten vor, andere folgten bereitwillig.

Die Bevölkerung war offensichtlich weiterhin in drei Gruppen gespalten: Erstens gab es die wahrhaft «Gläubigen», die meist zu den aktiven Nationalsozialisten gehörten, vor allem als Mitglieder der SA und später der SS und der Gestapo, zweitens Kritiker und Gegner des Regimes und drittens die Mehrheit der indifferenten Zuschauer. Letztere beteiligten sich manchmal an antijüdischen Aktivitäten oder hielten sich zaudernd zurück. Zwischen den antisemitischen Ereignissen und antijüdischen Exzessen ging das Leben weiter seinen Gang. Man konzentrierte sich auf andere Sorgen, die gewöhnlich viel dringlicher schienen. Bedenkt man die Größe der jüdischen Bevölkerung und ihre geographische Verteilung in Deutschland, so hatten doch nur wenige Menschen enge Beziehungen zu Juden, selbst wenn es zahlreiche berufliche, geschäftliche oder andere Alltagskontakte mit ihnen gab. Mit der Machtergreifung der Nationalsozialisten erhielt die auch vorher schon präsente sogenannte Judenfrage einen viel größeren Stellenwert. Leitend war dabei das seit dem Mittelalter bekannte abstrakte Bild «des Juden», der wegen finsterer Machenschaften bekannt war und den man nun auf jedem Straßenplakat und als Karikatur auf den Titelseiten der Nazizeitungen sehen konnte. Getroffen wurde jedoch der «reale», ständig mit allen verfügbaren Mitteln in unablässiger Wiederholung geschmähte Jude. Schließlich wurde der gesamte Propagandaapparat der Nazis eingesetzt, um «den Juden» als Personifikation des ultimativ Bösen darzustellen. Man wurde indoktriniert, «den Juden» zu hassen und zu fürchten, selbst wenn er in Wahrheit ein vertrauter oder sogar freundlicher Nachbar war.

Die Spaltung der Bevölkerung in die drei Gruppen war nicht statisch. Die Menschen änderten ihre Haltungen, viele in Richtung des eindeutig antisemitischen Lagers. In einem Bericht von SOPADE, dem sozialdemokratischen Informationszentrum im Exil, heißt es: «Auch Leute, die früher gar nicht wussten, was ein Jude ist, schieben heute alles Unheil auf die Juden.»[11] Aber all dies stellte das Regime noch nicht zufrieden. Die Menschen brächen nicht *alle* Kontakte mit Juden ab, klagte ein Beamter. Bauern würden, vor allem in Süddeutschland, immer noch mit jüdischen Viehhändlern und anderen Händlern Geschäfte machen, berichtete ein anderer. In vielen Städten ging man immer noch in große und kleine Geschäfte, die von Juden geführt wurden, und der Parteiapparat war nicht immer in der Lage, die gelegentlichen antijüdischen Angriffe zu landesweiten Kampagnen auszuweiten. Selbst nach den Novemberpogromen klagten einige Behörden: «Die Zivilbevölkerung hat sich nur in ganz geringem Maße an den Aktionen beteiligt.»[12] 1938 schien es ab und zu noch Mitleid und Hilfsbereitschaft gegeben zu haben, selbst als die Mehrheit ohne Umschweife Juden für alles und jedes beschuldigte, gegen sie gerichtete Strafmaßnahmen guthieß und die durch jüdisches Verhalten angeblich hervorgerufene Unordnung lautstark verdammte. Einige Berichte erwähnten das Unbehagen von Kirchgängern, besonders katholischen, angesichts zerstörter Synagogen. Doch diese Opposition wurde selten laut genug, um in der Öffentlichkeit gehört zu werden.

Goebbels ließ nicht nach. Nach dem Pogrom startete das Propagandaministerium erneut eine antijüdische Kampagne, die eine noch striktere Vermeidung jeglichen Kontakts zu Juden einforderte und mit besonderer Giftigkeit alle früheren Anschuldigungen wiederholte. Der Chefantisemit war besonders über diejenigen erzürnt, die immer noch dachten, «daß Juden auch Menschen seien», um seine Wortwahl wiederzugeben.[13] Juden als «Untermenschen» zu bezeichnen, die vernichtet werden müssten, war im Nazijargon nicht ungewöhnlich. Reinhard Heydrich, damals Chef der Gestapo, verwendete diesen Ausdruck in einer Ansprache vor hochrangigen SS-Offizieren ein paar Tage vor Hitlers berühmter Reichstagsrede vom Januar 1939.[14] All dies führt zurück ins achtzehnte Jahrhundert und zur Debatte am Beginn der Auseinandersetzungen über die jüdische Emanzipation mehr als 150 Jahre zuvor. 1781 hatte Christian Wilhelm Dohm in seinem Buch *Über die bürgerliche Verbesserung der Juden* diese offenkundige Wahrheit, «daß Juden auch Menschen seien», offen ausgesprochen, und diese damals radikale Aussage hatte den jüdischen Zugang zur deutschen Gesellschaft in Gang gesetzt. Damals war die Emanzipation nicht nur von den jüdischen Zeitgenossen ersehnt, sondern von ihrem Umfeld mehr oder weniger allgemein akzeptiert. All dies war nun Vergangenheit. Die geforderte Entmenschlichung der Juden führte zu sozialer Distanz in einem Ausmaß, das bis dahin schlicht unvorstellbar gewesen war, zu völliger Entfremdung der jüdischen Minderheit und – sehr oft – zu einem erschreckenden Mangel an Empathie und einem hohen Maß an moralischer Gleichgültigkeit bei den Deutschen. Dies war ohne Zweifel Teil einer größeren Veränderung bei der nichtjüdischen Mehrheit und verwies auf deren Transformation zur «Volksgemeinschaft», zu einer jubelnden, ekstatischen Masse, die Arme zum Hitlergruß erhoben, die bereit war, ihren Willen und ihre heiligsten Werte dem Willen und den neu definierten Werten ihres angebeteten Führers unterzuordnen.

III.

Ende 1938, nach dem «Anschluss» Österreichs, wo zu der Zeit rund 200 000 Juden lebten, kam es auch dort zu einer Steigerung des schon lange existierenden Antisemitismus. Die extreme Misshandlung der Wiener Juden, die Plünderung, Einschüchterung, Zerstörung, Enteignung und die körperlichen Angriffe auf die im «Altreich» lebenden Juden markierten den Höhepunkt der nationalsozialistischen Hasskampagne. Die deutsche Bevölkerung war nun für die nächste Stufe der antijüdischen Politik bereit: die Vertreibung, die Deutschland «judenfrei» machen sollte, und ihre völlige Auslöschung, die von Hitler am 30. Januar 1939 in einer Rede prophezeit wurde.

Es ist erstaunlich, dass die Juden unter diesen Umständen ein Mindestmaß an Normalität bewahren konnten. Die bislang in arm und reich, liberal und zionistisch, orthodox und säkular gespaltene jüdische Bevölkerung entwickelte eine neue, unerwartete Solidarität. Noch im Sommer 1933 duldeten die Nazibehörden aufgrund des Vorschlags einer Reihe ehemals aktiver jüdischer Künstler die Gründung des *Kulturbunds deutscher Juden*, der zuerst in Berlin und dann auch in anderen Städten Theatervorstellungen, Kammerkonzerte und gelegentlich sogar Opernaufführungen und Kunstausstellungen organisierte – alles von Juden für Juden, jedoch stets im Bestreben, die deutsche, den humanistischen Idealen verpflichtete Kultur fortzuschreiben. Der Kulturbund unterlag natürlich strenger Zensur, doch einige Abteilungen blieben bis weit in das Jahr 1941 aktiv. Auch das religiöse Leben der Juden ging weiter. Synagogen, Rabbinerseminare und Institutionen der Erwachsenenbildung funktionierten je nach den lokalen Bedingungen weiter. Vorlesungen wurden gehalten, viele unter der Führung von Martin Buber, der die *Mittelstelle für Erwachsenenbildung* bis zu seiner Emigration 1938 leitete. Besondere Aufmerksamkeit schenkte man hier der noch in Deutschland gebliebenen jüdischen Jugend, ihrer Stimmung und Moral. Viele jüdische Schulen blieben geöffnet, wurden allerdings oft umorganisiert und hatten immer weniger Schüler. Jüdische Kinder lasen noch Werke von Goethe, Schiller und Hölderlin, aber auch einige modernere Texte, zum Beispiel

Hugo von Hofmannsthal. Mehr als 60 der zuvor noch deutlich zahlreicheren jüdischen Tageszeitungen und Zeitschriften mit durchschnittlich 350 000 Lesern erschienen auch im Dritten Reich. Mehrere jüdische Verlagshäuser veröffentlichten zumindest bis 1938 Bücher, die jüdische Themen betonten. Das war eine Form des jüdischen Widerstands, eine Reaktion auf die zahlreichen Verbote und die Ausgrenzung der Juden aus fast allen Institutionen, Vereinen und Verbänden. Doch es war auch Ausdruck der Liebe zu deutscher Kultur und Bildung, die von den deutschen Juden jener Zeit auf ganz besondere Weise bewahrt wurden.

Deutsche waren die Juden in Deutschland trotz allem nicht mehr. Unabhängig von der Frage, wie die genauen Pläne zu ihrer «Beseitigung» aussahen, hatte die nationalsozialistische Führung entschieden, dass Juden unter ihrer Herrschaft Opfer und ausschließlich Opfer sein mussten. Womöglich war die konkrete Bedeutung dieses antijüdischen Projekts sogar Hitler selbst lange nicht klar. Bei seiner letzten wichtigen Rede vor dem Krieg schien er die internationale Reaktion, vor allem die der Briten und Amerikaner, auf antijüdische Aktionen noch in Betracht zu ziehen. Bei verschiedenen Gesprächen brachte er jedoch die möglichen Wege ins Spiel, um Deutschland «judenrein» zu machen, etwa die Aussiedlung aller europäischen Juden nach Madagaskar, in den Südosten Polens in eine Art «Judenreservat» unweit von Lublin oder – nach Juni 1941 – in entlegene Regionen der Sowjetunion. Derartige Drohungen zielten womöglich zunächst darauf ab, die in anderen westlichen Demokratien lebenden Juden wegen ihrer angeblichen «Kriegstreiberei» unter Druck zu setzen. Zurückbleibende ältere Juden könnten als Geiseln das «Wohlverhalten» ihrer Glaubensbrüder «gegenüber dem Reich» garantieren.[15] Damals wurde die Ausweisung jedenfalls als die naheliegendste Strategie betrachtet, doch in den oberen Etagen der Nazihierarchie war man relativ früh der Ansicht, dass am Ende extremere Maßnahmen notwendig sein würden.

Es ist unklar, ob neben vielfältigen Unsicherheiten bezüglich der internationalen Beziehungen nicht auch innenpolitische Rücksichtnahmen eine Rolle spielten. Die Führung war unsicher, ob sich die «gewöhnlichen» Deutschen aktiv oder zumindest duldend am künftigen antisemitischen Projekt beteiligen würden, ob sie Pläne des Führers unterstützen würden, egal wie extrem, wie grotesk sie auch sein würden. Noch war Hitler und Goebbels nicht klar, wie weit man sich auf eine weitverbreitete ethische Amnesie verlassen konnte, die offensichtlich die Mehrheit der Deutschen jener Zeit befallen hatte. Alle früheren Planungen mussten angesichts des näher rückenden Krieges jedenfalls geändert werden. Hitler führte das Land nun zielstrebig zur angeblich absolut notwendigen Eroberung neuen «Lebensraums» und zu einer neuen Positionierung Deutschlands in der Konkurrenz der Weltmächte. Dies waren seine großen Kriegsziele, eine klar ausformulierte Lösung der «Judenfrage» war darin nicht enthalten. Gewiss, der Sieg im Osten hatte stets zum Ziel, die angebliche Bastion des «Weltjudentums» im bolschewistischen Russland zu zerstören. Doch in dem Augenblick, als Hitler ein rassisch «gereinigtes» Deutschland seiner wahren, angemessenen Größe zuführte, versank der verbliebene, stets kleiner und ärmer werdende Rest der deutschen Juden in Bedeutungslosigkeit.

1939 machten die Juden in Deutschland nur noch 0,32 Prozent der Gesamtbevölkerung des sogenannten Altreichs aus – einschließlich der vielen, die von den Nationalsozialisten zu dieser Kategorie hinzugezählt worden waren, zum Beispiel Menschen, die nur einen jüdischen Großvater hatten. Etwa 250 000 Juden verließen das Land ab 1933, davon mehr als 100 000 nach dem Novemberpogrom und bevor die Tore im Oktober 1941 ganz geschlossen wurden. Nur eine kleine Minderheit derjenigen, die ausharrten, waren am Ende des Jahrzehnts noch bezahlte Angestellte. 1935 gab es in Deutschland noch 75 000 aktive jüdische Geschäfte und Unternehmen, doch im Sommer 1938 existierten 60 000 davon nicht mehr. Die Arbeitserlaubnis der meisten noch praktizierenden jüdischen Ärzte war aufgehoben worden, und gerade einmal 170 Anwälte, der traurige Rest dieser einst so stolzen und erfolgreichen Berufsgruppe, durften ihre Dienste den wenigen noch verbliebenen jüdischen Organisationen zur Verfügung stellen. Diese hatten kaum noch finanzielle Mittel und konnten der jüdischen Bevölkerung, meist waren es Alte und Bedürftige, kaum noch helfen.

Was in Deutschland ab 1933 nur schrittweise erreicht wurde, ließ sich im nationalsozialistisch beherrschten Österreich innerhalb weniger Wochen verwirklichen. Ungefähr zwei Drittel der dort lebenden Juden verließen das Land zwischen dem «Anschluss» im März 1938 und dem Kriegsbeginn am 1. September 1939. Den Zurückgebliebenen erging es nicht besser als ihren Glaubensbrüdern in Deutschland. Im sogenannten Protektorat Böhmen und Mähren war die Situation ähnlich. Auch hier hatte man die Bevölkerung gedemütigt und zügig enteignet. Nirgendwo durften Juden öffentliche Verkehrsmittel benutzen oder Fahrräder, Radios, Telefone und Schreibmaschinen besitzen. Am 8. September 1941 erging die Anordnung, einen gelben Davidstern, den in der NS-Propaganda so genannten Judenstern, an die Mäntel zu heften. Sie mussten Zwangsarbeit leisten, wurden in überfüllte «Judenhäuser» oder Baracken gepfercht, waren abhängig von Nahrungs-, Schuh- und Kleiderspenden und Kälte- und Hungerperioden ausgeliefert.

Inzwischen begegneten die nach Osten vorrückenden deutschen Soldaten polnischen Juden, deren Lebensbedingungen sogar noch grauenhafter schienen. Die Soldaten berichteten, dass die Juden dort verschmutzt, heruntergekommen und hilflos seien. Innerhalb weniger Tage befanden sich Millionen Menschen unter deutscher Besatzung, und die «Judenfrage» stellte sich neu in einer wahrhaft gigantischen Dimension. Als die Kämpfe zeitweilig zum Stillstand kamen, wurde die «Behandlung» der Juden wieder zum Hauptthema. Sporadische Ermordungen durch die Einsatzgruppen hatten bereits früher stattgefunden. Zunächst war die polnische *Intelligenzia* das Ziel, und als kurz darauf das Generalgouvernement im Süden Polens errichtet wurde, wurden Zehntausende Polen dorthin deportiert, um sie in Frondienste zu zwingen. Zur selben Zeit erging auch der Befehl, Juden «als erste Vorausnahme für das Endziel» in Ghettos zu konzentrieren, wie bereits am 21. September 1939 ein Rundschreiben des Reichssicherheitshauptamts, das noch vage gehalten war, erklärte.[16] Mit dieser Maßnahme begannen die Massenerschießungen und Exekutionen.

Die Deportationen der Juden aus Deutschland begannen im Oktober 1940, zuerst im Elsass, dann in Baden, in der Pfalz und im Saarland. Weitere Transporte aus allen deutschen Städten brachten Juden nach Łódź, Riga und ab Januar 1942 nach Minsk. Im Mai 1942 wurden vor allem deutsche Juden in der Nähe der Stadt Chełmno versuchsweise mit Gas getötet. Die aus der ehemaligen Tschechoslowakei oder aus Wien Deportierten wurden, zumindest für eine gewisse Zeit, in Theresienstadt interniert und ab Januar 1943 direkt nach Auschwitz gebracht. Einige Tausend Juden lebten noch in Deutschland. Manche waren, zumindest für eine gewisse Zeit, «geschützt», da sie mit Nichtjuden verheiratet waren, andere konnten sich verstecken, weil ihnen wohlgesinnte Deutsche halfen, die manchmal ihr Leben riskierten, wenn sie es wagten, ihnen Lebensmittel oder andere lebenswichtige Dinge zu verschaffen. Mehr als 4000 Juden überlebten den Krieg in Berlin, mehr als 800 in jüdischen Krankenhäusern, die eigenartigerweise in Betrieb blieben, und einige auf dem städtischen jüdischen Friedhof, was besonders furchtbar gewesen sein muss.

Währenddessen wütete der Holocaust auf dem ganzen Kontinent, und er war effizient organisiert. Juden aus ganz Europa, aus dem Westen und Osten, dem Norden und Süden, wurden, wenn sie den nationalsozialistischen Besatzern in die Hände fielen, nahezu ausnahmslos in die industriellen Vernichtungslager deportiert. Das

Morden begann, noch bevor die Idee der massenhaften Vergasung zur Praxis wurde.[17] Ende 1939 befanden sich drei Viertel des Kontinents unter deutscher Besatzung. In Polen begann man sofort mit der Enteignung der Juden, deportierte sie, sperrte sie in Ghettos und beutete sie als Zwangsarbeiter aus. In West- und Nordeuropa wurden sie, häufig mithilfe der lokalen Behörden und antisemitischer Aktivisten, in Listen registriert, dann aus ihren Wohnstätten vertrieben, weitestgehend isoliert und auf unterschiedliche Weise ausgebeutet.

Schließlich wurde die Option der Zwangsemigration unmöglich angesichts der wachsenden Zahl der Juden, die sich wegen des Einmarschs der Wehrmacht in die Sowjetunion unter deutscher militärischer Kontrolle befanden. Mehr als 600 000 Juden wurden dort von den Einsatzgruppen der Sicherheitspolizei und des SD, der Waffen-SS und verschiedener Truppeneinheiten zwischen Juni 1941 und März 1942 erschossen oder auf andere Weise ermordet. Mitte 1941 war bereits offensichtlich, dass ein deutscher Sieg so bald nicht zu erwarten war. Im Dezember 1941 traten die USA in den Krieg ein, nahezu zur selben Zeit, als die massenhaften Deportationen in die im Oktober 1941 errichteten Vernichtungslager Auschwitz-Birkenau und Majdanek begannen. Im März 1942 kamen im Rahmen der Aktion Reinhardt die Vernichtungslager Bełżec, Sobibór und Treblinka hinzu. Von Mitte 1942 an fuhren die Züge kreuz und quer durch Europa, mit denen Juden aus allen Ecken des Kontinents in diese und andere Lager gebracht wurden – und die Zahl der Lager wuchs. Etwa ein Drittel der Deportierten wurde zur Zwangsarbeit herangezogen, die anderen oft unmittelbar nach der Ankunft in den Gaskammern ermordet, oder sie starben später an Krankheiten und Hunger. Nach neueren Berechnungen beläuft sich die Anzahl der bis Kriegsende ermordeten Juden auf 5,7 Millionen. Das ist recht nah an den mittlerweile sprichwörtlich gewordenen 6 Millionen ermordeten Juden.

IV.

Eine ausführliche Darstellung des Holocaust würde den Rahmen dieses Kapitels sprengen. Seit die Archive in den früher besetzten, später zur sowjetischen Zone gehörenden Gebieten zugänglich geworden sind, haben wir viel detailliertere Kenntnisse aller Aspekte des Herrschaftssystems der Nationalsozialisten und der akribischen, grauenhaften Art und Weise, wie die Vernichtung ins Werk gesetzt wurde. Doch an dieser Stelle ist hiervon genügend zur Sprache gekommen, um zu der Aufgabe zurückzukehren, von diesem Kapitel der deutschen Geschichte aus jüdischer Perspektive zu berichten. Doch ist das noch möglich? Gibt es hier nicht zwei parallele, fundamental voneinander getrennte Narrative? Ist es wirklich möglich, sie miteinander zu verweben? Wenn die aus Deutschland kommenden Juden keine Deutschen, sondern ein Teil des europäischen Judentums waren, das völlig ausgelöscht werden sollte, können wir sie dann immer noch als Bestandteil der deutschen Geschichte betrachten?

Diese Fragen standen in leicht abgewandelter Terminologie im Zentrum einiger historiographischer Debatten der Vergangenheit. Zunächst einmal wurden die deutsche und die jüdische Geschichte in den unmittelbaren Nachkriegsjahren tatsächlich lange auf getrennten Pfaden erzählt. Bis weit in die 1960er Jahre spielte der Holocaust in der Literatur über die Zeit des Nationalsozialismus in Deutschland kaum eine Rolle. Karl Dietrich Brachers Buch *Die deutsche Diktatur* (1966), das bereits in der Einleitung erwähnt wurde, war in jener Zeit hoch geachtet und von Joachim Fest als «erste sachkundige Gesamtdarstellung von Entstehung und Nachwirkung des Nationalsozialismus» bezeichnet worden. Es stellte die Jahre 1933 bis 1939 in den Mittelpunkt, hatte jedoch relativ wenig über den Krieg und noch weniger über den Holocaust zu sagen.[18] Außerhalb Deutschlands machte es die Wissenschaft damals auch nicht viel besser, obwohl inzwischen eine Flut von Erinnerungsbüchern erschienen und bereits einige Werke über die Vernichtung der europäischen Juden erhältlich waren. Gerald Reitlingers Buch *The Final Solution: The Attempt to Exterminate the Jews of Europe* erschien 1953, und Raul Hilbergs bahnbrechendes Werk *The Destruction of the European Jews* wurde 1961 in London veröffentlicht. Beide stützten sich auf deutsches Archivmaterial, was sie vermutlich für die deutsche Geschichtsschreibung anschlussfähig gemacht hätte. Das erste Werk wurde zwar 1956 ins Deutsche übersetzt, das zweite aber erst 1982. Die sonderbare Abtrennung der deutschen Geschichte von der Geschichte des Holocaust in den 1950er und 1960er Jahren ist seitdem oft festgestellt worden.

Ein radikaler Weg, die beiden Narrative zu verbinden, wurde 1975 von Lucy Dawidowicz in ihrem Buch *The War Against the Jews* eingeschlagen. In ihrer Einleitung schreibt sie: «Der konventionelle Eroberungskrieg musste parallel zum ideologischen Krieg gegen die Juden geführt werden und auch zu dessen Verschleierung.»[19] Entsprechend wurde der Holocaust zum wichtigsten Erzählstrang, in direktem Gegensatz zur Position der zeitgenössischen westdeutschen Historiker, und nachgeordnet war der «konventionelle Krieg», der die Hauptsache, nämlich den verbrecherischen Feldzug gegen die Juden, lediglich «verschleierte». Während Davidowicz' Buch von deutschen Historikern zunächst kaum wahrgenommen wurde, gewann ein früheres Buch von Eberhard Jäckel, nämlich *Hitlers Weltanschauung* (1969), ein schmaler Band über verschiedene Aspekte der nationalsozialistischen Ideologie, viel Beachtung. Jäckel legte wie Davidowicz großen Wert auf die Bedeutung der Ideologie für das Verständnis des Aufstiegs des Nationalsozialismus und des Verlaufs der Ereignisse während seiner Herrschaft, doch seine Akzentuierung des Antisemitismus war nicht so radikal wie ihre. Trotzdem widersprach das Buch klar der gängigen Lehrmeinung. In der unmittelbaren Nachkriegszeit stritten die meisten Historiker ab, dass es überhaupt eine nationalsozialistische Ideologie gegeben habe. Franz Neumann schrieb schon 1944 im Exil: «Diese [nämlich seine] Überlegungen führen uns zu dem Schluß, daß der Nationalsozialismus keine eigene politische Theorie besitzt und die Ideologien, die er benutzt wie er sie fallen läßt, nicht mehr als *arcana dominationis*, Herrschaftstechniken, sind.»[20] Gewiss übersah keiner der nach dem Krieg außerhalb Deutschlands arbeitenden jüdischen Historiker die Ideologie, keiner *konnte* den Antisemitismus ignorieren. Und zumindest ein einflussreicher Historiker unter ihnen, nämlich der israelische Historiker Yehuda Bauer, gab die hauptsächlich von Dawidowicz vertretene These nie auf. In Aufsätzen und Vorträgen bestand er darauf, dass Antisemitismus der Hauptgrund, wenn nicht sogar der einzige wahre Grund für die Nationalsozialisten gewesen sei, den Zweiten Weltkrieg zu entfesseln. Bauer ist davon überzeugt, dass der Kriegskontext geschaffen wurde, um die vollständige Vernichtung der Juden zu ermöglichen – eine Fantasie oder eher ein Albtraum und hierin anderen Elementen der Naziideologie nicht unähnlich. Daniel Jonah Goldhagen vertrat in seinem Buch *Hitlers willige Vollstrecker* von 1996 eine ähnliche These.

Doch muss man den Krieg auf dieses eine Ziel reduzieren, um die jüdische in die deutsche Geschichte zu integrieren? Ist dies die einzig mögliche Verbindung zwischen beiden? Es ist gut vorstellbar, dass ein Beharren auf dem Primat des Holocaust dazu führt, andere Aspekte beim Studium der Geschichte des Dritten Reichs auszuklammern, und deshalb bei vielen Anstoß erregte. Ausgeklammert bleibt dabei das in den späten dreißiger Jahren von so vielen Deutschen erlebte Gefühl von Leistung und Erfolg ebenso wie ihre Leiden unter den Kriegsbedingungen, besonders durch die Zerstörung und Entwurzelung von Teilen der Bevölkerung Ostpreußens während des Rückzugs der Wehrmacht und der nach

Westen vorrückenden Roten Armee. Die exklusive Betonung des Holocaust trennt die beiden Erzählstränge, den des Krieges und den des Holocaust, mehr, als sie einander anzunähern.

Dies bildete 1988 den Hintergrund der Debatte zwischen Martin Broszat und Saul Friedländer. Letzterer teilte die ausschließliche Betonung des jüdischen Narrativs von Dawidowicz und Bauer nicht, sondern unterstrich die Notwendigkeit, angesichts der Opfer und der zentralen Bedeutung der Verbrechen der Nationalsozialisten einen klaren moralischen Standpunkt einzunehmen. Das Studium jener Zeit müsse stets die moralische Ebene im Blick haben, während auch andere Aspekte der Zeit, soziale und ökonomische Veränderungen, die Modernisierung usw., genau untersucht werden müssten. Martin Broszat jedoch war der Meinung, mehr als vier Jahrzehnte nach Kriegsende sei es an der Zeit, die Auseinandersetzung mit dem Nationalsozialismus zu «historisieren». Wer über ihn schreibe, habe «ein Maß mitfühlender Identifikation – mit den Opfern, aber auch mit den in diesem Unheil-Kapitel der deutschen Geschichte fehlinvestierten Leistungen und Tugenden – aufzubringen».[21] Seiner Meinung nach sei eine solche Perspektive notwendig, um mit einer jüngeren Generation der Deutschen ins Gespräch zu kommen und eine «deutsche Perspektive» fortzuschreiben, die nicht durch die Erinnerungen der Opfer dokumentiert werden könne. Schließlich verursache deren «intensive jüdische Erinnerung» die Notwendigkeit, «die Geschichte des Dritten Reichs rückwärts aufzurollen, anstatt sie, wie es der historischen Methode entspricht, nach vorwärts zu entfalten». Die Erinnerung der Opfer stelle darüber hinaus diese ganze Geschichte in den «Schatten von Auschwitz» und mache die Vernichtung der Juden «sogar zum alleinigen Maßstab der geschichtlichen Perzeption der Zeit».[22] Friedländer dagegen lehnte die implizite Annahme in Broszats Argumentation ab, dass seine, Friedländers, eigene Erinnerung als Flüchtling und Opfer der professionellen Geschichtsschreibung zum Nachteil gereichen würde, während Broszats Perspektive – die eines ehemaligen Wehrmachtssoldaten während der letzten Kriegsjahre und, wie sich später herausstellte, eines kurzfristigen NSDAP-Mitglieds – zu einem klareren Blick führe.

Gelegentlich wurden ähnlich subjektive, auf persönlichen Erfahrungen basierende Darstellungen auch über andere Menschen, die als «deutsche Opfer» betrachtet werden konnten, vorgetragen, zum Beispiel in Andreas Hillgrubers langem Essay über den Zusammenbruch der Ostfront in *Zweierlei Untergang* (1986). Der in Israel und in Deutschland lehrende Historiker Dan Diner hat dann die These aufgestellt, dass die Geschichtsschreibung in diesem Bereich nur in der Terminologie einer Gerichtsverhandlung erfasst werden könne. Der «Kläger» und der «Angeklagte» stünden einander in derart konträren «Erfahrungswelten» gegenüber, dass gegensätzliche Interpretationen «kaum vermeidbar» seien.[23]

Es schien, als seien die beiden möglichen Perspektiven auf die Zeit des Nationalsozialismus, die in dieser quälenden Debatte offenbar wurden, nicht miteinander zu versöhnen. Lange verlief die Historiographie in zwei getrennten Bahnen, die man als «national» bezeichnen könnte. Seit etwa 1980 stritten «Intentionalisten» und «Funktionalisten» um eine angemessene Erklärung des Holocaust. Die «Intentionalisten» verwiesen vor allem auf die ideologischen Intentionen Hitlers, während die «Funktionalistien» nach den Strukturen und Apparaten des NS-Regimes fragten und seine inhärente Tendenz zur Radikalisierung feststellten. Von Anfang an nahmen die meisten jüdischen Historiker die Position der Intentionalisten ein, während die funktionalistische Position hauptsächlich von deutschen Historikern vertreten wurde. Heute scheinen diese Differenzen aber überwunden zu sein. Innerhalb von wenigen Jahren zeichnete sich eine ganze Bandbreite von Kompromissen zwischen den beiden Positionen ab. Sowohl Yehuda Bauer als auch Saul Friedländer waren bereit, das Verdienst einiger funktionalistischer

Argumente anzuerkennen, während eine intentionalistische Interpretation, vielleicht in abgeschwächter Form, nun für viele deutsche Historiker akzeptabel ist. Eine neue Generation von Forschern war in den 1990er Jahren mit den nun zugänglichen Archiven in der ehemals sowjetischen Zone beschäftigt. Die Debatten eines vergangenen Jahrzehnts schien ihnen nicht mehr von größerer Bedeutung zu sein.

Die Perspektive des vorliegenden Buchs ist eine andere. Wir haben hier vor allem versucht, die deutsche Geschichte in einem zeitlich langen Verlauf zu überblicken, die Geschichte der deutschen Juden mit ihr zu verbinden und Erstere durch die Perspektive Letzterer wahrzunehmen. Die von uns dargestellte Geschichte führte keineswegs gradlinig oder unabwendbar zum Nationalsozialismus und zum Holocaust. Über lange Zeitabschnitte konnte die jüdische Geschichte in Deutschland als Erfolgsgeschichte verstanden werden. Obwohl es immer wieder Antisemitismus gab, waren die erfolgreiche Integration der Juden, der ökonomische Aufstieg so vieler, ihr Anteil an der Modernisierung des Landes und die Bedeutung, die sie in verschiedenen Bereichen erlangten, eindrucksvoller und einflussreicher. Diese Entwicklung war nicht unproblematisch, doch sie könnte bislang vernachlässigte Aspekte der ganzen Narrative beleuchten. Mit dem Aufstieg des Nationalsozialismus und dem Ausschluss der Juden aus der sogenannten Volksgemeinschaft, aus dem Deutschsein schlechthin, schien dieser Ansatz auf den ersten Blick zu einem Ende gekommen zu sein. Juden wurden zu Fremden, sogar zu gefährlichen Fremden erklärt, der Verachtung preisgegeben und am Ende entmenschlicht. Paradoxerweise wurden die Juden jedoch gerade durch diese radikale Diskriminierung und die Anstrengungen, sie zusammen mit ihren europäischen Glaubensgenossen zu vernichten, von zentraler Bedeutung für die Deutschen und Deutschland, mehr als je zuvor. Während man sie früher als marginal betrachten konnte und sie selbst so oft wünschten, als Minderheit in der Mehrheit zu verschwinden, führten nach dem Krieg die Erinnerung an ihr Schicksal, selbst wenn diese nur vage ist, und die Erkenntnis der grauenhaften Dimension ihrer Tragödie dazu, dass es nicht mehr möglich ist, die Juden aus der deutschen Geschichte auszublenden. Damit ist es auch unmöglich geworden, die Verbrechen der Nationalsozialisten, die Komplizenschaft so vieler deutscher Mitläufer und die damit verbundene Schuld und Scham zu ignorieren.

11. Opfer, Zeugen, Kläger

I.

Noch in den letzten Tagen des Dritten Reichs wurden Juden in ihren Verstecken aufgestöbert. Am Ende war es etwa 15 000 von ihnen gelungen, im nationalsozialistischen Deutschland zu überleben. Die meisten lebten, in der Terminologie der Nazis, in einer «privilegierten» oder «nichtprivilegierten Mischehe» oder in irgendeinem Versteck, wo ihnen, wenn sie Glück hatten, deutsche Freunde und Nachbarn halfen. Kurz nach der Besetzung der Großstädte in den Westzonen durch die Alliierten kamen die wenigen verstreuten Überlebenden zusammen, so in Düsseldorf oder in Köln, um dort ihre zerstörten Gemeinden wieder aufzubauen. Oft zählten sie kaum mehr als fünfzig bis achtzig Mitglieder. Sie unterstützten die wenigen, denen es gelungen war, aus den Konzentrationslagern zurückzukommen, sowie Flüchtlinge aus Osteuropa, die noch nicht in Lagern für Displaced Persons (DPs) aufgenommen werden konnten. Die meisten dieser Flüchtlinge konnten nicht mehr an ihre alten Wohnorte zurückkehren. Vor allem in polnischen Städten wurden sie bei ihrer Ankunft erneut vertrieben, manchmal mussten sie sogar flüchten, um ihr Leben zu retten. In den unmittelbaren Nachkriegsjahren wurden in Polen 1200 Juden ermordet. Und so strömten sie absurderweise nach Deutschland, um dort Schutz zu suchen.

Trotz aller Anstrengungen war es den Nationalsozialisten also nicht gelungen, Deutschland «judenfrei» zu machen. Stattdessen wurde das Land nun zur Zufluchtsstätte für mehr als 250 000 erschöpfte und mittellose jüdische Männer, Frauen und Kinder. Sie lebten in alten oder neu errichteten Baracken vor allem in der britischen und der amerikanischen Besatzungszone. Es war ungefähr dieselbe Anzahl von Juden, die unmittelbar vor dem Zweiten Weltkrieg noch in Deutschland wohnten. 1939 war die deutsche jüdische Bevölkerung zwar dezimiert, doch tief in diesem Land verwurzelt, und sie betrachtete es meist immer noch als ihr Heimatland. In der Nachkriegszeit dagegen war Deutschland für die zusammengewürfelte Menge jüdischer Flüchtlinge, die unter dem Schutz der alliierten Besatzung standen, nur ein vorübergehendes Asyl. Während sich am Vorabend des Krieges die jüdische Gemeinde fast ausschließlich aus alten Menschen zusammensetzte, da in den vergangenen Jahren vielen Jungen die Emigration gelungen war, bestand die jüdische Gemeinde im Nachkriegsdeutschland mehrheitlich aus relativ jungen Menschen. Die Mehrheit der Überlebenden der Konzentrationslager war jung, es waren ja zuerst die Alten, die in die Gaskammern geschickt worden. Sehr viele von ihnen verloren dort ihre Verwandten, in der Regel kamen sie allein zurück. Nur diejenigen, die von der Sowjetregierung nach Sibirien, Usbekistan oder Kasachstan deportiert worden waren, kamen oft mit ihren Familien nach Deutschland. Unmittelbar nach der Befreiung gab es im DP-Lager nahe Bergen-Belsen etwa 200 Eheschließungen. Die sogenannten DPs waren eine erstaunlich aktive Bevölkerungsgruppe, wenn man an die Tortur denkt, die sie erlitten hatten. Sie entwickelten ein intensives Gemeindeleben, wählten Gremien für verschiedene Belange, organisierten Kulturveranstaltungen, bildeten improvisierte Gerichte, um Kollaborateure zur Verantwortung zu ziehen, gründeten Institutionen für Kinder- und Erwachsenenbildung und vieles mehr.

Doch während sie all dies in die Tat umsetzten, blieb Deutschland für die meisten das Land, auf dem ein Fluch lastete, das Land der Mörder, in dem man «im Zeichen des Banns» leben musste.[24] Das war gewiss die Ansicht der Zionisten und der jüdischen Emissäre aus Palästina, die ihnen bei der Emigration behilflich waren. Doch sogar bei den Nichtzionisten gab es anfangs die gleichen Vorbehalte gegen Deutschland als dauerhaften Wohnsitz für Juden. Alle betrachteten es als ihre Aufgabe, möglichst viele Überlebende wegzuholen und entweder im jüdischen Palästina anzusiedeln, das noch unter dem britischen Mandat stand, oder, wenn diese Route von den Briten blockiert war, in den Vereinigten Staaten von Amerika. Deutschland war Feindgebiet und wurde mit einer Mischung aus Hass und Argwohn beobachtet. Dies ging so weit, dass die ersten israelischen Pässe den Stempel trugen: «Gültig für alle Länder außer für Deutschland». Trotzdem gab es bereits kurz nach der Gründung des Staates Israel im Mai 1948 Israelis, die nach Deutschland reisten, und auch nach Israel reisende Deutsche.

Nicht nur Juden belegten Deutschland mit einem Bann. Sowohl Lion Feuchtwanger als auch Thomas Mann entschieden sich, im Exil zu bleiben, ein Jude und ein Nichtjude. Mit der Gründung der Deutschen Demokratischen Republik erhielten sowohl Arnold Zweig als auch Bertolt Brecht Einladungen, denen auch beide folgten, wieder ein Jude und ein Nichtjude. Theodor W. Adorno und Max Horkheimer kamen schließlich nach Westdeutschland zurück, Ernst Bloch ging nach Leipzig. Herbert Marcuse lehnte eine Rückkehr ab. Als Karl Jaspers im Januar 1946 Hannah Arendt einlud, bei der Gründung einer neuen Zeitschrift mitzuwirken, schrieb sie ihm in der für sie im Privaten typischen zurückhaltenden Art: «Sie werden mich nicht mißverstehen, wenn ich Ihnen sage, daß es für mich nicht ganz leicht ist, in einer deutschen Zeitschrift mitzuarbeiten …», und fügte hinzu: «Eines aber erscheint auch mir klar: wenn Juden in Europa bleiben sollen können, dann nicht als Deutsche oder Franzosen etc., als ob nichts geschehen sei, sondern nur, wenn wir als Juden willkommen sind.»[25] Eine Einladung dieser Art erfolgte jedoch nicht. Ein Zeichen, mit dem man Juden im Besonderen oder Emigranten im Allgemeinen ein Willkommen signalisiert hätte, blieb «eine Geste, die erwartet wurde und die unterblieb», stellte der jüdische Literaturwissenschaftler

Hans Mayer 1992 fest.[26] Er selbst, wie Heine ein Patriot der deutschen Sprache, kam schon im Herbst 1945 aus der Schweiz nach Deutschland zurück. Es war eine Rückkehr, die er wiederholt meinte erklären zu müssen. Seinen 1982 erschienenen Memoiren gab er damals den Titel *Ein Deutscher auf Widerruf*. Der Schauspieler Fritz Kortner, der bereits amerikanischer Staatsbürger war, und andere in die Schweiz ausgewanderte Schauspieler kamen wenig später ebenfalls. Manche kehrten nur für kürzere oder auch längere Besuche zurück, etwa Martin Buber, und wieder andere erst viele Jahre nach Kriegsende. Der 1933 emigrierte Philosoph Hans Jonas zum Beispiel kam als Soldat der jüdischen Brigade des britischen Militärs nach Deutschland, kehrte dann nach Palästina zurück, wanderte nach Kanada aus, ging in die USA und ließ sich schließlich Anfang der achtziger Jahre in München nieder. Sie alle waren bekannte Persönlichkeiten.

Aufs Ganze gesehen kamen nicht viele deutsche Juden ins ehemalige Nazideutschland zurück, auch die meisten Displaced Persons verließen bald wieder das Land. Alles in allem entschieden sich nur sehr wenige Juden dazu, in Deutschland zu bleiben, doch manche von ihnen waren erstaunlich aktiv und beharrlich. 1946 gab es im besetzten Deutschland bereits etwa 55 jüdische Gemeinden, in Plauen die mit zwölf Mitgliedern kleinste und in Berlin mit etwa 5000 die größte. In der sowjetischen Zone wurden einige sehr kleine Gemeinden wieder aufgebaut, die sich einen Rabbiner teilten. Bisweilen suchten sie zusätzliche Mitglieder, um eine Gruppe von wenigstens zehn erwachsenen Männern bilden zu können, die für einen sogenannten Minyan, ein öffentliches Gebet, nötig sind. Julius Posner, ein britischer in Nordrhein-Westfalen stationierter Offizier, den diese überraschend schnelle Entwicklung beeindruckte, berichtete davon nach seiner Rückkehr nach London. Später erwähnte er in seinen Lebenserinnerungen die Reaktion Salomon Adler-Rudels auf seinen Bericht. Adler-Rudel war ein sozialpolitisch engagierter jüdischer Aktivist, der aus Czernowitz stammte. Er war seit 1934 Generalsekretär der Reichsvertretung der Deutschen Juden in Berlin, wurde 1936 von der Gestapo zur Auswanderung nach Großbritannien gezwungen und lebte seit 1946 in Palästina. Für seine Glaubensgenossen, die in Deutschland blieben oder dorthin zurückkehrten, hatte er kein Verständnis: «Mögen sie in ihrem geliebten Vaterland warten, bis man auch ihnen die Hälse abschneidet.»[27]

Nicht jeder war so unverblümt, doch viele dachten genauso. Juden, die entschieden hatten, in Deutschland zu bleiben, oder nach Jahren des Leids dort gestrandet waren, mussten sich oft nicht nur mit dem wiedererwachten Antisemitismus der Deutschen auseinandersetzen, sondern auch mit dem krassen Unverständnis oder sogar der Feindseligkeit ihrer Glaubensbrüder.

In den ersten Nachkriegsjahren untersuchten die Amerikaner die Einstellung der Deutschen zur Demokratie im Allgemeinen und zu den Juden, die wieder bei ihnen lebten, im Besonderen. Sie fanden heraus, dass die negative Einstellung gegenüber Juden nicht verschwunden war. Nach all den Jahren antijüdischer Politik und vehementer antisemitischer Propaganda war das kaum überraschend. Anfangs behaupteten die meisten, sie hätten vom Massenmord im Osten nichts gewusst, und hielten die amerikanischen Berichte für übertrieben. Zwar verteidigten nur wenige offen die antijüdische Politik der Nationalsozialisten, doch die meisten dachten, «daß es gut war, die Macht der Juden zu brechen».[28] Zu den alten antisemitischen Klischees kamen neue hinzu. Dazu gehörten die Angst vor Vergeltung und wachsende Ressentiments angesichts von Anschuldigungen, die von einzelnen Juden, jüdischen Organisationen und den alliierten Besatzungsmächten, oft auch von jüdischen Stabsoffizieren erhoben wurden.

Gewiss, da die Deutschen hungernd und frierend zwischen Ruinen lebten, interessierte die Mehrheit weder das Schicksal der

Juden noch die abgehobenere Frage nach Scham oder Schuld. Während die Sowjets eine strikte Politik praktizierten, um jedweden nationalsozialistischen Einfluss in ihrer Zone auszulöschen, entschieden sich die westlichen Alliierten für eine Politik der selektiven Entnazifizierung und für die Bestrafung einiger angeklagter Täter. Viele Nazigrößen waren entweder tot oder geflüchtet und untergetaucht. Einige Personen aus der ehemaligen Naziführung wurden vor den Internationalen Militärgerichtshof in Nürnberg gestellt. Unbedeutendere, denen die Flucht nicht gelang, kamen manchmal in Haft, wurden verhört und vor lokale Gerichte gestellt. Die Bemühungen um eine allgemeine Entnazifizierung wurden dann eine Zeit lang weitergeführt. In vielen Fällen befreite dieses Verfahren geringer belastete Täter allzu leicht vom Nazistigma, so dass sie als «Minderbelastete», «Mitläufer» oder «Entlastete» eingestuft wurden und mit einem «Persilschein» davonkamen. Die meisten inhaftierten Nazis wurden bald freigelassen, und nach und nach erlaubte man ihnen sogar, ihre Positionen in Justiz und Politik wieder einzunehmen. Die Besatzungsmächte waren zwar fest entschlossen, in ihren Zonen einen neuen moralischen Standard einzuführen, doch der Widerstand dagegen war ebenso allgegenwärtig wie beharrlich. Die überlebenden Juden waren also nicht nur mit kaum verhülltem Antisemitismus konfrontiert, sondern auch mit der Tatsache, dass alte Nazis und ihre Anhänger akzeptiert und in die westdeutsche Gesellschaft reintegriert wurden. Vor allem für diejenigen, die aus Deutschland stammten, muss das wahrlich bitter gewesen sein.

II.

In einigen Zeitungsartikeln zur «Judenfrage» – der Begriff wurde immer noch verwendet – wurde darauf hingewiesen, dass ein neues Kapitel in den Beziehungen zwischen Juden und Deutschen aufgeschlagen werden müsse. Einige konstatierten, diese Beziehung sei für die Deutschen jetzt «ein Prüfstein für deren wahrhaft demokratische Gesinnung» in der Nachkriegsgesellschaft, eine Art Lackmustest.[29] Dieser Test wurde vor allem von den amerikanischen Besatzungsbehörden zum Maßstab gemacht, zuerst von den militärischen, nach 1949 auch von den zivilen Behörden. Im Sommer 1949 gebrauchte John McCloy, der Hohe Kommissar der USA, als Gastredner bei einer überregionalen Tagung von Repräsentanten der neuen jüdischen Gemeinden in Deutschland nahezu dieselbe Terminologie. Er sagte, so wurde in der Presse berichtet, «die Welt werde es als Maßstab betrachten, ob Deutschland im Stande ist, gesunde Beziehungen zu den jüdischen Gemeinden zu schaffen ... Das Verhalten der Deutschen zu den wenigen Juden in ihrer Mitte sei ein Prüfstein ihrer Gesittung und eines echten demokratischen Aufbauwillens ... Die Einstellung der Deutschen zum Juden bedeute die Feuerprobe der deutschen Demokratie.»[30]

1949 schien Deutschland diesen Test nicht mit Anstand bestehen zu können. Seit 1945 hatte sich die Situation im Land beträchtlich verändert. Die Teilung Deutschlands in Besatzungszonen war durch die Gründung zweier zunächst nur bedingt unabhängiger Staaten ersetzt worden. Im Westen formierte sich die Bundesrepublik Deutschland, im Osten die Deutsche Demokratische Republik. Während die Notwendigkeit, Deutschland wirtschaftlich und politisch zu schwächen, die Alliierten zunächst einte, führte der sich vertiefende Bruch zwischen ihnen zu neuen Prioritäten. Obwohl alle Alliierten den Deutschen misstrauten, war nun jede Seite daran interessiert, geopolitische Koalitionen mit ihnen einzugehen. Die kommunistische Führung in Ostdeutschland betrachtete sich als einzige authentische Vertretung des deutschen Antifaschismus, lehnte jede Verantwortung für den Massenmord an den Juden ab und verhinderte, dass dieses Thema irgendeine sichtbare Rolle in ihrer Politik spielte. In den frühen 1950er Jahren initiierte Moskau eine kurze antisemitische Kampagne, vermutlich gegen «kosmopolitische» Elemente, die im ganzen Ostblock durchgeführt wurde und als Höhepunkt zum sogenannten Slánský-Prozess in Prag führte. Seitdem lebte das kleine Kontingent von Juden in der DDR in einem teils geschützten und teils privilegierten Status. Zwar gehörten sie zu den sogenannten Opfern des Faschismus, unter denen die politisch verfolgten Genossen die bei Weitem größere und bevorzugte Gruppe bildeten, aber als solche konnten sie sich nicht öffentlich äußern – und oft wollten sie es auch nicht.

Gleichzeitig erhielt die Einstellung gegenüber Juden in Westdeutschland, die zunächst Gradmesser für die Loslösung vom Nationalsozialismus war, allmählich eine andere Dimension. Sobald das Thema Restitution und Kompensation aufgekommen war, sah sich Deutschland mit drei jüdischen Gruppierungen konfrontiert: erstens mit den wenigen Juden, die in der Bundesrepublik ihren Wohnsitz gewählt oder wieder gewählt hatten, zweitens mit den organisierten amerikanischen Juden samt den Flüchtlingen, die dort oder irgendwo in der «westlichen Welt» Zuflucht gefunden hatten, und drittens mit den Juden, die im neu gegründeten Staat Israel lebten. Entschädigungsforderungen kamen von allen drei Seiten. Sie bildeten eine Front von Zeugen und Klägern, die man nicht ignorieren konnte. Schon während des Krieges hatte eine Debatte über Vergeltung begonnen. Sie wurde in den Jahren der Besatzung durch die Alliierten fortgesetzt, indem Rechtsansprüche formuliert wurden, zunächst im Namen von einzelnen Opfern, dann für Kollektive, etwa Gemeinden in Deutschland, und später auch für den Staat Israel. Diese Ansprüche beendeten das bis dahin ruhige, von Konsens geprägte Klima in Bezug auf die «Wiedergutmachung». Sowohl in Israel als auch in Westdeutschland wurden leidenschaftliche Debatten darüber geführt.

Israel und die Bundesrepublik wurden nahezu gleichzeitig unabhängig. Beide Staaten mussten gigantische Aufbauprojekte bewältigen und hatten sich den Beitritt zur internationalen Staatenfamilie zum Ziel gesetzt. Obwohl Reparationszahlungen an Juden in diesem Zusammenhang eine entscheidende Rolle spielten, schienen zunächst offizielle Verhandlungen zwischen beiden Seiten unmöglich zu sein. Bundeskanzler Konrad Adenauer und Ministerpräsident David Ben-Gurion sahen sich bei jedem Schritt aufeinander zu mit erbittertem Widerstand konfrontiert, und zwar nicht nur bei ihren politischen Gegnern, sondern auch in den eigenen Reihen. Es war viel diplomatisches Geschick erforderlich, um einen Kompromiss zu erzielen.

Ben-Gurion bestand auf der seiner Ansicht nach notwendigen finanziellen Unterstützung seines Landes, das vor der Aufgabe stand, hunderttausende Flüchtlinge zu «absorbieren», wie man damals sagte. Er erkannte jedoch, dass dies ohne allzu öffentlich bekannt gegebene Hilfe von Deutschland bewältigt werden musste. Er hatte den Vorteil, dass er auf die Dienste einiger deutscher Juden zurückgreifen konnte, die hohe Posten im neu etablierten israelischen Außenministerium innehatten. Sie wurden im Geheimen vorgeschickt, um die Stimmungslage bei ihren Verhandlungspartnern zu erkunden. Gleichzeitig nahm es Ben-Gurion auf sich, dem tiefen Unbehagen bei Freund und Feind im Land entgegenzuwirken. Er begründete seine Vorgehensweise mit den ökonomischen Bedürfnissen Israels, und darüber hinaus führte er ein neues Narrativ für Deutschland in die heftige, hochemotionale Debatte ein: Deutschland sei nun ein «anderes Land». Beziehungen dorthin seien kein notwendiges Übel, sondern sogar erwünscht. Er war sich dabei womöglich nicht der weit verbreiteten antisemitischen Stimmung in Deutschland und der Tatsache bewusst, dass exakt zur gleichen Zeit die deutsche Öffentlichkeit mit Forderungen nach voller Amnestie für Naziverbrecher beschäftigt war und dass diese kurz darauf vollständig in den neuen Staat, sogar bis in die höchsten Etagen der Macht, integriert sein würden. Trotzdem und trotz der heftigen, von dem demagogischen Menachem Begin angeführten Opposition in Parlament und Öffentlichkeit in Israel begannen am 21. März 1952 im niederländischen Wassenaar bei Den Haag offizielle und direkte Verhandlungen zwischen Israel und der von Nahum Goldman geleiteten Jewish Claims Conference, die die Juden außerhalb Israels repräsentierte, einerseits und der deutschen Bundesregierung andererseits. Am 10. September desselben Jahres wurde in Luxemburg das *Reparations Agreement between Israel and West Germany*, das sogenannte Wiedergutmachungsabkommen, unterzeichnet. Adenauer selbst war zuerst nicht darauf erpicht, die jüdischen Forderungen zu akzeptieren. Es waren John McCloy und seine Mitarbeiter im American Headquarter, die ihn drängten, sowohl den Antisemitismus öffentlich zu verurteilen als auch die Verantwortung für das Schicksal der Juden unter den Nationalsozialisten und für das, was Juden in den folgenden Jahren benötigen würden, zu akzeptieren.

Parallel zu den Verhandlungen bei Den Haag führte die Bundesregierung Verhandlungen mit zahlreichen Gläubigerstaaten, die im Februar 1953 mit dem Londoner Schuldenabkommen endeten. Der Abschluss der beiden Abkommen war Voraussetzung für die Integration Deutschlands in die westliche Allianz und die Wiederherstellung seiner vollen Souveränität. McCloy selbst musste sich dafür verbürgen, dass die Deutschen in der Lage waren, sowohl die jüdischen Forderungen als auch die Ansprüche seiner internationalen Gläubiger zu erfüllen. Ohne den Druck der Amerikaner hätte die Minderheit, die in Deutschland Reparationen offen unterstützte, nicht obsiegen können, stellte der Historiker Ulrich Herbert fest.[31] Ebenso entscheidend war die uneingeschränkte Unterstützung der Sozialdemokratischen Partei in der Opposition und am Ende auch Adenauers späteres Engagement in dieser Angelegenheit.

So schienen Mitte 1952 die deutschen Beziehungen zu Juden in Israel und in einigen Ländern des Westens zumindest offiziell geregelt zu sein. Die Bundesrepublik übernahm die Verantwortung für das, was nun «Wiedergutmachung» genannt wurde, sowohl gegenüber einzelnen deutschen Juden, unabhängig von ihrem gegenwärtigen Wohnort, als auch gegenüber dem Staat Israel.[32]

Am 19. Juli 1950 wurde der Zentralrat der Juden in Deutschland gegründet. Er hatte einen holprigen Start, doch schließlich wurde er unter der Führung des Generalsekretärs Hendrik George Van Dam zur öffentlichen Stimme der in Deutschland lebenden Juden. Van Dam setzte sich wie Ben-Gurion in Israel und Nahum Goldman in den USA für finanzielle Reparationen ein, doch sein wichtigstes Anliegen wurde es, die Juden, die sich nach dem Krieg und nach dem Holocaust in Deutschland niedergelassen hatten, auch in allen anderen Angelegenheiten zu repräsentieren.

Selbst Leo Baeck, der ehemalige Berliner Rabbiner und seit 1933 Präsident der Reichsvertretung der Deutschen Juden, der aus Verantwortung für seine Gemeinde bis zum bitteren Ende in Deutschland geblieben war, sprach sich für einen vorsichtigen Optimismus aus. 1945, unmittelbar nach der Befreiung, stellte der Überlebende des Ghettos Theresienstadt fest: «Die Epoche der Juden in Deutschland ist ein für alle Mal vorbei.»[33] Doch bereits 1951 sagte er bei seinem bewegenden Deutschlandbesuch: «Es wird für langehin Juden in Deutschland geben.»[34] Und diese recht vorsichtige Prognose hat sich in der Tat als richtig erwiesen.

III.

Nach dem Zweiten Weltkrieg mussten nicht nur die Juden ihr Leben wiederherstellen, sondern das ganze Land befand sich im Wiederaufbau – zuerst im elementarsten, materiellen Sinne, dann auf den sehr viel komplexeren sozialen, ökonomischen, institutionellen und politischen Ebenen. Die Grundlagen waren klar definiert: Die Nationalsozialisten und die Wehrmacht waren besiegt, und Preußen mit seiner Junker-Aristokratie und seinen militärischen Traditionen durfte nicht weiter existieren. Im Osten wurde ein von Russland kontrollierter kommunistischer Staat errichtet, im Westen mit der großzügigen finanziellen Hilfe der Amerikaner und gemäß ihrer antikommunistischen Agenda eine neue föderale Demokratie aufgebaut. Bereits im Sommer 1948 wurde im Westen mit der Währungsreform die freie Marktwirtschaft eingeführt, und in einer gemeinsamen Anstrengung begann der Aufschwung, der als «Wirtschaftswunder» bekannt wurde.

Gleichzeitig wurde in Westdeutschland das Parteiensystem wiederhergestellt, die wichtigsten demokratischen Institutionen wurden etabliert, das Grundgesetz entworfen und in Kraft gesetzt. Es sollte provisorisch für Westdeutschland gelten, bis sich ein vereinigtes Deutschland eine «Verfassung» geben würde. Charakteristisch für die ersten Jahre war einerseits der schnelle und umfassende ökonomische Aufschwung der Bundesrepublik, andererseits der beginnende Kalte Krieg. Hier ging es nicht nur um den Kampf zweier Weltmächte, sondern auch um die Konkurrenz ihrer tragenden Ideologien. Ein Großteil der Außenpolitik der beiden deutschen Staaten wurde zwar von den unmittelbaren Interessen der Weltmächte diktiert, doch innerhalb dieses Rahmens konnten sich beide auf die Innenpolitik konzentrieren. Die kommunistische Diktatur im Osten baute ihr vom machtvollen Staatssicherheitsdienst gelenktes Überwachungssystem auf, mit dem sie auf alle Lebensbereiche Zugriff hatte. Da die wirtschaftlichen Wiederaufbaupläne der Sowjetunion scheiterten, bestand sie auf gigantischen Kriegsreparationen durch die DDR und transferierte einen Großteil der dortigen Schwerindustrie in die UdSSR. Der DDR wurden nahezu sämtliche Ressourcen entzogen. Gleichzeitig gingen große Teile der nichtkommunistischen Elite, desillusionierte Sozialisten und die Mehrheit der jüdischen Flüchtlinge vom Osten in den Westen. Das Land hatte deshalb weder das nötige Kapital noch die nötigen Arbeitskräfte für ein stabiles Wirtschaftswachstum. 1961 entschied die Regierung der DDR, ihre Grenze zum Westen hermetisch abzuriegeln, um eine weitere Abwanderung von Talenten und Arbeitskräften zu stoppen, und baute die Berliner Mauer.

Inzwischen erfreute sich der Westen eines beispiellosen ökonomischen Wachstums und unter der Kanzlerschaft von Konrad Adenauer einer gewissen politischen Stabilität. Dieser war der Wiedereinstellung von ehemaligen Nazis oder deren Anhängern auf Regierungsposten nicht abgeneigt. Der extremste Fall ist die Ernennung des Verwaltungsjuristen Hans Globke zum Chef des Bundeskanzleramts: Der Mitverfasser der Nürnberger Rassengesetze und weiterer antisemitischer Verordnungen, der bei seiner «Entnazifizierung» als «unbelastet» eingestuft worden war, war seit 1953 als Adenauers «graue Eminenz» unter anderem für den BND und den Verfassungsschutz zuständig. Doch die Grundlagen für eine stabile Demokratie wurden Schritt für Schritt geschaffen und von der Mehrheit der Bürger angenommen. Ende 1954 wurde Westdeutschland als Mitglied der NATO akzeptiert und seine Stellung in der westlichen Allianz gestärkt. Die Bundesrepublik hatte seit 1951 eigene paramilitärische Verteidigungskräfte, und kurz darauf wurde die Bundeswehr gegründet. Mit den Pariser Verträgen vom Mai 1955 erhielt sie die internationale Anerkennung und eine zumindest partielle Souveränität.

Da die Amerikaner auf der Beibehaltung eines strikt kapitalistischen Wirtschaftssystems bestanden und jeden Versuch der Vergesellschaftung wichtiger Industrieunternehmen unterbanden, kam es im ersten Jahrzehnt der Bundesrepublik zur Etablierung der «sozialen Marktwirtschaft», einer Kombination von Kapitalismus und einem starken, intervenierenden Staat – eine in ganz Europa vorherrschende Entwicklung. Die für die unmittelbare Nachkriegszeit charakteristische extreme Armut und die hohe Arbeitslosigkeit wurden schnell überwunden. Das durchschnittliche Haushaltseinkommen wuchs zwischen 1950 und 1960 um 400 Prozent. Ein neues Ausbildungs- und ein Gesundheitssystem waren bald in den Grundzügen entworfen, und es galten die Prinzipien des Wohlfahrtsstaates – wie in dieser Zeit auch in einigen anderen europäischen Ländern. Im Verlauf der fünfziger Jahre wurden die in Trümmern liegenden Städte in ihrer heutigen modernen und autogerechten Gestalt wiederaufgebaut. Mit Deutschland wuchs ein ökonomischer Gigant heran, wenn auch noch keine dominierende politische Kraft.

IV.

Was sahen Juden in diesem neuen Deutschland? Selbstverständlich hatten unterschiedliche Juden unterschiedliche Perspektiven. Manche Israelis fühlten sich zunächst im Vertrauen auf eine Erneuerung Deutschlands bestätigt. Wie Ben-Gurion glaubten sie an ein durch eine neue, junge Generation wiederbelebtes «anderes Deutschland». Im Mai 1965 wurden diplomatische Beziehungen zwischen Israel und der Bundesrepublik formell etabliert. Informelle und weitreichende Kontakte hatte es bereits seit dem Sommer 1953 gegeben. Im Rahmen des Wiedergutmachungsabkommens wurden deutsche Waren nach Israel exportiert, und im Gegenzug kamen die bekannten Jaffa-Orangen nach Deutschland. Journalisten berichteten über politische Ereignisse in beiden Ländern. Der Tourismus florierte in beiden Richtungen, und die wissenschaftliche Zusammenarbeit war bemerkenswert breit gefächert und tiefgehend. Manche Juden empfanden es zwar als verstörend, dass einige Israelis nach Deutschland zurückkehrten, doch selbst das galt angesichts dieser fortschreitenden Annäherung als weniger relevant. Im Konflikt um den Suezkanal befanden sich Deutschland und Israel 1956 auf derselben Seite, und unmittelbar danach begannen durch die direkte Intervention des einflussreichen Bonner Verteidigungsministers Franz Josef Strauß deutsche Militärhilfen nach

Israel zu fließen. Selbst als 1959 Berichte über antisemitische Übergriffe Israel erreichten, war sich Ben-Gurion dieses «anderen Deutschland» so sicher wie je. Als jedoch Adolf Eichmann, der für die Deportation der Juden aus ganz Europa in die Vernichtungslager im Osten verantwortlich gewesen war, wenig später aus Argentinien entführt und in Israel vor Gericht gestellt wurde, brachen alte Wunden wieder auf.

Ende 1959 und Anfang 1960 waren die Juden in Deutschland und offenbar auch die deutsche Regierung wegen antisemitischer Übergriffe wieder besorgt. Am 16. Januar 1960 hielt Adenauer eine von allen deutschen Rundfunk- und Fernsehsendern übertragene Rede, in der er angesichts der ständigen Schmierereien von Naziparolen und Hakenkreuzen auf jüdischen Gräbern und an Synagogenwänden in Köln und Düsseldorf seine tief empfundene Empörung zum Ausdruck brachte. Sicher war er vor allem wegen der Wirkung dieser Ereignisse auf die öffentliche Meinung im Ausland beunruhigt, doch viele andere Funktionsträger der Regierung, meist konservative CDU-Mitglieder, äußerten ebenfalls ihre Bedenken. Die politische Elite war besorgt, obwohl sie in und außerhalb der Regierung weiterhin Kontakte zu alten Nazis pflegte.

Inzwischen äußerten sich auch in Amerika die jüdischen Organisationen: Die Jugend in Deutschland müsse unbedingt besser über die jüngste Vergangenheit aufgeklärt werden. Ähnliche Warnungen vor dem Vergessen und der Appell, Junge und Alte besser über die Geschichte zu informieren, kamen in den Tagen des Eichmann-Prozesses 1961 auch aus Israel. Zwischen 1963 und 1965 besuchten tausende Schulklassen mit ihren Lehrern die sogenannten Auschwitz-Prozesse in Frankfurt am Main; Generalstaatsanwalt Fritz Bauer stand offen und entschieden hinter diesem pädagogischen Projekt.

Fritz Bauer war es gewesen, der von seinem Frankfurter Büro aus den israelischen Geheimdienst Mossad kontaktiert und Details über Eichmanns Aufenthaltsort in Argentinien geliefert hatte. Bauers Biographie ist zwar keineswegs typisch für das Schicksal oder das Verhalten der Juden vor, während oder nach dem Nationalsozialismus, doch sie steht stellvertretend für die Rolle der Juden in der Gesellschaft der Nachkriegszeit. Es waren Juden, die darauf bestanden, nationalsozialistische Täter ausfindig zu machen, die weiter unbehelligt inmitten der westdeutschen Gesellschaft lebten. Das wurde sogar von ihnen erwartet. Juden bezeugten deren Verbrechen, auch wenn die besseren Zeugen in den Konzentrationslagern ermordet worden waren und die in den folgenden Prozessen auftretenden Zeugen häufig aus dem Ausland kamen. Die Juden in Deutschland waren aber auch Kläger, indem sie, selten faktisch, doch stets symbolisch, die Täter vor Gericht stellten.

Fritz Bauer wurde 1903 als Sohn einer in hohem Maße assimilierten jüdischen Familie in Stuttgart geboren.[35] Wie so oft in diesen Fällen war deren säkulares bürgerliches Leben nur durch eine Generation vom religiös orthodoxen Lebensstil der Großeltern entfernt; bei Fritz Bauer galt das vor allem mütterlicherseits. Seine jüdischen Wurzeln waren gewiss tiefer, als er sich selbst eingestehen wollte. Berührend ist die Geschichte, die Bauer einmal von einem vertraulichen Gespräch mit seiner Mutter erzählte, die auf seine Frage, was Gott sei, mit einem wohlbekannten Spruch antwortete: «Was dir nicht lieb ist, das thue auch deinem Nächsten nicht.» – «Das ist die ganze Gesetzeslehre», so lautet der zweite Teil des Spruchs von Hillel dem Älteren, dem berühmten Rabbiner im Babylonischen Talmud. Während in seinem Elternhaus das Judentum nicht sehr präsent schien, ließen einige wenige Kindheitserinnerungen und antisemitische Vorkommnisse in der Schule den jungen Fritz Bauer schließlich doch die Dimension des Andersseins erkennen, das ihm zugeschrieben wurde. Wie wir in früheren Kapiteln gesehen haben, hatte sich im Milieu der assimilierten Juden ein entschiedener deutscher Patriotismus entwickelt, mit viel Goethe,

Schiller und Lessing, Liebe zum Vaterland und viel sozialem Engagement, teils entstanden aus der Erfahrung der eigenen Verwundbarkeit.

Bauer studierte Jura und Politische Wissenschaft, trat 1920 der Sozialdemokratischen Partei bei und übernahm 1931 den Vorsitz der Stuttgarter Ortsgruppe des Reichsbanners Schwarz-Rot-Gold, der Selbstverteidigungsorganisation der SPD. 1928 wurde er Gerichtsassessor im Amtsgericht Stuttgart und nur zwei Jahre später jüngster Amtsrichter der Weimarer Republik. Er war ein dynamischer und talentierter junger Mann auf dem Weg zu einer blendenden Karriere. Aber damit war am 30. Januar 1933 schlagartig Schluss. Als Aktivist der SPD und erklärter Gegner der Nationalsozialisten wurde Bauer am 23. März 1933 verhaftet und acht Monate lang in Konzentrationslagern interniert. Zum Jahresende kam er plötzlich frei, aber er war inzwischen aus dem Staatsdienst entlassen worden, weil er Jude war. Nach einigem Zögern entschied sich Fritz Bauer 1936, nach Dänemark zu emigrieren, wo seine verheiratete Schwester lebte. Erst Anfang Januar 1940, sozusagen im letzten Moment, glückte auch seinen Eltern die Flucht, und die ganze Familie gelangte mit der Mehrheit der dänischen Juden, nach Schweden. Bauer schloss sich hier, wie zuvor in Dänemark, den Sozialdemokraten an, gründete zusammen mit Willy Brandt eine eigene Zeitschrift, die *Sozialistische Tribüne*, und kehrte im Frühjahr 1949 nach Deutschland zurück.

Während dieser ganzen Zeit fühlte sich Bauer als loyaler deutscher Bürger und Patriot. Wiederholt hatte er seine Bereitschaft betont, am Wiederaufbau eines neuen demokratischen Deutschland mitzuwirken, das sich ungeachtet aller Ereignisse unter der nationalsozialistischen Herrschaft auf seine liberale Tradition stützen sollte. Als Jude hatte er es jedoch auch jetzt noch schwer, eine angemessene Stelle im Justizsystem des neu geschaffenen Staates zu bekommen. Seine Anwesenheit schien sogar unter dem Regime der

Alliierten «inopportun» zu sein. Kaum hatte er seine erste Stelle in der Braunschweiger Staatsanwaltschaft übernommen, sah er sich im Amt von Ex-Nazis umstellt und war bald gezwungen, direkt oder indirekt gegen sie vorzugehen. Obwohl Bauer aus seinem Jüdischsein nie ein Geheimnis gemacht hatte, war er damals sehr zurückhaltend, sich als Jude zu erkennen zu geben. Sicherlich blieb er für seine Widersacher genauso wie für die meisten seiner Freunde immer noch ein Jude.

Es war womöglich Zufall, dass Fritz Bauer den Posten des Generalstaatsanwalts beim Braunschweiger Oberlandesgericht im sogenannten Remer-Prozess übernehmen musste. Otto Ernst Remer, Generalmajor der Wehrmacht, war angeklagt, die Männer des 20. Juli 1944 wiederholt diffamiert zu haben. Bauer machte es sich zur Aufgabe, vermittels dieses Verfahrens eine umfassende Rehabilitierung der Verschwörer zu erwirken, die gemeinhin noch als «Vaterlandsverräter» galten. In einem leidenschaftlichen Plädoyer überzeugte er das Gericht davon, dass Widerstand gegen einen «Unrechtsstaat» – diesen Begriff prägte er – nicht nur moralisch geboten, sondern auch gesetzlich zulässig sei. Obwohl die Gerichtsverhandlung mit allen Befragungen und Plädoyers nur eine Woche dauerte, wurde in allen westdeutschen Medien ausführlich darüber berichtet, was zu hitzigen Debatten führte. Der Remer-Prozess war in den frühen Jahren der Bundesrepublik der erste Fall, in dem Nazisympathisanten nicht vor ein Gericht der alliierten Besatzung, sondern vor einen deutschen Gerichtshof gebracht wurden, und er berührte indirekt auch die Rolle des Militärs unter Hitlers Herrschaft. Bauer begab sich auf gefährliches Terrain.

Überraschenderweise war Fritz Bauer damit zunächst relativ erfolgreich. 1956 wurde er auf Betreiben des hessischen SPD-Ministerpräsidenten Georg-August Zinn hessischer Generalstaatsanwalt. Von dieser Position aus verfolgte er Naziverbrecher und konzentrierte sich zunächst darauf, drei zentrale Gestalten der nationalsozialistischen Diktatur vor Gericht zu bringen: den SS-Obersturmbannführer Adolf Eichmann, den Leiter der Parteikanzlei der NSDAP und Hitler-Vertrauten Martin Bormann sowie den für seine menschenverachtenden medizinischen Versuche berüchtigten Lagerarzt von Auschwitz-Birkenau Josef Mengele.

Die Geschichte, wie Eichmann vor Gericht gebracht wurde, nämlich in Jerusalem und nicht in Deutschland, ist viele Male erzählt worden, einschließlich der geheimen Rolle, die der hessische Generalstaatsanwalt dabei spielte. Von Beginn an hatte Fritz Bauer Zweifel, ob er in der Lage sein würde, noch dazu als Jude, Eichmanns Auslieferung durchzusetzen. Er war sich damals vollkommen bewusst, dass die Mehrheit der Verantwortlichen im deutschen Justizapparat dagegen war, Nazis vor Gericht zu bringen. Darüber hinaus misstraute er den deutschen Diplomaten in Buenos Aires. Nachdem es ihm weder gelungen war, den Fall Bormann zu klären, noch Mengele vor Gericht zu bringen, war es für ihn nun besonders wichtig, Eichmann aufzuspüren. Und so entschied er sich, die ihm zugetragenen Informationen über Eichmanns Aufenthaltsort in Argentinien nicht den deutschen Behörden zuzuspielen, sondern Felix Shinnar, dem Leiter der sogenannten Israel-Mission in Köln, die die Wiedergutmachungsleistungen an Israel koordinierte. Auf dessen Rat hin kontaktierte Bauer den Mossad, der Eichmann nach Israel entführte. Bauer erklärte später, er habe Eichmanns Auslieferung aus Israel nach Deutschland angestrebt, doch das Justizministerium habe sich, einer direkten Anordnung aus Bonn folgend, geweigert, aktiv zu werden. Bauer flog dann zweimal nach Israel, wo er sich mit seinen Kollegen im Justizministerium austauschte, vor allem mit Chaim Cohn, der in Lübeck geboren und Student der Goethe-Universität Frankfurt gewesen war. Den beiden fiel es nicht schwer, eine gemeinsame Sprache zu finden. Ben-Gurion selbst war über Fritz Bauer allerdings nicht mehr bekannt, als dass er «ein deutscher Jude» war.[36] Interessanterweise orientierte sich der Prozess in Jerusalem an Rechtsprinzipien, die denjenigen glichen, die Bauer ein paar Jahre später im sogenannten Auschwitz-Prozess anwandte, wobei Ben-Gurion den Eichmann-Prozess in Jerusalem für erzieherische Zwecke nutzte, wie es Bauer später in Frankfurt ebenfalls zu tun hoffte. Über den Eichmann-Prozess wurde sowohl in Israel als auch in Deutschland über Monate in allen Medien täglich berichtet. Die Wirkung war bemerkenswert. Zum ersten Mal wurde das Schicksal der Juden im Holocaust durch überlebende Zeugen für die Öffentlichkeit in vielen Einzelheiten enthüllt.

Während dieser Zeit forschte Bauer weiter nach Lebenszeichen von Martin Bormann und dem Aufenthaltsort von Josef Mengele, doch hier gingen seine Bemühungen ins Leere. Gleichzeitig begann er mit Vorbereitungen für die Auschwitz-Prozesse, bei denen 22 Funktionäre, Wächter und SS-Offiziere des Konzentrationslagers angeklagt waren. Das sich in dieser Zeit langsam wandelnde Klima und der Umstand, dass die Angeklagten eher kleine Fische waren, ließen ihn hoffen, dass er mit dieser Arbeit vorankommen würde, ohne allzu sehr behindert zu werden. Der erste Auschwitzprozess begann am 20. Dezember 1963 und erregte großes öffentliches Interesse und auch viel Feindseligkeit. Bauers Gegnern war sicherlich nicht entgangen, dass er Jude war. Er wurde permanent in der Presse kritisiert, bedroht, belästigt, und sein Wohnhaus wurde mehrfach mit Nazisymbolen beschmiert.

Fritz Bauer stand vor einem Dilemma: Er erkannte, dass das Ergebnis dieses großen Prozesses auch kontraproduktiv sein könnte. Er könnte ungewollt den in der Bundesrepublik weiter vorhandenen Antisemitismus stärken, zu Empathie mit den Angeklagten führen und sie am Ende in ein falsches Licht rücken. Letztlich könnte er auch Bauers eigene Position gefährden, womöglich sogar sein Leben. Bauer muss damals jedoch gespürt haben, dass dies die Mission seines Lebens war. Er handelte im Gedenken an die Opfer, aber sicherlich ging es ihm hauptsächlich darum, die junge deutsche Demokratie zu stärken. Zweihundert Zeugen erschienen vor Gericht, meist Juden, die aus vielen Ländern anreisten, um persönlich von ihren Qualen und ihrem Überleben zu erzählen. Viele Einzelbesucher und organisierte Gruppen, vor allem Schulklassen, kamen, um zuzuhören. Am Ende gab es sechs lebenslange Gefängnisstrafen, eine zehnjährige Jugendstrafe, zehn Freiheitsstrafen zwischen dreieinhalb und vierzehn Jahren sowie drei Freisprüche aus Mangel an Beweisen. Doch selbst dieses magere Ergebnis wurde oft als übertrieben streng kritisiert. Die Hetze gegen Bauer hörte nicht auf.

Doch Bauer erhielt auch Unterstützung. Eine Zeit lang waren die jungen Rebellen der Frankfurter Universität, unter ihnen nicht wenige Juden, von Bauers Kampf um Recht und Gerechtigkeit und von seiner Persönlichkeit fasziniert. Bauer hielt Vorträge, gab Zeitungsinterviews und traf sich mehrfach mit Studentengruppen. Dennoch wurde er immer mutloser. Die Auschwitz-Prozesse waren in seinen Augen gescheitert. Dem israelischen Journalisten Amos Elon sagte er einmal: «Der erzieherische Effekt dieser Prozesse – wenn es überhaupt einen gibt – ist minimal.»[37] Seine 1965 begonnenen Versuche, Nazijuristen und -ärzte, die an der sogenannten Aktion T4 zur systematischen Ermordung von 70 000 Menschen mit geistigen oder körperlichen Behinderungen beteiligt waren, ihrer gerechten Strafe zuzuführen, scheiterten «wahrlich katastrophal».[38] Alle 16 von Bauer eingeleiteten Ermittlungsverfahren wurden eingestellt. Bei den Justizbehörden fühlte er sich wie im Exil: «Wenn ich mein Zimmer verlasse, betrete ich feindliches Ausland.»[39] Gelegentlich dachte er daran, nochmals zu emigrieren, und in Diskussionen mit dänischen Zeitungen zeichnete er von der Bundesrepublik ein düsteres Bild: Sie sei antisemitisch und widersetze sich jeder echten Reform. Ende 1967 klagte er in einem undatierten Brief über Erschöpfung und schrieb über den permanenten Widerstand gegen alle seine juristischen Entscheidungen: «Entsetzlich ist, zu sehen, wie solche Anlässe die Braunen im Lande vereinen und zum Kesseltreiben veranlassen. Der Jude wird eben verbrannt.»[40]

Fritz Bauer starb ganz plötzlich am 30. Juni 1968, vermutlich an einem Herzinfarkt, einer Bronchitis und einer Kombination von Schlaftabletten und Alkohol. Er hatte verfügt, dass er verbrannt werden sollte – im Widerspruch zum jüdischen Brauch –, und distanzierte sich damit ein letztes Mal von allem Jüdischen. Seine Einschätzung, die eigenen Verdienste betreffend, war aber sicher falsch. In seinem lebenslangen «Streben nach Gerechtigkeit» hat er neue Standards gesetzt, vor allem mit der «Pflicht zum Ungehorsam» und mit der Beharrlichkeit, die nationalsozialistischen Verbrecher vor Gericht zu bringen. In gesellschaftlicher Hinsicht besteht sein Erbe darin, den wesentlichen Anstoß zu jenem lange andauernden «Erinnerungskampf», so der Historiker Norbert Frei, gegeben zu haben, der in Deutschland während der folgenden Jahrzehnte mit großer Intensität geführt wurde.[41]

V.

Noch zu Fritz Bauers Lebzeiten wurde in der Öffentlichkeit, der Presse und unter Juristen und Politikern über die Verjährung von Verbrechen im Allgemeinen und ganz besonders von Verbrechen der Nationalsozialisten gegen die Menschlichkeit heftig und kontrovers diskutiert. Es war ein bitteres Nachspiel zu Bauers juristischen Kämpfen. Offenbar war die Mehrheit der Deutschen gegen eine Verlängerung der Verjährungsfrist, genauer gesagt, gegen die weitere Verfolgung von Nazitätern, und fast alle Politiker zogen es vor, in dieser Sache der Mehrheit zu folgen. Ein gewisser Druck kam von ausländischen Regierungen und internationalen jüdischen Organisationen, doch besondere Aufmerksamkeit galt der Kritik aus Israel: «Wir können uns nicht von Israel unter Druck setzen lassen in einer Frage, die für uns eine Rechtsfrage ist», wandte Bundesjustizminister Ewald Bucher (FDP) im Bundestag ein und fügte hinzu: «Wir müssen es auf uns nehmen, notfalls mit einigen Mördern zusammenzuleben.» Die vorherrschende Meinung war, dass Juden, innerhalb und außerhalb von Deutschland, aufhören sollten, Druck auf Deutschland auszuüben, um Nazitäter vor Gericht zu stellen. Sie dürften nicht länger als Kläger in jenem imaginären Gerichtssaal auftreten, der künstlich in der deutschen Öffentlichkeit errichtet worden sei. Der CSU-Vorsitzende Franz Josef Strauß trieb die Angelegenheit auf die Spitze. Er forderte nachdrücklich, es dürfe nicht länger so aussehen, «als ob nur die Deutschen allein Kriegsverbrechen begangen hätten».[42]

Ohne Frage stand jenseits juristischer Aspekte für die meisten Befürworter eines «Schlussstrichs» das Bedürfnis im Vordergrund, Deutschland und den Deutschen ein «gesundes nationales Selbstbewusstsein» zurückzugeben. Den Verbrechen der Vergangenheit sollte keine große Bedeutung mehr zugemessen werden. Ludwig Erhard, der Adenauer 1963 als Kanzler folgte, meinte, für Deutschland sei es an der Zeit, «aus der Nachkriegszeit herauszutreten».[43] Aber diese und ähnliche Hoffnungen wurden vor dem Hintergrund einer machtvollen Gegenbewegung geäußert, die sich jetzt in der Jugend bildete. Die junge Generation interessierte sich immer genauer für die Vergangenheit, die von der Generation ihrer Väter nur allzu oft verdrängt worden war. Bedeutsam ist, dass es ihr nicht mehr so sehr auf die juristische Verfolgung ankam. Dieser Umgang mit der Vergangenheit verlor langsam an politischer Brisanz. Er führe lediglich «zu einer Personalisierung und Psychologisierung des kriminellen Charakters des Nationalsozialismus», erklärte der Soziologe M. Rainer Lepsius 1988, und dadurch möglicherweise zur Vernachlässigung der moralischen Bedeutung seiner Verbrechen für die weitere Entwicklung der Bundesrepublik.[44] Tatsächlich nahmen die rebellierenden Studenten Ende der sechziger Jahre die Rolle der Kläger ein, zwar meist eher symbolisch, seltener konkret, doch auch dieser Ansatz führte bald in eine Sackgasse. Die Konfrontation mit den Eltern blieb am Ende eine private Auseinandersetzung, sooft sie sich auch wiederholen mochte. Und so wichtig diese Auseinandersetzung war, hatten die Studenten doch weitergehende, andere Ziele. Ihr Projekt war die Veränderung des gesamten gesellschaftlichen und politischen Umfelds in der nahen und fernen Zukunft.

Bezeichnenderweise waren nun nicht mehr die Juden, sondern die jüngere Generation politischer Aktivisten Vorreiter der Bewegung zur Auseinandersetzung mit der nationalsozialistischen Vergangenheit. Einige talentierte junge Männer und auch eine wachsende Anzahl solcher Frauen begannen im bis zu diesem Zeitpunkt noch streng hierarchisch gegliederten akademischen Establishment, in Forschungsabteilungen von Gedenkstätten, die auf dem Gelände aufgelöster Konzentrationslager entstanden waren, und in anderen Institutionen, die mit der Untersuchung des Nationalsozialismus im Allgemeinen und des Holocaust im Besonderen befasst waren, zu arbeiten. Mit der Zeit wurden ihre unabhängigen Nachforschungen über die Vergangenheit großer oder kleiner Kommunen immer wichtiger. Oft taten sie das auf Basis ihrer eigenen bescheidenen finanziellen Mittel und gegen den vehementen Widerstand älterer Bürger.

Im Sommer 1968 erfasste die Studentenbewegung, der diese jungen Leute meist angehörten, das ganze Land. Es gab unterschiedliche, mehr oder weniger radikale Gruppierungen mit unterschiedlichen politischen und gesellschaftlichen Zielsetzungen. Eine starke marxistisch ausgerichtete Fraktion bekämpfte die Allianz zwischen konservativen Politikern und kapitalistischen Unternehmern, die in der Bundesrepublik seit ihrer Gründung zum Nachteil der ärmeren und schwächeren Schichten das Sagen hatte. Andere richteten sich gegen die anachronistische Struktur der westdeutschen Universitäten, protestierten gegen die akademische Führungsriege, die mit der politischen Klasse kooperierte und an Diskursen alten Stils und dem Klima des Verschweigens der Elterngeneration festhielt. Eine neue Frauenbewegung entstand und meldete sich mit Vehemenz zu Wort. Diese vielschichtige, explosive Mischung wurde durch die Opposition zum Vietnamkrieg und das Solidaritätsgefühl mit oppositionellen Studenten in der ganzen Welt, vor allem in Frankreich, England und den Vereinigten Staaten, radikalisiert. Die Aktivisten waren vom Gefühl der Erneuerung beflügelt, ihre Gegner mussten dagegen oft mit Wut und Entrüstung zurechtkommen.

Zur selben Zeit gab es in Deutschland wichtige Veränderungen auf Regierungsebene. Im Oktober 1966 ging die SPD eine Große Koalition mit der stärkeren CDU ein, Willy Brandt wurde unter Kurt Georg Kiesinger Vizekanzler und Außenminister und ab 1969 Kanzler. Die Atmosphäre im Land änderte sich. Brandt führte eine Reihe sozialer Reformen ein, so dass für Sozialleistungen, Renten, Wohn- und Bildungsprojekte mehr Geld bereitstand. Mit einer Reihe von mutigen Schachzügen unter der Devise «Wandel durch Annäherung» strebte er eine Normalisierung der Beziehungen zum Ostblock an und unterzeichnete 1970 mehrere internationale Verträge, mit denen Westdeutschland die bestehenden Ostgrenzen völkerrechtlich anerkannte. Bei seinem Besuch in Warschau legte er am 7. Dezember einen Kranz vor dem Ehrenmal für die Helden des Warschauer Ghettos ab und fiel nach dem Richten der Schleife unerwartet auf die Knie – ein denkwürdiges, sogar berührendes Ereignis, das als Symbol für die moralische Integrität des zeitgenössischen Deutschland wahrgenommen wurde. Im folgenden Jahr kam es zum Transitabkommen mit der DDR und Ende 1972 schließlich zum Grundlagenvertrag mit der DDR, der erstmals anerkannte, dass es zwei deutsche Staaten gab.

Obwohl sich die Regierung allzu oft aufgefordert sah, gegen radikale oder sogar gewaltbereite linke Demonstranten und gegen die Terroristen der Roten Armee Fraktion vorzugehen, waren die siebziger Jahre eine Zeit des wachsenden Optimismus, der seinen Ausdruck in den Olympischen Spielen von 1972 fand. Westdeutschland schien 36 Jahre nach den Olympischen Spielen in Berlin sein internationales Ansehen wiederzugewinnen. Es präsentierte sich als offenes, der Zukunft zugewandtes Land und vorbildliche Demokratie. Unglücklicherweise ereignete sich während dieser sorgfältig geplanten «heiteren Spiele» einer der schrecklichsten Terroranschläge Nachkriegsdeutschlands, der sich gegen israelische Athleten in ihrem Quartier im Olympischen Dorf richtete. Das tragische Scheitern des Versuchs der Sicherheitskräfte, die neun Geiseln zu befreien, die sich in der Gewalt palästinensischer Terroristen befanden, verschärfte die Situation. Den Gesamteindruck der Spiele konnte aber sogar dies nicht ändern. Der Historiker Ulrich Herbert konstatiert: «Im Gedächtnis blieben die Münchner Spiele dennoch als Symbol eines modernen, geläuterten Deutschland haften, auf das die Deutschen wieder stolz sein konnten.»[45]

Viele Juden in Deutschland waren da wahrscheinlich nicht ganz so zuversichtlich. Ihre akuten Sorgen galten aber weniger Deutschland als dem Schicksal Israels. Der Sechstagekrieg im Juni 1967 schürte erneut Ängste, zunächst in den angespannten Wochen vor dem Krieg, dann während der heftigen Kampfhandlungen. Doch die Erfahrung, dass Israel so schnell siegen konnte, erwies sich auch für viele Juden außerhalb Israels als prägend, es stärkte ihre Bindungen zu diesem Land sowie ihre innere jüdische Solidarität. Die Erleichterung hielt allerdings nicht lange. Schon bald kam es zum nächsten Krieg. Im Jom-Kippur-Krieg von 1973 «überfiel man ein betendes und fastendes Volk», schrieb der Literaturwissenschaftler Hans Mayer voller Mitgefühl und vielleicht ein wenig sentimental. Danach, fügte er hinzu, «wurde die Stimmung im Westen und vor allem in Deutschland wesentlich kühler».[46] Israel wurde schon seit dem Sechstagekrieg und nun immer heftiger wegen seiner Politik gegenüber der Bevölkerung in den besetzten Gebieten hart kritisiert, und für viele, auch für einige unter den linken jüdischen Studenten in der Studentenbewegung, wurde es zum Symbol für kolonialistisches Verhalten, das in aller Schärfe abgelehnt und zurückgewiesen wurde. Einige Intellektuelle bemühten sich um einen Ausgleich zwischen ihrer Kritik an Israel und der Tendenz in ihren eigenen Reihen, die israelische Vorgehensweise nicht nur mit dem Krieg der Franzosen in Algerien, sondern sogar mit der Politik der Nazis gleichzusetzen. Die Uneinigkeit hierüber bei den westdeutschen Linken blieb jedoch bestehen.

«Israel war ein kühnes Experiment», stellte Mayer später fest. Er bezog sich damit auf ein Buch von Friedrich Dürrenmatt zu Israel aus dem Jahr 1976. «In einem Land fast ohne Juden», heißt es bei Dürrenmatt, «sind bei allen Auseinandersetzungen um Fremdlinge, Asylanten und andere Ausländer die nicht vorhandenen Juden stets mitgemeint.»[47] Juden standen in der Tat für das «Anderssein» aller Übrigen, unter ihnen die Neuankömmlinge aus der Türkei, aus Osteuropa und anderswo. Aber in den siebziger Jahren konzentrierten sich die überlebenden Juden in Deutschland intensiver denn je darauf, ihre eigenen religiösen Gemeinden und ihr Privatleben neu zu organisieren. Die Auseinandersetzung mit der nationalsozialistischen Vergangenheit war von den nichtjüdischen Achtundsechzigern und anderen übernommen worden.

12. Fremd und daheim zugleich

I.

Mitte der siebziger Jahre wurde Deutschland zum Einwanderungsland. Ab 1955 und bis zur ersten Ölkrise 1973 war durch die schnelle ökonomische Erholung ein gigantischer Bedarf an Arbeitskräften entstanden, weshalb mehr als 14 Millionen Menschen, zunächst auf der Basis kurzfristiger Arbeitsverträge, aus Italien, Spanien, Portugal und dann vor allem aus der Türkei nach Westdeutschland kamen. Wegen des schnell wieder sinkenden Bedarfs, der sich während der Rezession von 1966/67 in vielen Branchen bemerkbar machte, kehrten etwa 11 Millionen in ihre Heimatländer zurück. Trotzdem waren 1980 nicht weniger als 4,4 Millionen ausländische Arbeitskräfte in Deutschland. Nachdem viele ihre Familien nachgeholt hatten, wollten sie auch dauerhaft im Land bleiben.

Juden waren nie die einzige Minderheit in Deutschland, doch nun waren sie, relativ gesehen, eine besonders kleine. Gewiss, unter den ausländischen Arbeitskräften gab es auch ein Kontingent sowjetischer Juden, die lieber nach Deutschland als nach Israel emigrierten, aber das waren stets nur Einzelfälle. Erst in den neunziger Jahren kam eine größere Welle jüdischer Einwanderer aus Russland. Doch selbst alle zusammengenommen, war diese jüdische Minderheit viel kleiner als in Zeiten vor dem Naziregime und bei Weitem nicht so wichtig. Wie wir schon gesehen haben, benötigten die Juden nach der Geiselnahme während der Olympischen Spiele in München 1972, den Sprengstoffanschlägen auf Synagogen und der Schändung und Zerstörung alter und neuer Grabsteine ständigen Schutz, während sie sich gleichzeitig aus der Öffentlichkeit zurückzogen. Zwar entschieden sie sich trotz allem dazu, in Deutschland zu leben, aber sie fühlten sich gezwungen – um mit dem Historiker Tony Judt zu sprechen –, «still zu halten, und so weit wie möglich unsichtbar» zu bleiben.[48]

Das sollte sich jedoch bald ändern. Von Beginn an galt die Atmosphäre in der Stadt Frankfurt am Main als Maßstab für den neuen Status der Juden in Deutschland, und dort war es in den siebziger Jahren besonders unruhig. Radikale Studenten versuchten, die Renovierung und den Abriss einiger Gebäude in der Altstadt und im Westend zu verhindern. Für sie war es ein Kampf gegen die Vertreibung der Armen zugunsten der Reichen und damit gegen kapitalistische Ausbeutung. Die Tatsache, dass einige Eigentümer dieser Gebäude Juden waren, die sich gemeinsam mit anderen gegen die Aktionen der Studenten wehrten, heizte die Atmosphäre zusätzlich auf. Der «Häuserkampf» wurde noch heftiger, als die jungen Rebellen die Zerstörung der Reste der alten «Judengasse» zu verhindern suchten, die ebenfalls zum Gebiet der Altstadtsanierung gehörte.

1985 wurden die alten Geister wieder geweckt, als das Schauspiel Frankfurt auf der Uraufführung von Rainer Werner Fassbinders Stück *Der Müll, die Stadt und der Tod* bestand, das viele für unverhohlen antisemitisch hielten. Daraufhin ging die Leitung der konservativen jüdischen Gemeinde in die Offensive und verhinderte die Aufführung, indem sie in einem Akt zivilen Ungehorsams die Bühne besetzte. Falls die geplante Aufführung eines potentiell antisemitischen Stückes tatsächlich auf das Ende der «Schutzfrist» für Juden in der Bundesrepublik verwies, so bedeutete es auch das Ende ihres Schattendaseins, was ganz besonders für ihre institutionelle Führungsriege galt. Einige suchten nun bewusst die Öffentlichkeit und verließen sich nicht mehr auf die nichtöffentlichen Kontakte mit Politikern und die nahezu geheimen Abmachungen mit Regierungsverantwortlichen. Während bisher die Sicherheit für einzelne Personen und die Gemeinden das Hauptziel der jüdischen Organisationen war – sowohl des Zentralrats der Juden in

Deutschland als auch der lokalen Gemeinden –, traten nun Forderungen nach gesellschaftlicher Anerkennung und angemessenem Respekt in den Vordergrund. Diese Akzentverschiebung führte zu neuen Spannungen und offen ausgetragenen Konflikten.

Zur heftigsten Konfrontation kam es im Mai 1985, als Bundeskanzler Helmut Kohl und US-Präsident Ronald Reagan gemeinsam den Soldatenfriedhof in Bitburg besuchten, um einen Kranz niederzulegen. Hier waren nicht nur Soldaten der Wehrmacht begraben, sondern auch Mitglieder der Waffen-SS. Die Ehrung der beiden Staatschefs wurde zu einem internationalen Skandal. Auch der gemeinsame Besuch des Konzentrationslagers Bergen-Belsen konnte die Empörung nicht entschärfen.

Zu einem weiteren Skandal kam es am 10. November 1988 bei der Rede des Bundestagspräsidenten Philipp Jenninger zum fünfzigsten Jahrestag der Novemberpogrome 1938. Jenninger versuchte, die Anziehungskraft des Nationalsozialismus zu erklären, und unterschied dabei deutlich zwischen Deutschen und Juden, zwischen «wir» und «sie», womit er viele erzürnte und verletzte. Sein Versuch, den Antisemitismus aus damaliger Sicht verständlich zu machen, klang wie eine Verteidigung antisemitischer Haltungen. Viele Abgeordnete verließen noch während der Rede den Plenarsaal. Jenninger trat am nächsten Tag zurück.

Man suchte in Deutschland nach den richtigen Wegen, der Opfer respektvoll zu gedenken, doch es schien, als könnten Nichtjuden diese Aufgabe nicht Seite an Seite mit Juden, meist Holocaust-Überlebenden, erfüllen. Es gab trotzdem *eine* Persönlichkeit, die dies konnte. In einer Festrede am 8. Mai 1985 anlässlich des vierzigsten Jahrestags des Endes des Zweiten Weltkriegs erklärte Bundespräsident Richard von Weizsäcker unverblümt, dies sei «ein Tag der Befreiung» und nicht nur der Tag des Kriegsendes. Er lehnte eine Kollektivschuld ab, betonte jedoch das Gebot des Erinnerns und der Auseinandersetzung mit der Vergangenheit. Es sei notwendig, «der Wahrheit so gut wir es können ins Auge zu sehen, ohne Beschönigung und ohne Einseitigkeit».[49] Weizsäckers Rede wurde trotz einiger Gegenstimmen mit großer Wertschätzung aufgenommen. Sie könnte auch als Wendepunkt im Verhältnis von nichtjüdischen und jüdischen Deutschen betrachtet werden.

Mit Bestrebungen, den Nationalsozialismus und das Ausmaß seiner Verbrechen neu zu durchdenken, hatte man nach dem Krieg in Deutschland schon früher begonnen. Saul Friedländer sammelte und kommentierte sie in einem kleinen, kenntnisreichen Band, den er 1982 auf Französisch und 1984 auf Englisch und Deutsch publizierte. Darin untersucht der angesehene israelische Historiker und Schoah-Überlebende den Umgang mit dem Nationalsozialismus und dem Holocaust in der zeitgenössischen europäischen, nicht nur in der deutschen Populärkultur. Der Originaltitel lautete schlicht *Reflets du nazisme*, im Englischen dann aber *Reflections of Nazism: An Essay on Kitsch and Death*. In der deutschen Ausgabe wurde die These mit dem Titel *Kitsch und Tod. Der Widerschein des Nazismus* noch stärker betont.[50]

Nach Friedländer war es bereits Mitte der fünfziger Jahre möglich, die herannahende «Hitlerwelle» der sechziger Jahre, nämlich das wachsende Interesse an der Person Hitlers, und die spätere Produktion von «Gegengeschichten» des sogenannten Dritten Reichs zu registrieren. Mit denen wurden die Wehrmachtssoldaten der Ostfront glorifiziert, während andere Ereignisse, die «verbrecherische Kehrseite der Medaille», wie er sich später ausdrückte, unerwähnt blieben.[51] Doch ab Anfang der achtziger Jahe rückte die Schoah mehr und mehr ins Zentrum der öffentlichen Aufmerksamkeit. Im Januar 1979 strahlte der US-Sender NBC eine vierteilige Serie mit dem Titel «Holocaust – Die Geschichte der Familie Weiss» in Deutschland aus, die das Thema effektvoll mit extremen Gewaltdarstellungen inszenierte. Die Miniserie hatte eine enorme

Wirkung. Sie schien das Interesse der Öffentlichkeit an der Vernichtung der Juden zu vertiefen und sogar den akademischen Diskurs über damit zusammenhängende Themen zu schärfen.

2016 beschrieb Friedländer im zweiten Band seiner Lebenserinnerungen *Wohin die Erinnerung führt,* wie er die Wirkung des Films wahrgenommen hatte. Als er zu Beginn der achtziger Jahre häufiger Deutschland besuchte, bewegte sich die Bundesrepublik im Großen und Ganzen sichtbar nach rechts. Im Herbst 1982 wurde der Vorsitzende der CDU/CSU-Fraktion im Bundestag, Helmut Kohl, nach einem Misstrauensvotum gegen Bundeskanzler Helmut Schmidt vom Parlament zum Kanzler gewählt und 1983 durch die vorgezogene Bundestagswahl bestätigt. Er blieb bis 1998 im Amt. Neoliberale Tendenzen, die die deutsche Gesellschaft ebenfalls nach rechts driften ließen, führten dazu, dass sich die Wirtschaft vom sozialdemokratischen Wohlfahrtsstaat löste. Man suchte nach Wegen, die Verlangsamung des ökonomischen Wachstums zu bekämpfen und gleichzeitig die oft gespürte Enttäuschung in der Bevölkerung über die nicht erfüllte große Hoffnung einer vergangenen Ära etwas zu mildern. Mittlerweile ging der Kalte Krieg, der im vorangegangenen Jahrzehnt schon weniger brisant gewesen war, in seine, wie sich erst später herausstellte, letzte Phase, und auf ganz unterschiedlichen Ebenen schien man ein stolzeres, positiver gestimmtes Nationalbewusstsein entwickeln zu wollen.

Der sogenannte Historikerstreit von 1986/87 um die Singularität des Holocaust, den auch Saul Friedländer beobachtete und kommentierte, war eine erinnerungspolitische Wegmarke in der Geschichte der Bundesrepublik. Die Debatte kündigte sich bereits in den Jahren zuvor an: Im Januar 1983 gab es Gedenkfeierlichkeiten und historische Konferenzen zum fünfzigsten Jahrestag der Machtergreifung der Nationalsozialisten und der sogenannten «deutschen Katastrophe» (Friedrich Meinecke) von 1945. Im Mai 1984 fand in Stuttgart eine große internationale Holocaust-Konferenz statt. Der

Historiker Martin Broszat hielt, so erinnert sich Friedländer, keinen Vortrag. Doch er definierte in seinen Bemerkungen «meine [Friedländers] Kritik und die Kritik anderer als eine ‹israelische› (er vermied es, jüdische zu sagen) im Gegensatz zur ‹deutschen› Wahrnehmung dieser Epoche».[52] Das habe Friedländer beunruhigt, wie er sich später erinnerte, und diese «deutschen Sorgen» seien noch gravierender geworden, als er auf einen Artikel Broszats in der Zeitschrift *Merkur* vom Mai 1985 gestoßen sei, nämlich dessen «Plädoyer für eine Historisierung des Nationalsozialismus». Ernst Noltes wenig beachteter Text «Das Dritte Reich im Blickwinkel des Jahres 1980» war schon früher in einem Sammelband in England erschienen. Er war das Präludium zu seinem Aufsatz «Vergangenheit, die nicht vergehen will», der am 6. Juni 1986 in der *Frankfurter Allgemeinen Zeitung* erschien und den Historikerstreit einleitete.

Friedländer, der Broszats Artikel offensichtlich «nicht mochte», erklärte sich etwas später bereit, einen kontroversen «Briefwechsel» mit ihm zu führen, der in den *Vierteljahrsheften für Zeitgeschichte* veröffentlicht werden sollte.[53] Hier wiederholte Broszat in noch deutlicherer Weise seinen Verdacht, es gebe eine jüdische «mythische Erinnerung», die seiner Ansicht nach ein «vergröberndes» Hindernis für eine deutsche Geschichtswissenschaft sei, die ««auf mehr rationalem Begreifen» aufbaue. Man müsse die Subjektivität der Opfer und «ihrer Nachkommen» bedenken, denn diese führe zu einer Verfälschung der Geschichte im Unterschied zur rationaleren deutschen Geschichtswissenschaft.[54] Vielleicht war seine erst viel später bekannt gewordene kurzfristige Mitgliedschaft in der NSDAP, die möglicherweise nicht ideologisch motiviert war oder sogar ohne sein Wissen bestand, dafür verantwortlich, dass er zumindest Teile der Erfahrungen des Nationalsozialismus aus dem dunklen Schatten von Auschwitz herauslösen wollte.[55] Schließlich war er derjenige gewesen, der als Erster eine Geschichte des modernen Antisemitismus in Deutschland geschrieben hatte, und unter seiner Leitung spielte das Institut für Zeitgeschichte durch die Bereitstellung von Archivmaterial und historischen Analysen eine wichtige Rolle für Fritz Bauers Ausführungen in den Auschwitz-Prozessen. Doch das lag zwanzig Jahre zurück. Es wehte ein neuer Wind, und auch bei den Historikern konnte man das spüren.

Mit Ernst Nolte, dem für seine eigenwillige Faschismus-Analyse bekannten Professor der Freien Universität Berlin, betrat nun ein anderer, ebenfalls bekannter Wissenschaftler die Bühne der Auseinandersetzung. In einer Reihe von Aufsätzen lenkte er die Aufmerksamkeit auf einen anderen Punkt. Nolte betonte, die bolschewistischen Vernichtungsprojekte seien das Primäre gewesen, Auschwitz sei die «Kopie». Öffentlicher Widerspruch kam bald von dem Philosophen Jürgen Habermas und wenig später von einer Reihe angesehener Historiker. Ende 1986 wurde die Debatte durch Andreas Hillgrubers Buch *Zweierlei Untergang. Die Zerschlagung des Deutschen Reiches und das Ende des europäischen Judentums* angeheizt. Hillgruber schwärmte im ersten Teil des Buches von der glanzvollen Verteidigung Ostpreußens durch die Wehrmacht und beklagte den tragischen Verlust des mitteleuropäischen, Gleichgewicht stiftenden preußischen Staats durch den Sieg der Roten Armee. Im zweiten Teil beschrieb er nüchtern die Vernichtung der Juden durch die Nazis. Implizit, so schien es, verglich er damit die beiden «Projekte». Das Buch irritierte britische, amerikanische und deutsche Historiker wegen seiner ideologischen Voreingenommenheit und vermeintlichen methodischen Fehler.[56]

Friedländer beteiligte sich nicht an der Debatte. Er zeigte später mit seinem zweibändigen Werk *Das Dritte Reich und die Juden* (1998 und 2006), wie legitim und notwendig eine jüdische Perspektive auf den Holocaust ist. Auch andere jüdische und nichtdeutsche Historiker blieben am Rande der Diskussion, die in Deutschland zu einem Politikum wurde. Israelische Historiker des Yad-Vashem-Instituts, allen voran Yehuda Bauer und Israel Gutman, bestanden immer auf der Singularität des Holocaust und der Rolle, die Ideologien dabei spielten. Otto Dov Kulka, ebenfalls ein israelischer Historiker und wie Gutman Auschwitzüberlebender, sammelte damals zusammen mit dem Historiker Eberhard Jäckel Dokumente, die belegten, wie stark die deutsche Öffentlichkeit auch abseits der nationalsozialistischen Führungsebene an der ideologischen Untermauerung des Holocaust beteiligt gewesen war.[57] 1988 griff der deutschisraelische Historiker Dan Diner mit seinem Buch *Zivilisationsbruch. Denken nach Auschwitz* in den Historikerstreit ein und gab der Diskussion einen neuen Akzent. Im Zentrum stand für ihn nicht mehr der Zweite Weltkrieg, sondern wieder vorrangig der Holocaust. Das letzte Wort in der Debatte hatte Richard von Weizsäcker, der 1988 zum westdeutschen Historikertag eingeladen war. In seiner Eröffnungsrede bekräftigte er die Unvergleichbarkeit des Holocaust sowie die Notwendigkeit, seine Geschichte zu erzählen und seiner Opfer zu gedenken. Die Zuhörer schienen ihm zuzustimmen. Die Integrität der westdeutschen Republik war bestätigt, und der Notwendigkeit des Erinnerns war erneut Geltung verschafft worden. Gerade noch rechtzeitig, denn mittlerweile braute sich ein neues Drama zusammen.

II.

Am 9. November 1989 wurden die Grenzen zwischen der Bundesrepublik und der DDR geöffnet. Bald war die Berliner Mauer zusammen mit dem Staat, der sie fast drei Jahrzehnte zuvor gebaut hatte, demontiert. Es dauerte nicht einmal ein Jahr, bis die beiden deutschen Staaten vereinigt waren. Zuvor war monatelang vor allem in Ostberlin und Leipzig demonstriert worden, Tausende DDR-Bürger hatten Reformen gefordert und massiven Druck auf ihre Regierung ausgeübt. Andere wollten schlicht in den Westen und setzten es in die Tat um, indem sie die von Ungarn geöffnete

Grenze nach Österreich überquerten. In der Zwischenzeit bildeten sich schnell verschiedene politische Gruppierungen, die zunächst einstimmig mit der Parole «Wir sind das Volk» die Demokratisierung der DDR forderten. Doch der Slogan veränderte sich fast unmerklich zu «Wir sind *ein* Volk» und wurde so zur Forderung nach Vereinigung mit der Bundesrepublik.

Selbst in den Tagen des Historikerstreits, die nicht lange zurücklagen, dachte man noch, eine Vereinigung sei unrealistisch. Im Westen waren sich die meisten Beobachter einig, dass ein deutscher Nationalstaat, dessen Grenzen ungefähr denen der Bismarckzeit entsprächen, für immer verloren war und dass man die Bundesrepublik als einen angemessenen Ersatz akzeptieren müsse, als Vaterland, das selbst seinen Kritikern Loyalität wert sei. Schließlich war die BRD in prosperierenden und weniger prosperierenden Zeiten ein erfolgreicher marktwirtschaftlicher Staat, der auf der internationalen Bühne Ansehen genoss und in Europa großen Einfluss hatte. Manche glaubten, dass eine umfassende europäische Identität die nationale ersetzen werde und eine Bundesrepublik in ihrer gegenwärtigen Struktur gut dazu passe. Eine Mehrheit der deutschen Intellektuellen sah die Bedeutung nationaler Kollektive schwinden. An ihre Stelle trete ein «Verfassungspatriotismus», ein Begriff des Politikwissenschaftlers Dolf Sternberger, der damals von Jürgen Habermas aufgegriffen wurde, beziehungsweise die Identifizierung mit einer demokratischen Ordnung, die der Bundesrepublik zu ihrer postnationalen politischen Stabilität verholfen hatte.

Angesichts der herannahenden staatlichen Einheit Deutschlands brauchte man auf beiden Seiten der deutsch-deutschen Grenze dringend eine schnelle Neuorientierung. Zugleich standen außenpolitisch rasche Entscheidungen im Rahmen der wirkmächtigen internationalen Diplomatie auf der Tagesordnung. Beide Seiten mussten Wege finden, wie ihre Politik mit den Verbündeten koordiniert werden konnte. Für den Osten war es höchst bedeutsam, dass die Sowjetunion nicht mehr in der Lage war, wie bisher jeden Reformversuch mit ihren anrollenden Panzern zu unterdrücken. Sie befand sich selbst im Prozess der Auflösung. Unter dem Druck, im Wettrüsten mit den USA Schritt halten zu müssen, geriet ihre Wirtschaft völlig aus den Fugen. Die sowjetische Föderation zeigte Auflösungserscheinungen. Am 6. und 7. Oktober 1989 besuchte Michail Gorbatschow, seit 1985 neuer Generalsekretär des Zentralkomitees der KPdSU und Initiator einer Politik von «Glasnost» (Transparenz) und «Perestroika» (Umstrukturierung), Ost-Berlin um an den Feierlichkeiten zum vierzigsten Jahrestags der Gründung der DDR teilzunehmen. Bei dieser Gelegenheit drängte er die Führung der SED, die noch unangefochten an der Macht war, Reformen in Angriff zu nehmen. Am Montag danach, dem 9. Oktober 1989, nahmen in Leipzig 70 000 Menschen an einer friedlichen Demonstration teil und forderten diese Reformen ein. Es war klar, dass der kommunistische Staat nun um sein Überleben kämpfte.

Kurz vor dem Ende der DDR überdachte die SED ihre Haltung zur Verfolgung und Vernichtung der Juden im Dritten Reich. Anfang 1988 traf sich Erich Honecker mit Siegmund Rotstein, dem Präsidenten des Verbands der jüdischen Gemeinden in der DDR, und anschließend mit dem Vorsitzenden des westdeutschen Zentralrats der Juden in Deutschland, Heinz Galinski. Zur Vorbereitung der Veranstaltung zum Gedenken an das Novemberpogrom 1938, das nun zum ersten Mal in der DDR begangen werden sollte, lud die Regierung sogar Gäste aus Israel ein. Seit Jahren war Israel Ziel feindseliger Propaganda seitens der DDR gewesen, die bisweilen sogar terroristische Aktivitäten gegen den jüdischen Staat billigte.[58] Nun wurde der israelische Innenminister, der in Dresden geborene Josef Burg, zusammen mit Yitzhak Arad, dem damaligen Direktor der Jerusalemer Gedenkstätte Yad Vashem, eingeladen. Sie waren die ersten offiziellen israelischen Gäste der DDR seit ihrer

Gründung und, wie sich herausstellte, ihre letzten. In Gesprächen mit Edgar Bronfman, dem Präsidenten des Jüdischen Weltkongresses, die darauf abzielten, indirekt die Beziehungen zur USA zu verbessern, gab Honecker schließlich seine Bereitschaft zu erkennen, auch über Reparationen für Juden zu verhandeln, die außerhalb der DDR lebten. Diese Zugeständnisse kurz vor dem Zusammenbruch der DDR hatten aber keinerlei praktische Folgen.

Bis 1988 berief sich die DDR im Hinblick auf die nationalsozialistische Vergangenheit und die Naziverbrechen auf ihr Bekenntnis zum Antifaschismus. Die Führung des Landes hatte zum kommunistischen Widerstand gegen Hitler gehört. Viele hatten einen Teil der Nazizeit im Exil, meist in Russland, verbracht. So spielte in der politischen Kultur der DDR, anders als in der BRD, bei Fragen der Schuld und der Notwendigkeit der Auseinandersetzung mit den nationalsozialistischen Verbrechen die «Universalisierung» des Geschehens eine zentrale Rolle, wie M. Rainer Lepsius es nannte. Weil diese Verbrechen typisch für den Kapitalismus im Allgemeinen und überall seien, gehörten sie nicht zur «Eigengeschichte der DDR».[59] Die wenigen Hundert Bürger der DDR, die sich offen zum Judentum bekannten, definierte der Staat, wie oben erwähnt, als «Opfer des Faschismus». Als solche wurden ihnen von Beginn an soziale und finanzielle Vorteile zugestanden. Doch spielten sie nie eine Rolle, wenn es um die Interpretation der Vergangenheit als der Zeit ging, in der die heroischen kommunistischen Gegner des Regimes und die triumphale Rote Armee den Faschismus besiegt hatten. Die meisten politischen Entscheidungen hierzu wurden in der DDR ohnehin von der Sowjetunion diktiert, die als Befreier und Freund zu betrachten war. In den späten achtziger Jahren schien die dogmatische SED-Führung jedoch zu meinen, dass eine veränderte Haltung den Juden gegenüber für eine Annäherung an amerikanische und westdeutsche Eliten hilfreich sein könnte. Dies ähnelte Adenauers Herangehensweise in den fünfziger Jahren. In beiden Fällen schienen die alten antisemitischen Klischees von einflussreichen, wirtschaftlich starken Juden direkt oder indirekt eine Rolle zu spielen.

Auf den Besuch Gorbatschows im Oktober 1989 folgten Tage der Unentschiedenheit bis zum sogenannten Fall der Mauer im November, der das Ende des Kalten Kriegs markierte und den Auftakt für den Zusammenbruch der kommunistischen Regime auch in der Sowjetunion einleitete. Im Osten wurde eine neue, demokratisch gewählte Volkskammer geschaffen. Ihr wahrscheinlich wichtigster Akt war ein Gesetz vom 14. April 1990, in dem die gemeinsame Verantwortung für die deutsche Vergangenheit und vor allem für die Verbrechen der Nationalsozialisten an den Juden anerkannt wurde. Der bislang verhasste Staat Israel wurde um Vergebung gebeten, und es wurde Entschädigung versprochen wie auch großzügige Unterstützung für die kleine jüdische Gemeinde im Land.[60] In der Praxis hatte dieses neue Bewusstsein jedoch nur zwei Folgen: die kostspielige Renovierung der Synagoge in der Oranienburger Straße in Berlin sowie die Öffnung der DDR für jüdische Migranten aus der Sowjetunion. Diese Politik wurde später, mit gewissen Einschränkungen, vom vereinigten Deutschland fortgesetzt.

Der nicht enden wollende Strom von Deutschen, die vom Osten in den Westen gingen, und die Schaffung einer gemeinsamen Währung für die beiden deutschen Staaten am 1. Juli 1990 erzwangen eine rasche Auflösung der DDR. Am 3. Oktober 1990 wurde durch die Unterzeichnung des Einigungsvertrags die Einheit Wirklichkeit. Während Bundeskanzler Kohl den Prozess mit unbeirrter Entschlossenheit vorantrieb, befürwortete auch Willy Brandt, damals Ehrenvorsitzender der SPD, eine schnelle Vereinigung und prägte den wohlklingenden und denkwürdigen Spruch: «Jetzt wächst zusammen, was zusammengehört.»[61]

Die Vereinigung war nicht unvermeidlich. Als Nationalstaat existierte Deutschland erst seit 75 Jahren, und wenn man die Nazizeit nicht mitrechnet, in der Deutschland als multinationales Imperium agierte, waren es sogar noch weniger Jahre.[62] Diese kurzlebige politische Einheit war Ergebnis der aggressiven Politik Bismarcks, der ein vergrößertes Preußen anstrebte, frei von einer jahrhundertealten Unterwürfigkeit gegenüber Österreich und von den späteren beschwerlichen konföderativen Verbindungen mit Österreich. So gesehen war die Option von zwei oder eher drei deutschsprachigen Staaten in Mitteleuropa oder sogar in der Europäischen Union historisch ebenso legitim wie die Option, die damals so klar von der Mehrheit der deutschen Zeitgenossen auf beiden Seiten der Grenze vorgezogen wurde, nämlich die Vereinigung von Ost und West in einem einzigen Deutschland.

Die Einheit wurde nicht ohne Widerstand vollzogen. Viele Bürger der DDR lehnten den «Anschluss»-Charakter der sich abzeichnenden Übereinkunft zwischen den beiden Staaten ab und wehrten sich gegen die Unverfrorenheit, mit der einzelne Vereinbarungen die Erfahrungen mit dem Kommunismus in toto abqualifizierten. Ablehnende Stimmen waren auch im Westen zu hören. Der Kanzlerkandidat der SPD Oskar Lafontaine warnte vor wachsendem Nationalismus im Verlauf des Vereinigungsprozesses, und Jürgen Habermas kritisierte in einem berühmten Artikel die völlige Demontage der DDR: Er drängte die Deutschen auf beiden Seiten der früheren Trennungslinie, ihre nationalistischen Träume aufzugeben, «universalistische staatsbürgerliche Prinzipien» allen anderen Formen der Identität voranzustellen und diesen Prinzipien treu zu bleiben.[63] Nicht weniger eindrucksvoll war der Appell von Günther Grass, der kritisierte, dass die Leistungen der Demokratiebewegung in der DDR missachtet würden. Die «deutsche Vergeßlichkeit wird dem Sorge tragen», mahnte er und erklärte: «Mein Vaterland müßte vielfältiger, bunter, nachbarlicher, durch Schaden klüger und europäisch verträglicher sein.» Die richtige Lösung sei eine deutsche Föderation und nicht eine vollständige

Vereinigung. Sie sollte auf der Geschichte der deutschen Kulturnation basieren und nicht auf ökonomischen Machtspielen und politischer Aggression.[64]

Bemerkenswert ist, dass beide Autoren Auschwitz in ihre Argumentation einbezogen, als ob es keinen Wandel in Deutschland geben könne, ohne sich mit diesem Aspekt seiner Geschichte auseinanderzusetzen. «Wer gegenwärtig über Deutschland nachdenkt und Antworten auf die Deutsche Frage sucht, muß Auschwitz mitdenken», schrieb Grass, und Habermas stellte fest: «Auschwitz kann und soll die Deutschen, auf welchen staatlichen Territorien sie sich auch immer einrichten mögen, an etwas anderes erinnern: daß sie sich auf Kontinuität ihrer Geschichte nicht verlassen können.» Sie müssten ihre Identität auf etwas anderem aufbauen als ihrer gemeinsamen Vergangenheit und Kultur und könnten sich nicht mehr auf einen Nationalstaat à la Bismarck verlassen.[65] Beide sahen sich aufgerufen, mit Auschwitz ihre jeweiligen Argumente zu stärken und sie mit diesem letzten unangreifbaren Siegel abzusichern.

Opposition gegen die Vereinigung war im Ausland viel weiter verbreitet als in Deutschland und womöglich auch tiefer empfunden. Schon zu Beginn des Prozesses widerstrebte Margaret Thatcher und François Mitterrand die Vorstellung eines vereinigten Deutschland mitten in Europa. Die USA dagegen waren prinzipiell bereit, die Vereinigung zu akzeptieren, bestanden allerdings auf der Westbindung Deutschlands. Die Führung der UdSSR, die zuerst strikt gegen die Einheit gewesen war, stimmte schließlich zu, da sie mehr als genug mit ihren eigenen Angelegenheiten beschäftigt war. Bald akzeptierten alle den Lauf der Dinge, bis auf ein Land. Israel äußerte noch eine ganze Weile seine Bedenken, sogar seine Furcht vor einem vereinigten Deutschland, konnte aber natürlich nichts tun, um es zu verhindern.

Die Nachrichtenagentur AP fasste die Stimmung in Israel in

den ersten Tagen nach dem Fall der Mauer zusammen und zitierte die Schlagzeile der wichtigsten Abendzeitung des Landes: «Glücksgefühle beim Fall der Mauer. Misstrauen angesichts der Wiedervereinigung Deutschlands.» Der spätere Staatspräsident Israels, Schimon Peres, der damals stellvertretender Premierminister war, stellte in einem Fernsehinterview die rhetorische Frage: «Wenn von einem vereinigten Deutschland die Rede ist, dann müssen wir fragen: Was für ein Deutschland wird das sein? Ein Deutschland mit oder ohne Militär? Ein militarisiertes oder ein entmilitarisiertes Deutschland?»[66] Andere waren noch deutlicher und äußerten ihre Befürchtung, dass der Faschismus wieder aufleben könnte und mit ihm ein weiterer Weltkrieg.

Der Historiker Frank Stern, der in Deutschland geboren wurde und in Israel gelehrt hatte, schrieb in einem Artikel, der im Winter 1991 in der amerikanischen Zeitschrift *New German Critique* veröffentlicht wurde, über seine Bedenken und Vorbehalte: «Für die Zukunft bleibt es eine entscheidende Frage, ob das Datum des 9. November im deutschen historischen Bewusstsein prinzipiell mit dem Fall der Mauer oder mit dem Pogrom von 1938 verknüpft wird.» Später fügte er hinzu: «Ich habe den Verdacht, dass der deutsche Vereinigungsprozess und das, was danach kommt, ein gefährlich fruchtbarer Boden für neue, mit altem Inhalt durchsetzte antisemitische Gefühle werden kann.» Stern befürchtete, dass eine Mehrheit der Deutschen nun «Abneigungen» gegen Minderheiten entwickeln könnte – «Juden, Ausländer, Asylbewerber».[67] Dan Diner wiederum erklärte in einem Vortrag, den er noch vor dem Vollzug der Wiedervereinigung hielt und der sich auf seine Analyse des Historikerstreits bezog, dass nach 1949 die bloße Existenz von Juden in der Bundesrepublik für die notwendige Legitimität ausgereicht habe, für ein späteres Deutschland jedoch ihre «aktive Zustimmung» notwendig geworden sei. Resigniert zog er die Schlussfolgerung: «Es scheint wenig Sinn zu machen, sich Menschen entgegenzustellen, die um jeden, wirklich jeden Preis glücklich sein wollen.»[68] Auf den Straßen des gerade vereinten Deutschland gab es tatsächlich viele glückliche Menschen. In diesen ersten Tagen sahen nur wenige voraus, wie schwierig die Vereinigung werden würde.

III.

Die meisten düsteren Prophezeiungen der Jahre 1989/90 haben sich aber nicht bewahrheitet. Das Interesse an der nationalsozialistischen Vergangenheit oder am Holocaust nahm nicht ab, sondern stieg sprunghaft an. Der Verkauf von Büchern zu diesen Themen wuchs exponentiell.[69] Die Öffnung der Archive in Osteuropa ermöglichte Historikern, detailliert zu erforschen, was unter deutscher Besatzung während des Zweiten Weltkriegs geschehen war, und die deutsche Öffentlichkeit war lebhaft an diesen neuen Informationen interessiert. Wie groß dieses Interesse war, zeigte sich, als 1996 Daniel Goldhagens Buch *Hitlers willige Vollstrecker. Ganz gewöhnliche Deutsche und der Holocaust* erschien. Der junge jüdisch-amerikanische Autor konzentrierte sich auf die konkrete Vernichtungspraxis und beschrieb zahlreiche zuvor unbekannte Details, z. B. über die «Todesmärsche» im Sommer und Frühherbst 1944, auf denen etwa eine Viertelmillion KZ-Häftlinge aus Erschöpfung starben oder von ihren KZ-Wächtern ermordet wurden. In seiner langen Einleitung stellte Goldhagen ausführlich seine Hauptthese dar: Er betrachtete den Holocaust als ein «nationales Projekt der Deutschen, als End- und Entladepunkt einer jahrhundertelang aufgebauten deutschen Obsession».[70] Viele angesehene Historiker übten daran harsche Kritik, und es entbrannte eine heftige öffentliche Debatte. Der Historiker Fritz Stern griff Goldhagen vor allem wegen seiner Methodik an: Seine Argumente seien aus dem Zusammenhang gerissen. Er kritisierte auch Goldhagens Absicht, «die gesamte Bevölkerung der damaligen Zeit» als potentielle Mörder darzustellen. Stern nannte diese Behauptung «zutiefst unhistorisch».[71] Trotzdem kamen bei vielen Lesern Goldhagens eindimensionale Erklärung und seine kompromisslose These gut an. Womöglich trug auch seine spätere Versicherung, er habe der gegenwärtigen Generation der Deutschen keine Kollektivschuld zuweisen wollen, dazu bei, sein Buch zu einem Bestseller zu machen. Möglicherweise hatte das Buch für viele Leser eine kathartische und entlastende Funktion.

Eine weitere lebhafte Debatte entspann sich in den neunziger Jahren um die Rolle der Wehrmacht beim Massenmord an Juden sowie an der polnischen und russischen Zivilbevölkerung an der Ostfront. Eine Ausstellung des Hamburger Instituts für Sozialforschung zu diesen Themen wurde Anfang 1995 eröffnet, ging dann als Wanderausstellung unter dem Titel «Vernichtungskrieg. Verbrechen der Wehrmacht 1941 bis 1944» durch das Land. Am 1. März 1997 zogen in München mehr als 5000 Demonstranten gegen die Ausstellung durch die Straßen. Es war die größte Demonstration von Neonazis seit 1945. Nach einer dramatischen Bundestagssitzung, bei der einige Abgeordnete die angeblich «saubere» Wehrmacht, die hier wohl stellvertretend für «die gesamte Kriegsgeneration» stehen sollte, verteidigten, während andere die Dokumentation in der präsentierten Form rechtfertigten, beruhigte sich allmählich die hitzige Kontroverse. Eine berührende persönliche Erwiderung des früheren Mitglieds der Grünen Otto Schily, der nun für die SPD sprach, schien die Sache zu einem Ende zu bringen.[72] «Die Debatte über die Rolle der Wehrmacht ist schwierig und schmerzhaft, gewiß. Aber sie ist unausweichlich», sagte er. Im Anschluss daran erzählte er von seinen Familienmitgliedern, die als Nichtnazis und Nazigegner in der Wehrmacht dienten, und von einem jüdischen Verwandten seiner Frau, der als Partisan in Russland gegen die Wehrmacht kämpfte. Gegen Ende konstatierte er, dass «Deutschland nur dadurch zur Demokratie geworden ist, daß Nazi-Deutschland den Krieg verloren hat», und erhielt dafür «langanhaltenden Beifall».[73] Die Kritik an der Ausstellung entzündete sich auch an einigen falsch zugeordneten Fotos. Sie wurde daraufhin überarbeitet und erneut gezeigt und insgesamt von mehr als einer Million Besuchern gesehen.

In den neunziger Jahren suchten Künstler und Intellektuelle nach neuen Wegen des öffentlichen Gedenkens an die Opfer. 1995 überzeugte der Künstler Gunter Demnig die Kölner Stadtverwaltung davon, in die Gehwege vor den ehemaligen Wohnhäusern jüdischer Opfer kleinformatige Gedenksteine mit ihren eingravierten Namen einzulassen. Die Idee für diese «Stolpersteine» wurde schnell von zahlreichen Städten übernommen, die darin eine Möglichkeit sahen, an das Schicksal der einzelnen jüdischen Opfer an ihren ehemaligen Wohnorten zu erinnern. Viele Verwandte, einstige Nachbarn und die wenigen überlebenden Freunde schätzten diese Miniatur-Gedenkstätten, während sie von anderen als Demütigung der Opfer betrachtet wurden. Zur selben Zeit wurde eine großformatige Gedenkstätte im Zentrum von Berlin erwogen, die ebenfalls und nicht nur in der Hauptstadt schon im Stadium der Planung eine heftige Kontroverse auslöste.

Inhalt und Details dieser Debatten gingen sicher an vielen Menschen unbemerkt vorüber. Sie wurden vor allem in den überregionalen Zeitungen ausgetragen und auch da nicht immer auf der ersten Seite. Für die Bildungselite und die Intellektuellen waren sie jedoch überaus wichtig, und die meisten Juden haben sie sehr aufmerksam verfolgt. Einen Höhepunkt erreichten die Debatten um den Umgang mit der Vergangenheit auf völlig unerwartete Weise.

Am 11. Oktober 1998, einem Sonntagmorgen, sollte der Schriftsteller Martin Walser in der Frankfurter Paulskirche den renommierten Friedenspreis des Deutschen Buchhandels erhalten. Die gesamte intellektuelle und politische Elite des Landes war zur Feier eingeladen. Walser nutzte die Gelegenheit, um seine Verärgerung über Deutschlands Umgang mit den Ritualen des Gedenkens an die Opfer des Nationalsozialismus und generell über Deutschlands Auseinandersetzung mit der Vergangenheit zum Ausdruck zu bringen. Zu Beginn seiner Rede stellte er im Ton einer bitteren Klage sich und alle anderen Deutschen implizit als Opfer einer falschen «Erinnerungskultur» dar. Sie müssten sich tagein, tagaus mit ihrer eigenen, festverwurzelten «Schande» auseinandersetzen, ein Begriff, den er mehrfach gebrauchte. Die ständige Mahnung habe nicht Erinnerung und Aufklärung zum Ziel, sondern sei eine «Drohroutine der Beschuldigung» aller Deutschen, so «dass öfter nicht mehr das Gedenken, das Nichtvergessendürfen das Motiv ist, sondern die Instrumentalisierung unserer Schande zu gegenwärtigen Zwecken». Und nun komme es zu einer «Betonierung des Zentrums unserer Hauptstadt mit einem fußballfeldgroßen Alptraum. Die Monumentalisierung der Schande», womit das geplante Denkmal für die ermordeten Juden Europas gemeint war. Auschwitz werde, so fuhr er fort, als sei ihm die Brisanz seiner Worte nicht bewusst, von einer Armee selbsternannter «Gewissenswächter» als «Moralkeule» gegen «uns» in Stellung gebracht.[74]

Walser hielt es offenbar für angemessen, seine private Meinung bei diesem Festakt der ganzen Nation mitzuteilen, ihr auf großer Bühne mit der Autorität des Friedenspreises im Rücken Legitimität zu verschaffen und sie damit «salonfähig» zu machen. Die gefährlichen Konsequenzen eines solchen öffentlichen Bekenntnisses, vor allem seine Wirkung auf die jüngere Generation, die man über die Gräueltaten, die sie nicht miterlebt hatten, aufklären wollte, und der Auftrieb, den es Neonazis und anderen Rechtsextremen verschaffte, waren entweder beabsichtigt oder schienen ihm, gemessen an dem Bedürfnis, seiner Frustration Ausdruck zu verleihen, unerheblich.

Die Reaktionen auf seine Rede waren noch verstörender. Als sich genau 120 Jahre zuvor der Historiker Heinrich von Treitschke öffentlich zum Antisemitismus bekannte, kam die erste Reaktion von Theodor Mommsen, Professor für römische Geschichte, der die Einstellung seines Kollegen energisch zurückwies. Wenig später wurde eine gemeinsame Petition anderer «Notabeln» veröffentlicht, in der gegen den Antisemitismus Stellung bezogen wurde. Damals konnte man in der überregionalen und regionalen Presse eine Flut von Gegenargumenten lesen, sowohl von Juden als auch von Nichtjuden. Aber nun, gegen Ende des zwanzigsten Jahrhunderts, reagierte die Menge in der Paulskirche auf Walsers Vortrag, indem sie aufstand und applaudierte. Die einzige Gegenreaktion kam von Ignatz Bubis, dem Präsidenten des Zentralrats der Juden, der demonstrativ nicht applaudierte. Unmittelbar nach der Feier kritisierte er die Rede als «geistige Brandstiftung» und später als gefährliche Propaganda eines «intellektuellen Nationalismus».[75] Die Presse veröffentlichte nach dem Ereignis fast nur positive Reaktionen auf Walsers Rede. Einige dieser Stimmen waren mehr oder weniger offene Angriffe auf Bubis' Kritik und wurden umso heftiger, nachdem Bubis seine Haltung am 9. November, dem sechzigsten Jahrestag der sogenannten Reichskristallnacht, in der Synagoge in der Berliner Rykestraße, nochmals formuliert und verschärft hatte. Nun folgte eine selbstgerechte Verteidigung Walsers von Klaus von Dohnanyi, dem ehemaligen SPD-Bürgermeister von Hamburg, einem Sohn von Hans von Dohnanyi, einem Mitglied der Widerstandsgruppe des versuchten Attentats auf Hitler im Sommer 1944. Noch schärfer und unzweideutiger argumentierte Rudolf Augstein, der Herausgeber des *Spiegel*, für Walser. Unterstützung für ihn wurde von mehr oder weniger prominenten Stimmen in der Mitte der Gesellschaft oder sogar aus Regierungskreisen geäußert. Besonders verstörend war die Tatsache, dass die Debatte eine erneute Kontroverse zwischen nichtjüdischen Deutschen und deutschen Juden bewirkte oder, wie Henryk M. Broder später schrieb, zwischen Deutschen und Juden «über den Gegenstand, der sie zutiefst entzweit, entzweien muß: über den Holocaust und die Art und Weise, heute mit ihm umzugehen».[76] Trotz aller Bemühungen war es nun nicht mehr möglich, die Kluft zu schließen, die sich hier erneut geöffnet hatte. Zur Unbefangenheit früherer Generationen – so begrenzt sie bisweilen auch gewesen war – konnte man nicht zurückkehren.

IV.

Ignatz Bubis könnte gut als Beispiel für diejenigen gelten, die es stets für notwendig hielten, diese Kluft zu überbrücken oder gar zu schließen. Er wurde 1927 als Sohn polnisch-jüdischer Eltern in Breslau geboren. Im Alter von acht Jahren war er 1935 gezwungen, mit seinen Eltern Deutschland zu verlassen.[77] Im besetzten Polen geriet die Familie unter das Regime der Nationalsozialisten, und nach einiger Zeit im Ghetto wurde er in ein Arbeitslager deportiert. Sein Vater und zwei seiner Geschwister wurden ermordet, während es ihm gelang, den Krieg zu überleben. Nach dem Krieg begann er als Kaufmann mit dem Handel von Schmuck und Edelmetallen, zog 1956 von Dresden nach Frankfurt am Main und konzentrierte sich auf Immobiliengeschäfte. Im Frankfurter Häuserkampf wurden auch einige seiner Immobilien besetzt, die er abreißen wollte. Die studentische Opposition der Stadt griff ihn als herzlosen Spekulanten, schlimmer noch: als «jüdischen Spekulanten» an. Bubis war schon damals Mitglied der FDP, die er in der Frankfurter Stadtverordnetenversammlung vertrat. 1978 wurde er zum Vorsitzenden der Jüdischen Gemeinde in Frankfurt gewählt und engagierte sich ab 1985 im Zentralrat der Juden in Deutschland, seit 1992, nach dem Tod Heinz Galinskis, bis zu seinem eigenen Tod am 13. August 1999 als dessen Vorsitzender. Seit den achtziger Jahren war Ignatz Bubis eine herausragende, bundesweit bekannte Persönlichkeit – eine ungewöhnliche Erscheinung in der politischen Landschaft Deutschlands.

Bubis war eine Ausnahmefigur. Während sich frühere Präsidenten des Zentralrats als Repräsentanten jüdischer Interessen verstanden hatten und lieber so oft wie möglich nur im Hintergrund agierten, war er als Politiker mit Themen von allgemeinem öffentlichem Interesse beschäftigt, auch mit solchen, in die Juden nicht speziell involviert waren. So unterstützte er eine liberale Asylgesetzgebung, setzte sich für die Rechte von Einwanderern ein, etwa für Türken, und engagierte sich öffentlich für ein tolerantes Zusammenleben. Da er sich zumindest am Anfang seiner Amtzeit als «deutscher Staatsbürger jüdischen Glaubens» verstand, kämpfte er für das Recht der Juden, privat und im öffentlichen Leben so wie Nichtjuden behandelt zu werden. Vor dem Gesetz war das damals vielleicht selbstverständlich, gesellschaftlich dagegen keineswegs. In seinen Memoiren erinnerte sich Bubis an Fragen nach seinem Rechtsstatus als Deutscher, und dies mehr als einmal, als befände er sich vorübergehend im Ausland und sei folglich unfähig, nichtjüdische Deutsche zu verstehen. Dabei wurde auch oft unterstellt, dass Israel sein eigentliches Heimatland sei. In solchen Situationen erwies sich dieser überraschend sensible Mann als leicht verletzlich, jedoch immer in der Lage, scharf zu reagieren.

Die Debatte mit Martin Walser und seinen Verteidigern wurde für ihn zu einer Schlüsselerfahrung. Als selbstbewusster, ja stolzer deutscher Jude forderte er nicht nur das Recht, sondern spürte die Verpflichtung, seinen Ärger und seine Enttäuschung zu artikulieren. Er argumentierte nicht nur im Gedenken an die Toten, sondern auch aus Respekt für die Lebenden. Am Ende wurde der Immobilienhändler der siebziger Jahre zum wichtigen Anwalt der Moral in Deutschland, und dies nicht nur in Angelegenheiten, die Juden unmittelbar betrafen, oder bei Themen, die mit ihnen zusammenhingen.

Das Ende war tragisch. Kurz vor seinem Tod gab Ignatz Bubis der Zeitschrift *Stern* ein Interview. Er sprach von seinen Bemühungen, die Kluft zwischen Deutschen und jüdischen Deutschen zu schließen, doch am Ende war er sich sicher, «nichts oder fast nichts» erreicht zu haben.[78] Noch aufschlussreicher war sein Wunsch, in Israel begraben zu werden. Zweifellos fürchtete er in Deutschland die Schmierereien auf Grabsteinen, besonders nach dem Sprengstoffanschlag auf das Grab seines Amtsvorgängers Heinz Galinski. Der öffentlich geäußerte Wunsch war ein eindringlicher, symbolischer Akt, ein Zeichen seiner Verzweiflung, ganz untypisch für diesen früher so hoffnungsvollen und zuversichtlichen Mann.[79]

Bubis' Verzweiflung war verständlich, doch war sie – im Rückblick gesehen – gerechtfertigt? Gegen Ende des zwanzigsten Jahrhunderts spielte die im Dritten Reich aktive Generation und damit auch viele ehemalige Nazis politisch keine Rolle mehr. Die darauffolgende Generation der im Dritten Reich oder in der Nachkriegszeit Geborenen tat sich oftmals schwer damit, die Gleichberechtigung der Juden zu akzeptieren, vor allem nach 1990 im neuen vereinigten Nationalstaat. Sie scheint in der Walser-Bubis-Debatte ihren letzten Auftritt gehabt zu haben. Die Bühne war nun frei für eine neue Generation und ein neues Kapitel in den deutsch-jüdischen Beziehungen. Als das einundzwanzigste Jahrhundert nahte, verloren die Kontroversen über Erinnerung und Geschichte viel von ihrem explosiven Charakter, bisweilen gar von ihrer Relevanz. In den neunziger Jahren war die Mehrheit der Deutschen mit anderen Problemen beschäftigt. Vorrangig musste die Wiedervereinigung gesellschaftlich und wirtschaftlich bewältigt werden. Dazu musste die europäische Integration gefestigt werden, und internationale Befürchtungen angesichts des seit Neuestem vereinigten und erstarkten Deutschlands waren zu beschwichtigen.

Der Erste Irakkrieg in den Jahren 1990 und 1991, in dem Deutschland an der US-geführten Koalition teilnahm, bewirkte Friedensdemonstrationen in zahlreichen deutschen Städten. Damit wurde ein altes Dilemma der deutschen Linken virulent: Im Protest gegen Krieg und gegen die amerikanische Mittelostpolitik unterstützte man, wenn auch indirekt, Israels erbittertste Feinde, die es mit in Deutschland produzierten Waffen bedrohten. Als im Juni 1991 der Jugoslawienkrieg begann, der mit ethnischen Konflikten voller Gewalt und den Schrecken eines grausamen Genozids einherging, blieb Deutschland sprachlos und beteiligte sich nur zögerlich an der internationalen Debatte über angemessene Reaktionen auf diese Herausforderungen. Pazifistische Tendenzen und vernünftige Außenpolitik ließen sich nicht miteinander kombinieren. Der Einsatz von Bundeswehreinheiten im Kosovo wurde im Mai 1999 von Joschka Fischer, dem «grünen» Außenminister, in einer Rede gerechtfertigt, und die von ihm mit Verve vorgetragene Maxime «Nie wieder Auschwitz» stand nun im Konflikt mit der Mahnung der Friedensbewegung «Nie wieder Krieg». Dass sich ein Politiker der Grünen für einen militärischen Einsatz der Bundeswehr aussprach, führte zu empörten Reaktionen auch in seiner Partei. In der israelischen Öffentlichkeit war die Gefahr einer politischen Instrumentalisierung des Holocaust schon früher diskutiert worden, mit Fischers Äußerung wurde sie auch in Deutschland ein zentrales Thema, mehr als je zuvor.

Die deutsche Öffentlichkeit beunruhigte allerdings nichts so sehr wie die Immigrationswellen, zunächst vor allem aus Osteuropa und Russland, die Deutschland angeblich überfluteten. Zwischen 1989 und 1992 kamen etwa eine halbe Million Kriegsflüchtlinge nach Deutschland. Die Berichte über die Feindseligkeit, die diese Neuankömmlinge in den Herzen und Köpfen vieler Deutscher erregten, waren besorgniserregend, vor allem die Nachrichten aus den Städten der ehemaligen DDR. Die große türkische Minderheit in einigen Städten der alten Bundesrepublik hatte die ehemaligen Bürger der kommunistischen DDR, die an ein Leben mit so vielen «Außenseitern» nicht gewöhnt waren, bereits sehr irritiert. Nun richtete sich massiver Widerstand gegen Immigranten aus Osteuropa und später gegen Asylbewerber aus ferneren Ländern, darunter viele Muslime. Beide Gruppen wurden als illegitime Eindringlinge und gefährliche Konkurrenten angesehen, und ihre Unterkünfte wurden häufig attackiert. Ein von Walser in seiner Rede in der Paulskirche erwähnter Fall ereignete sich Ende August 1992 in Rostock. Vietnamesen wurden in den Plattenbauten, in denen sie vorübergehend untergebracht waren, von einem Mob angegriffen und mussten schließlich unter den schadenfrohen Blicken der gaffenden Menge von der Polizei evakuiert werden. Ähnliche Vorfälle, auch solche, bei denen es zu Brandstiftung und Mord kam, gab es vor und nach dieser Attacke. Bei vielen Deutschen im Westen wurde dies zwar mit Entsetzen aufgenommen, doch die fremdenfeindliche Bewegung stärkte die rechten Gruppierungen auch in ihrem Teil des Landes. Diese bekamen nun über ihre anachronistische Nazi- oder Neonazi-Ideologie hinaus zusätzlich neue Feindbilder. Als 1993 das Grundrecht auf Asyl in Artikel 16a des Grundgesetzes eingeschränkt und das Asylrecht neu und restriktiver geregelt wurde, sank die Zahl der Immigranten, und das Thema schien in der deutschen Öffentlichkeit an Dringlichkeit zu verlieren. Doch die jüdische Gemeinde war zutiefst verstört. Schließlich lagen Antisemitismus und Rassismus immer nah beieinander, und allzu oft folgte auf den generellen Fremdenhass auch und vor allem Hass auf Juden. Es gab Gründe, alarmiert zu sein.

Wieder einmal vermittelte Deutschland seinen Juden eine zweischneidige Botschaft. Antisemitische Vorfälle und Rassismus lösten Furcht oder zumindest Unbehagen und Irritation aus, natürlich nicht nur bei Juden. Schließlich war der erfolgreiche deutsche Staat, dessen vollwertige Staatsbürger Juden nun waren, eine moderne funktionierende Demokratie, die sich auf eine offene, pluralistische Zivilgesellschaft und auf einen langen, schmerzlichen Lernprozess bei der Aufarbeitung der Vergangenheit berufen durfte. Das gab seinen jüdischen Bürgern trotz ihrer Ängste ein ausgeprägtes

Sicherheitsgefühl, sogar ein gewisses Maß an Optimismus. Die meisten erkannten nun aber, dass Bubis' Traum einer vollkommenen Integration vielleicht unerreichbar bleiben würde. Leo Baecks Aussöhnung mit der Realität mehr als fünfzig Jahre zuvor, nämlich mit einer Realität, in der Juden einfach «in Deutschland leben» werden, hat sich bewahrheitet. Für manche war das sicher weniger, als sie erhofft hatten, anderen scheint es so recht zu sein. In diesem neuen Deutschland können sie trotz allem leben und ihre eigene Kultur bewahren oder hinter sich lassen, je nachdem, was ihnen richtig erscheint, Seite an Seite mit den Deutschen und zusammen mit den verschiedenen Minderheitengruppen im Land. Sie bleiben fremd und daheim zugleich. Nachdem sich Juden über zweihundert Jahre lang um Anerkennung und Gleichberechtigung bemüht haben, ist die alte Ambivalenz noch da, ja sogar verstärkt, und auch zu Beginn des einundzwanzigsten Jahrhunderts spiegelt diese Ambivalenz die allgemeine Situation in Deutschland wider.

Epilog

Berlin ist nicht Weimar

Zu Beginn des einundzwanzigsten Jahrhunderts schienen sich im neuen, wiedervereinigten Deutschland die Kräfte durchgesetzt zu haben, die die Notwendigkeit des Erinnerns an die Geschichte des Nationalsozialismus und des angemessenen Gedenkens an seine Opfer akzeptieren. «Die Anerkennung des Holocausts», schrieb Tony Judt auf Heinrich Heine anspielend, «ist zur europäischen Eintrittskarte geworden.» Und, noch deutlicher: «Wer die Schoah – den Holocaust – leugnet oder beschönigt, disqualifiziert sich für den zivilisierten öffentlichen Diskurs.»[1]

Im Zentrum Berlins wurde der Bau des so lange umstrittenen Denkmals für die ermordeten Juden Europas vollendet und am 10. Mai 2005 feierlich eingeweiht. Es symbolisiert «die Wende vom Vergessen zum Erinnern», wie es Aleida Assmann ausdrückte, oder noch treffender, die Abwendung vom «Modell Schlussstrich» zum Modell «Trennungsstrich».[2]

Nun war auch die weitere Forschungsarbeit der Historiker dringend gefragt. Parallel zu den verschiedenen leidenschaftlichen Kontroversen unmittelbar vor und nach der Wiedervereinigung erforschten die Historiker nun im Detail das nationalsozialistische System und die Methoden, mit denen dessen Anhänger die sogenannte Endlösung umsetzten. Die kurz zuvor geöffneten Archive in der ehemaligen sowjetisch besetzten Zone spielten eine entscheidende Rolle bei den neuen Forschungsvorhaben einer ganzen Historikergeneration. Zudem wurden alte und neue Dokumente erschlossen und der Öffentlichkeit in Büchern, Ausstellungen und neuen Dokumentationszentren zur Verfügung gestellt. Die auf dem Gelände des einstigen Berliner SS-Hauptquartiers nahe der ehemaligen Zonengrenze errichtete Gedenkstätte «Topographie des Terrors» wurde, wie auch zahlreiche Gedenkstätten in ehemaligen Konzentrationslagern, eine viel besuchte Pilgerstätte. Sie wurden ein Teil der so oft beschworenen deutschen «Erinnerungskultur». Im Blick auf all die größeren und kleineren Gedenkstätten, Gedenktafeln und Stolpersteine könnte Deutschland paradoxerweise «stolz» sein, denn «in keinem anderen Land gibt es eine so dichte Repräsentation der eigenen Verfehlungen». Im schlimmsten Fall führt dies zu einem perversen «Erinnerungsstolz», der unterschiedlichen politischen Zwecken dienen kann. Im positiven Sinne gehört es zur ständigen Aufklärungsarbeit und fördert «Lernen, Reflektieren und Versöhnen».[3]

Parallel dazu entwickelte sich auch eine deutsch-jüdische Erinnerungskultur. Museen wie das von dem Architekten Daniel Libeskind renovierte, vergrößerte und neu gestaltete Jüdische Museum in Berlin, aber auch kleinere und weniger spektakuläre Museen zeigen im ganzen Land Ausstellungen über Jahrhunderte jüdischen Lebens in Deutschland, jenseits seines tragischen, mörderischen Endes. Sie ziehen Millionen Besucher an, Deutsche und Reisende aus aller Welt, und setzen zugleich ein Zeichen, dass jüdisches Leben in Deutschland auch nach dem Holocaust existiert. In München, Dresden, Mainz und Regensburg wurden neue Synagogen gebaut oder am alten Platz wiedererrichtet, meist zentral gelegen und architektonisch anspruchsvoll. Obwohl sie besonders streng bewacht werden müssen und anders als katholische Kirchen, zum Beispiel, für unangemeldete Besucher oft geschlossen sind, wecken sie großes Interesse.

Ebenso wichtig ist das wachsende Interesse an deutsch-jüdischer Geschichte sowohl bei Schülern und Studenten als auch allgemein in der Öffentlichkeit. Während der intellektuellen Unruhen der späten sechziger Jahre waren es nur einige wenige Historiker, die Pionierarbeit zu jüdischen Themen leisteten. Daraus entwickelte sich nun eine eigene akademische Disziplin mit Lehrstühlen und Institutionen, die diesen besonderen, Jahrhunderte zurückreichenden Aspekt der deutschen Geschichte umfangreicher und wichtiger werden lassen. Obwohl die Präsenz der Juden im heutigen Deutschland wohl niemals mehr so glänzend und herausragend sein wird wie während der Weimarer Republik oder in den späteren Jahren des Kaiserreichs, ist die Tatsache, dass sich Juden nun als gleichberechtigte Bürger eingliedern und dass es ihnen gelingt, mit Deutschen und Neueinwanderern in einem respektablen Gemeinwesen zusammenzuleben, Grund für bescheidene, aber aufrichtige Zufriedenheit.

Die lange Nachkriegsära, in der Juden in Deutschland manchmal willentlich, doch oft ohne ihr Zutun eine Reihe von wichtigen erinnerungspolitischen und pädagogischen Aufgaben übernehmen mussten, ist zu Ende. Heute leben nur noch wenige jüdische Zeitzeugen vergangener Verbrechen, die ihre Geschichte erzählen können. Es gibt auch nicht mehr viele Nazitäter, die heute belangt und bestraft werden könnten oder sollten. Bald standen in der deutschen Öffentlichkeit andere Themen wie der islamische Terror, der Krieg in Afghanistan, die Wirtschaftskrise von 2008 sowie die Spannungen innerhalb der Europäischen Union oder die Klimakrise im Vordergrund.

In der nun größeren Bundesrepublik bilden Juden eine Minderheit von lediglich 0,4 Prozent. Fast 100 000 sind Mitglieder religiöser Gemeinden, und die geschätzte Zahl der zusätzlichen, nicht in Gemeinden registrierten Juden beläuft sich auf 50 000 bis 100 000, einschließlich der etwa 20 000 Israelis, die vor allem in Berlin leben.

Nur wenige Juden sind in der Politik aktiv, jedoch relativ viele sind, wie früher, Ärzte, Juristen, Geistes- oder Naturwissenschaftler. Durch die Einwanderung von etwa 100 000 Juden aus der ehemaligen UdSSR gewann Deutschland eine Reihe von hervorragenden Musikern und einige interessante Autorinnen und Autoren hinzu. Alles in allem fallen Juden in Deutschland nicht mehr sehr auf. Man scheint sie ohne Weiteres zu respektieren, gelegentlich wird ihre «Meinung als Kollektiv» nachgefragt, und man hört ihnen höflich zu – nicht mehr, aber auch nicht weniger.

Im Zusammenhang mit jüdischen Themen tauchen zwar periodisch noch Kontroversen auf. Die israelische Politik in den besetzten Gebieten wird bisweilen heiß debattiert, doch der geltende Konsens in diesem Punkt ist nicht grundsätzlich erschüttert worden. Die offizielle Haltung gegenüber Israel ist zu einer gewissen Routine geworden und seit Jahrzehnten unverändert. Bundespräsidenten oder Außenminister kritisieren manchmal die Regierung Israels und betonen, wie sehr Deutschland den Menschenrechten verpflichtet sei, doch das findet sowohl in Israel als auch in Deutschland nur ein begrenztes Echo. Selbst Aufforderungen israelischer und amerikanisch-jüdischer Intellektueller, einen kritischeren Diskurs über Israel und seine Politik gegenüber den Palästinensern zuzulassen, bleiben Randerscheinungen. Israel erhält von Deutschland weiterhin offizielle Unterstützung in verschiedenen internationalen Gremien und weiterhin Waffen für die Landesverteidigung. Dazu gehören auch modernste U-Boote, obwohl die Verhandlungen über deren Anschaffung öfter zu Verdächtigungen und heftigen öffentlichen oder nichtöffentlichen Auseinandersetzungen führen. Bundeskanzlerin Angela Merkel erklärte mehrfach, Israels Sicherheit gehöre zur Staatsräson der Bundesrepublik Deutschland. Erinnern und Wissen um die Vergangenheit haben diese Politik bisher entscheidend bestimmt und werden es vermutlich auch in Zukunft tun. Innenpolitisch ist die Verpflichtung, die jüdische Gemeinde *in* Deutschland zu unterstützen und zu schützen, eine Selbstverständlichkeit geworden.

Seit 2015 ist Deutschland mit einer großen Flüchtlingswelle aus Syrien, Afghanistan und Afrika konfrontiert. Für alle diese Flüchtlinge ist Deutschland ein «Land der Verheißung». Gleichzeitig ist man, vor allem im östlichen Teil Deutschlands, mit dem Erstarken der Rechten belastet, die als Reaktion auf diese Immigrationswelle, wenn auch sicherlich nicht nur deshalb, Zulauf bekommen hat. Die Ressentiments, die so lange nach der Wiedervereinigung sogar noch diejenigen Männer und Frauen verspüren, die das Leben in der DDR gar nicht selbst erfahren haben, verbinden sich nun mit einer Fremdenfeindlichkeit, die weder im Osten noch im Westen ganz überwunden ist. Angst vor ökonomischer Konkurrenz und ein unterschwelliger Rassismus eines mehr oder weniger konstanten, womöglich wachsenden Teils der Bevölkerung spielen dabei eine Rolle. All dies hat fast immer eine Verbindung zum Antisemitismus. Obwohl sich die Feindseligkeit der Rechten meist gegen Muslime richtet, verstören Juden und Nichtjuden gleichermaßen auch vereinzelte Terroranschläge auf Juden, etwa der Anschlag auf die Synagoge in Halle am Feiertag Jom Kippur 2019. Solche Taten zeigen vielleicht, dass Juden in Deutschland trotz aller Beteuerungen immer noch nicht hinreichend geschützt sind.[4] Auf jeden Fall erschütterte der Anschlag das Vertrauen von Juden und Nichtjuden in die Stabilität der Bundesrepublik und in die Stärke ihrer Demokratie.

Gewiss, die Rechte hat in letzter Zeit in vielen europäischen Ländern zugelegt – und in manchen viel stärker als in Deutschland. Doch von Deutschland erwartet man zu Recht mehr Wachsamkeit. Die Erinnerung an die Vergangenheit stellt höhere Anforderungen an dieses Land, besonders in Hinblick auf den Antisemitismus und Bedrohungen durch Rechtsextreme. Alles in allem kann das heutige Deutschland jedoch als stabile, gut funktionierende, ja modellhafte Demokratie angesehen werden. «Berlin ist nicht Weimar», lautet ein geflügeltes Wort. Berlin ist sicherlich erfolgversprechender als Weimar, vor allem wegen der Erkenntnisse, die man aus dem genauen Studium der Vergangenheit und den daraus gezogenen Lehren gewonnen hat. Ob diese Lehren wirklich verinnerlicht wurden und ob dies am Ende ausreicht, um einer neuen Welle des Hasses und des rechten Populismus zu widerstehen, bleibt eine offene Frage. Der Historiker Michael Brenner hat uns im Jahr 2020 daran erinnert: «Die Gefahr erkennt man immer zu spät.»[5] Die neue Situation ist Grund genug für besondere Wachsamkeit.

Ich habe in diesem Buch den Versuch unternommen, einen Beitrag zu den Erkenntnissen zu leisten, die aus der deutschen Vergangenheit zu gewinnen sind. Hoffentlich haben sich daraus Anregungen für zusätzliche Lehren aus jüdischer Sicht ergeben. Viele Themen dieses Buchs sind immer noch unmittelbar relevant, auch wenn sie zeitlich weit zurückzuliegen scheinen. Der Kampf um die Gleichberechtigung auch über eine *rechtliche* Gleichstellung hinaus ist ein zentrales Thema des Buches, und in einer Welt, in der die Ungleichheit gigantische Dimensionen angenommen hat, ist es besonders wichtig, dies zu erkennen. Das Wechselspiel von Inklusion und Exklusion und von Versprechen und Bedrohungen, das seit Generationen für jüdisches Leben in Deutschland typisch war, betraf im achtzehnten und neunzehnten Jahrhundert und betrifft auch heute nicht nur Juden. Schließlich hoffe ich, gezeigt zu haben, dass verschiedene Kapitel der deutschen Geschichte durch die jüdische Perspektive neue Konturen erhalten. Die schon oft gescholtene Aufklärung des achtzehnten Jahrhunderts gerät unter dieser Perspektive wegen ihrer unverfrorenen Intoleranz in die Kritik. Der wegen seiner Schwächen oft kritisierte politische Liberalismus muss bereits zu Beginn des neunzehnten Jahrhunderts in einem kritischen Licht gesehen werden. Sein Höhepunkt während der Revolution von 1848 wird in seiner ganzen Zweideutigkeit dargelegt:

Er war modern und traditionell, egalitär und ausgrenzend zugleich. Auch das Wesen der Industrialisierung und der Modernisierungsprozess erscheinen durch die jüdische Perspektive in einem anderen Licht. Selbst die Vereinigung der kleineren deutschen Staaten unter Preußen, Bismarcks große Leistung, wird relativiert, wenn man den dadurch hervorgerufenen Bruch in der alten jüdischen Welt, und nicht nur in dieser, betrachtet. Das jüdische Leben im Kaiserreich im Spannungsfeld zwischen absoluter Zugehörigkeit zum geliebten Vaterland und absoluter Zurückweisung, besonders während der mehrfachen antisemitischen Wellen, zeigt einmal mehr die Spannung zwischen Erfolg und Enttäuschung, aber auch die Größe und Schwäche des Reichs im Allgemeinen. Diese Ambivalenz, Zweideutigkeit und innere Widersprüchlichkeit charakterisieren so manches in dem Abschnitt der Geschichte, von dem dieses Buch handelt.

1933 kam durch die Machtergreifung der Nationalsozialisten schließlich das schmerzhafte Erwachen aus dem Traum einer gemeinsamen Identität, die schon immer unsicher und zerbrechlich gewesen war. Deutsche Juden existierten als solche nicht mehr. Am Ende wurden sie zusammen mit allen anderen Juden im besetzten Europa zur Vernichtung abtransportiert. Das so lange und so sorgfältig geknüpfte Band wurde gewaltsam und, wie es schien, für immer auseinandergerissen. Und doch erhielten Juden und jüdisches Leben im besiegten, vom Naziregime befreiten Deutschland eine neue Bedeutung. Obwohl sie eine solche Rolle in der deutschen Nachkriegsgesellschaft niemals gewünscht hatten, schon gar nicht zu dem entsetzlichen Preis, der dafür gezahlt werden musste, konnten sie sich von der Verantwortung, die damit verbunden war, nicht befreien. Das Band zwischen Juden und nichtjüdischen Deutschen, das so eng und so außerordentlich produktiv gewesen war, ist von deutscher Seite durch unvorstellbare Verbrechen und bei den Juden durch schmerzlichste Verluste gänzlich durchtrennt worden. Und doch hat sich entgegen allen Erwartungen dieser vollständige Bruch, der die beiden Seiten als Täter und Opfer voneinander trennte, als teilweise reparierbar erwiesen. Die Errungenschaften der Vergangenheit sind nicht völlig verloren, und der Blick in die Zukunft eröffnet Raum für Optimismus. Diesen Optimismus auch in Zeiten der neuen und manchmal auch der offensichtlich wiederholten alten Gefahren zu bewahren, ist nicht einfach. Alte und neue Beziehungen umzugestalten, sie zu stärken und ihnen neue Bedeutung zu verleihen erfordert stetige Bemühungen, aber es scheint trotz allem nicht aussichtslos.

Dank

Meine ersten, recht unsicheren Schritte in Richtung dieses Buchs ging ich mit einer Vorlesungsreihe an der Universität München auf Einladung von Michael Brenner, dem Inhaber des Lehrstuhls für Jüdische Geschichte und Kultur der Ludwig-Maximilians-Universität, im Wintersemester 2014/15. Ihm gebührt hier als Erstem mein Dank. Mein Aufenthalt in München wurde durch ein Stipendium der Allianz Kulturstiftung großzügig finanziert, die späteren Forschungskosten durch den Meitner-Humboldt-Forschungspreis der Alexander-von-Humboldt-Stiftung, der mir 2016 verliehen wurde. Ich möchte beiden Stiftungen für diese Unterstützung herzlich danken.

Das Manuskript wurde mit größter Sorgfalt von zwei Kollegen gelesen, von Jürgen Kocka und Philipp Lenhard. Neben ihrem Wissen und ihrer Fachkenntnis waren sie für mich auch als Repräsentanten zweier Generationen von deutschen Historikern wichtig. Mit Jürgen Kocka bin ich seit vielen Jahren befreundet. Wir haben uns in diesen Jahren unzählige Male getroffen und über historische und zeitgenössische Themen diskutiert. Seine Bereitschaft, das Manuskript durchzusehen und gründlich zu kommentieren, war außerordentlich hilfreich, doch vor allem war es eine bewegende Geste der Freundschaft. Philipp Lenhard habe ich während meines langen Aufenthalts in München kennen und schnell für sein weitreichendes Wissen schätzen gelernt. Auch er hat bisweilen Wichtigeres beiseitegelegt, um mein Manuskript durchzugehen. Ich bin ihm zutiefst dankbar für seine präzisen und professionellen Kommentare.

Ein besonderer Dank gilt Ulla Höber, die dieses Buch mit großer Sorgfalt übersetzt hat, und Ulrich Nolte, meinem Lektor beim Verlag C.H.Beck, dessen kluge Kommentare und präzise Korrekturen meinen Text wesentlich verbessert haben. Selbstverständlich sind alle Fehler in diesem Buch meine eigenen. Ich danke auch meinem Verleger Wolfgang Beck, mit dem ich nun seit über zwanzig Jahren zusammenarbeite und dessen stete Unterstützung dieses Unterfangen so sehr erleichtert hat.

Schließlich kann ich nicht ohne Dank an meinen Lebensgefährten Celino Bleiweiss enden, der sich mein Nachsinnen über die deutsche Geschichte jeden Morgen beim Frühstück anhören musste oder wenn wir gemeinsam durch die wunderschöne Landschaft der Voralpen oder nördlich von Tel Aviv entlang den Küsten des Mittelmeers fuhren. Ich habe sehr von seiner langen Vertrautheit mit Deutschland, seiner großen Lebenserfahrung und seinem tiefen Verständnis profitiert. Und besonders wichtig – seine tägliche Hilfe und seine warme, anspruchslose Liebe waren unverzichtbar. Ihm ist das Buch gewidmet.

Anmerkungen

Einleitung
Ein jüdischer Blick – Plural und Singular

1 Johann Wolfgang von Goethe und Friedrich Schiller, Xenien. Literaturpolitische Distichen, 95.

2 Zu diesem Themenkomplex siehe Ofri Ilani, In Search of the Hebrew People: Bible and Nation in the German Enlightenment, Bloomington 2008, und: Aya Elyada, A Goy Who Speaks Yiddish: Christians and the Jewish Language in Early Modern Germany, Stanford 2012.

3 Siehe Ismar Schorsch, From Text to Context: The Turn to History in Modern Judaism, Hannover 1994, und: Josef Hayim Yerushalmi, Zakhor: Erinnere Dich! Jüdische Geschichte und jüdisches Gedächtnis, Göttingen 1996.

4 Joan Wallach Scott, Gender and the Politics of History, New York 1999, S. ix.

5 Eric J. Hobsbawm, «From Social History to the History of Society», *Daedalus* 100 (1), 1971, S. 20–45.

6 Siehe besonders Till van Rahden, «‹Germans of the Jewish Stamm›: Visions of Community between Nationalism and Particularism, 1850 to 1933», in: Neil Gregor, Nils Roemer und Mark Roseman (Hg.), German History from the Margins, Bloomington 2006, S. 27–48, sowie im selben Band: Yfaat Weiss, «Identity and Essentialism. Race, Racism, and the Jews at the Fin de Siècle», S. 49–68.

7 Dan Diner, Das Jahrhundert verstehen. Eine universalhistorische Deutung, München 1999.

8 Siehe Thorstein Veblen, «The Intellectual Pre-eminence of Jews in Modern Europe» (1919), in: Max Lerner (Hg.), The Portable Veblen, New York 1950, S. 467–479.

9 Sigmund Freud, Brief an die Mitglieder des Vereins B'nai B'rith [6. Mai 1926], in: E. und L. Freud (Hg.), Sigmund Freud: Briefe 1873–1939, Frankfurt a. M. 1968, S. 381.

Erster Teil
Deutschland kennenlernen, 1780–1840

1 Thomas Nipperdey, Deutsche Geschichte 1800–1918, 3 Bde., München 1998; Hans-Ulrich Wehler, Deutsche Gesellschaftsgeschichte, 5 Bde., München 1987–2008.
2 Siehe Alfred Cobban, Aspects of the French Revolution, London 1968, S. 18–28.
3 Siehe Robert Darnton, The Forbidden Best-sellers of Pre-revolutionary France, New York 1995; sowie derselbe, Literaten im Untergrund. Lesen, Schreiben und Publizieren im vorrevolutionären Frankreich, München 1985 (1982 im engl. Original).
4 Siehe Zeev Sternhell, The Anti-Enlightenment Tradition, New Haven 2009.
5 Theodor W. Adorno und Max Horkheimer, Die Dialektik der Aufklärung, Amsterdam 1947.
6 Siehe Peter Gay, The Enlightenment: An Interpretation, Bd. 1: The Rise of Modern Paganism, New York 1966, und Bd. 2: The Science of Freedom, New York 1969. Für die Kritik Baumans an der Moderne seit der Aufklärung siehe Zygmunt Bauman, Moderne und Ambivalenz. Das Ende der Eindeutigkeit, Frankfurt a. M. 1995 (1991 im engl. Original).
7 Christopher Clark, Preußen. Aufstieg und Niedergang 1600–1947, Frankfurt a. M. 2007 (2006 im engl. Original), hier S. 260–267.
8 Die umfassendste und aufschlussreichste Biographie über Mendelssohn ist: Alexander Altmann, Moses Mendelssohn: A Biographical Study, 1973. Siehe auch: Dominique Bourel, Moses Mendelssohn. La naissance du judaïsme moderne, Paris 2004, und: Shmuel Feiner, Moses Mendelssohn. Ein jüdischer Denker in der Zeit der Aufklärung, Göttingen 2009 (2005 im hebräischen Original).
9 Siehe Immanuel Kant, «Beantwortung der Frage: Was ist Aufklärung?», in: Kants Gesammelte Schriften. Akademie-Ausgabe, Bd. 8, Berlin 1904 ff.,

S. 33–36, und: Mendelssohn, «Über die Frage: was heißt aufklären?», in: Alexander Altmann u. a. (Hg.), Moses Mendelssohn. Gesammelte Schriften. Jubiläumsausgabe, Bd. 6/1, Stuttgart-Bad Cannstatt 1971 ff., S. 115–119.

10 Siehe James Schmidt, «The Question of the Enlightenment: Kant, Mendelssohn and the Mittwochsgesellschaft», *Journal of the History of Ideas*, Bd. 50, Nr. 2, Apr.–Jun. 1989, S. 269–291.

11 Zitiert nach: Michael Foucault, «Was ist Aufklärung?», in: Eva Erdmann, Rainer Forst und Axel Honneth (Hg.), Ethos der Moderne. Foucaults Kritik der Aufklärung, Frankfurt a. M. 1990, S. 36.

12 Vgl. Jacob Katz, Tradition und Krise. Der Weg der jüdischen Gesellschaft in die Moderne, München 2002 (1958 im hebräischen Original).

13 Jonathan Israel, European Jewry in the Age of Mercantilism, 1550–1750, London 1985. Siehe auch David Ruderman, Early Modern Jewry: A New Cultural History, Princeton 2010.

14 Siehe Jonathan M. Hess, Germans, Jews and the Claims of Modernity, New Haven 2002; David Sorkin, The Religious Enlightenment: Protestants, Jews and Catholics from London to Vienna, Princeton 2011; derselbe, The Transformation of German Jewry, 1780–1840, New York 1987, hier v. a. Kap. 2; und derselbe, Jewish Emancipation. A History across Five Centuries, Princeton 2019.

15 David Sorkin, Moses Mendelssohn und die theologische Aufklärung, Wien 1999.

16 Zitiert nach: Moses Mendelssohn, Sämtliche Werke, Bd. 12, Ofen 1825, S. 6–59.

17 Zu Michaelis Leben und Werk, und v. a. zu seinen Kommentaren in Bezug auf das zeitgenössische Judentum, siehe Ofri Ilani, In Search of the Hebrew People: Bible and Nation in the German Enlightenment, Bloomington 2018, und: Anna-Ruth Löwenbrück, Judenfeindschaft im Zeitalter der Aufklärung. Eine Studie zur Vorgeschichte des modernen Antisemitismus am Beispiel des Göttinger Theologen und Orientalisten Johann David Michaelis, Frankfurt a. M. 1995, S. 158 f.

18 Siehe Andree Michaelis-König, «Mendelssohn, Lavater, Lessing. Von Freundschaftskrisen und stützenden Netzwerken», in: Lore Knapp (Hg.), Literarische Netzwerke im 18. Jahrhundert, Bielefeld 2019, 269–294.

19 Für die beste Zusammenfassung dieses Rechtszustands siehe Stefi Jersch-Wenzel, «Rechtslage und Emanzipation», in: Michael A. Meyer (Hg.),

Deutsch-jüdische Geschichte in der Neuzeit, Bd. 2: Emanzipation und Akkulturation 1780–1871, München 1996, S. 15–56.

20 Christian Wilhelm Dohm, Über die bürgerliche Verbesserung der Juden, Bd. 1, Berlin und Stettin 1781, S. 28.

21 Für Details siehe Josef Karniel, Die Toleranzpolitik Kaiser Josephs II., Gerlingen 1986.

22 Siehe die vergleichende Diskussion in David Sorkin, The Religious Enlightenment: Protestants, Jews and Catholics from London to Vienna, Princeton 2008.

23 Siehe Jonathan Israel, Radical Enlightenment: Philosophy and the Making of Modernity, 1650–1750, Oxford 2001. Für eine kurze Zusammenfassung siehe «Radikalaufklärung. Entstehung und Bedeutung einer fundamentalen Idee», in: Jonathan Israel und Martin Muslow (Hg.), Radikalaufklärung, Frankfurt a. M. 2014, S. 234–274.

24 Zu diesem Kapitel französisch-jüdischer Geschichte siehe Ronald Schechter, Obstinate Hebrews. Representations of Jews in France 1715–1815, Berkeley/Los Angeles 2003, S. 151–156. Siehe auch David Sorkin, Jewish Emancipation: A History across Five Centuries, Princeton 2019, S. 91–101.

25 Ralf Roth, Die Herausbildung einer modernen bürgerlichen Gesellschaft. Geschichte der Stadt Frankfurt am Main 1789–1866, Sigmaringen 2013, und: Paul Arnsberg, Die Geschichte der Frankfurter Juden seit der Französischen Revolution, Bd. 2: Struktur und Aktivitäten der Frankfurter Juden von 1789 bis zu deren Vernichtung in der nationalsozialistischen Ära, Darmstadt 1983.

26 Zu Preußen siehe insbes. Ismar Freund, Die Emanzipation der Juden in Preußen unter besonderer Berücksichtigung des Gesetzes von 1812. Ein Beitrag zur Rechtsgeschichte der Juden in Preußen, 2 Bde., Berlin 1912. Siehe auch Irene A. Diekmann, Das Emanzipationsedikt von 1812 in Preußen. Der lange Weg der Juden zu «Einländern» und «preußischen Staatsbürgern», Berlin 2013, und: Marion Schulte, Über die bürgerlichen Verhältnisse der Juden in Preußen, Berlin 2014.

27 Dieser Abschnitt beruht zum großen Teil auf meinem Aufsatz «Bitten und Streiten: Die Emanzipation der Juden auf dem Wiener Kongress», in: Thomas Just u. a. (Hg.), Der Wiener Kongress. Die Erfindung Europas, Wien 2014, S. 236–253.

28 Siehe noch immer insbesondere Salo Baron, Die Judenfrage auf dem Wiener Kongress, Wien/Berlin 1920.

29 Wilhelm und Caroline von Humboldt in ihren Briefen, Bd. 4: Federn und Schwerter in den Freiheitskriegen, Berlin 1910, S. 565.

30 Salo Baron, Die Judenfrage auf dem Wiener Kongress, Wien/Berlin 1920, S. 82.

31 Wilhelm von Humboldt, «Über einen Entwurf zu einer neuen Konstitution für die Juden», in: Tilman Borsche, Wilhelm von Humboldt, München 1990, S. 51–54.

32 Zitiert nach: Salo Baron, Die Judenfrage auf dem Wiener Kongress, Wien/Berlin 1920, S. 173 f.

33 Zitiert nach: Francis L. Carsten, Geschichte der preußischen Junker, Frankfurt a. M. 1988, S. 90, und: Freiherr vom Stein, Briefe und amtliche Schriften, Bd. 5, Stuttgart 1964, S. 512.

34 Werner Hahn, «Judenemanzipation in der Reformzeit», in: Thomas Stamm-Kuhlmann (Hg.), «Freier Gebrauch der Kräfte». Eine Bestandsaufnahme der Hardenberg-Forschung, München 2001, S. 141.

35 Ein unkonventioneller Blick auf Metternich findet sich in: Wolfram Siemann, Metternich – Stratege und Visionär, Eine Biographie, München 2016. Siemann bezieht sich jedoch nicht auf die hier diskutierten Probleme der Juden.

36 Der Brief, aus dem hier zitiert wird, enthält auch einige handschriftliche Ergänzungen Metternichs, auf die Baron im Österreichischen Staatsarchiv stieß. Siehe Salo Baron, Die Judenfrage auf dem Wiener Kongress, Wien/Berlin 1920, S. 92 f.

37 Ibid., S. 152.

38 Die klassische Darstellung dieser ambivalenten Entwicklung in Preußen findet sich in: Reinhart Koselleck, Preußen zwischen Reform und Revolution. Allgemeines Landrecht, Verwaltung und soziale Bewegung von 1791 bis 1848, Stuttgart 1967.

39 Zu Details der preußischen Reformära siehe ibid., besonders Kap. II–IV; sowie Christopher Clark, Preußen. Aufstieg und Niedergang 1600–1947, Frankfurt a. M. 2007, S. 364–400 und S. 448–500. Viel habe ich gelernt bei Hans Rosenberg, Bureaucracy, Aristocracy, Autocracy: The Prussian Experience 1660–1815, Boston 1958.

40 Siehe vor allem Deborah Hertz, Die jüdischen Salons im alten Berlin, Frankfurt a. M. 1991.

41 Siehe Friedrich Schleiermacher, Briefe bei Gelegenheit der politisch theologischen Aufgabe und des Rundschreibens jüdischer Hausväter, von einem Prediger ausserhalb Berlin, Berlin 1799, S. 10 [zunächst anonym veröffentlicht]. Zu der unter Berliner Intellektuellen geführten Debatte anlässlich Friedländers Brief siehe Uta Lohmann, David Friedländer. Reformpolitik im Zeichen von Aufklärung und Emanzipation, Hannover 2012.

42 Zu Rahels wechselvollem Leben siehe, trotz der Kritik, Hannah Arendt, Rahel Varnhagen. Lebensgeschichte einer deutschen Jüdin aus der Romantik. München 1959. Siehe auch die von Liliane Weissberg überarbeitete und kommentierte englische Neuauflage: Hannah Arendt, Rahel Varnhagen. The Life of a Jewess, Baltimore 2000.

43 Eine ausführlichere Darstellung findet sich bei Wolfram Siemann, Vom Staatenbund zum Nationalstaat. Deutschland 1806–1871, München 1995, S. 330–337.

44 Johann Gottlieb Fichte, Sämtliche Werke, Bd. 6, Berlin 1845, S. 150.

45 Vgl. Wilhelm und Caroline von Humboldt in ihren Briefen, 7 Bde., Berlin 1906–1916, z. B. Brief vom 25. Juli 1813 oder vom 30. April, 1816. Zu Humboldts Ansichten über Juden und weitere Zitate aus seinen Briefen siehe Werner Treß, «Liberale Politik im christlichen Staat? Wilhelm von Humboldt und das Bürgerrecht für die Juden», *Zeitschrift für Religions- und Geistesgeschichte*, 69/2 2017, S. 194 und 197.

46 Siehe Werner Conze, «Staat und Gesellschaft in der früh-revolutionären Epoche Deutschlands», *Historische Zeitschrift*, 186/1 1958, S. 1–34.

47 Siehe für die folgenden Zitate Uriel Tal, «Young German Intellectuals on Romanticism and Judaism – Spiritual Turbulence in the Early Nineteenth Century», in: Salo Wittmayr Baron, Jubilee Volume: On the Occasion of his Eightieth Birthday, Jerusalem 1974, S. 919–938 (Deutsch von Ulla Höber).

48 Heinrich Heine, Almansor, Vers 243 f.

49 Die Krawalle sind erstmals umfassend beschrieben und analysiert in Eleonore Sterling, «Anti-Jewish Riots in Germany in 1819: A Displacement of Social Protest», *Historia Judaica* XII/2 1950, S. 105–42; und später in: Jacob Katz, Die Hep-Hep-Verfolgungen des Jahres 1819, Berlin 1994. Zu diesen und späteren antijüdischen Krawallen siehe auch Stefan Rohrbacher, Gewalt

im Biedermeier. Antijüdische Ausschreitungen in Vormärz und Revolution, Frankfurt a. M. 1993, und: Werner Bergmann, Tumulte – Excesse – Pogrome. Kollektive Gewalt gegen Juden in Europa 1789–1900, Göttingen 2020, S. 137–183.

50 Karl August Varnhagen von Ense, Denkwürdigkeiten des eignen Lebens. Die Karlsruher Jahre 1816–1819, Karlsruhe 1924, S. 370.

51 Siehe Michael Benedikt Lessing, Die Juden und die öffentliche Meinung im Preußischen Staate, o. O. 1833, zitiert nach: Jacob Toury, «Der Eintritt der Juden ins deutsche Bürgertum», in: Hans Liebeschütz und Arnold Paucker (Hg.), Das Judentum in der deutschen Umwelt 1800–1850, Tübingen 1977, S. 199.

52 Jacob Toury, Soziale und politische Geschichte der Juden in Deutschland 1848–1871, Düsseldorf 1977, S. 123.

53 Dieser Begriff wurde von Guenther Roth eingeführt in: The Social Democrats in Imperial Germany. A Study in Working-Class Isolation and National Integration, Totowa 1963, und dann aufgegriffen in: Dieter Groh, Negative Integration und revolutionärer Attentismus, Frankfurt a. M. 1973.

54 Vgl. Rachel Livneh-Freudenthal, The Verein: Pioneers of Jewish Studies [Hebrew], Jerusalem 2018.

55 Zu Leopold Zunz' Biographie siehe Ismar Schorsch, Leopold Zunz: Creativity in Adversity, Philadelphia 2016.

56 Dieses Lied hat Heinrich Heine am 24. Oktober 1824 in einem Brief an seinen Freund Moses Moser geschickt. Siehe: Der Rabbi von Bacherach. Ein Fragment, Berlin 1937, S. 79.

57 Heinrich Heine, Nachtgedanken, in: Klaus Briegleb (Hg.), Heinrich Heine. Sämtliche Schriften, Bd. 4, München/Wien 1976, S. 432.

58 Heinrich Heine, Zur Geschichte der Religion und Philosophie in Deutschland (1834), in: Klaus Briegleb (Hg.), Heinrich Heine. Sämtliche Schriften, Bd. 5, München/Wien 1976, S. 640.

59 Jacob Katz hat die Gesellschaft des Vormärz «die halbneutrale Gesellschaft» genannt. Siehe Jacob Katz, Aus dem Ghetto in die bürgerliche Gesellschaft: Jüdische Emanzipation (1770–1870), Frankfurt a. M. 1986, z. B. S. 54.

Zweiter Teil
Freiheit und Einheit, 1840–1870

1 Siehe Reinhard Rürup, Emanzipation und Antisemitismus. Studien zur ‹Judenfrage› in der bürgerlichen Gesellschaft, Göttingen 1975, hier S. 59 f.

2 Ibid., S. 24.

3 Siehe Reinhard Rürup, «The Torturous and Thorny Path to Legal Equality: ‹Jew Laws› and Emancipatory Legislation in Germany from the Late 18th Century», in: Leo Baeck Institute Yearbook 31 (1986), S. 24.

4 Siehe Reinhard Rürup, Emanzipation und Antisemitismus. Studien zur ‹Judenfrage› in der bürgerlichen Gesellschaft, Göttingen 1975, S. 35 f.

5 Heinrich Heine, Reisen von München nach Genua (Erstdruck: Hamburg 1830), Berlin 2014, S. 49.

6 Karl August Varnhagen von Ense, Tagebücher, Bd. 2, Leipzig 1861, S. 113.

7 Siehe Ludwig Börne, «Eine Kleinigkeit», in: Gesammelte Schriften, Bd. 2, Hamburg und Frankfurt a. M. 1862, S. 326.

8 Karl Marx und Friedrich Engels, Werke, Bd. 2, Berlin 1959, S. 91–124.

9 Stefi Jersch-Wenzel, «Rechtslage und Emanzipation», in: Michael A. Meyer (Hg.), Deutsch-jüdische Geschichte in der Neuzeit, Bd. 2: Emanzipation und Akkulturation 1780–1871, München 1996, S. 15–56, hier S. 56.

10 Aus einer königlichen Ordre vom Dezember 1841, Geheimes Staatsarchiv Preußischer Kulturbesitz. Zitiert nach: ibid., S. 53. Für gründliche Informationen zu diesem Thema siehe Philipp Lenhard, Volk oder Religion? Die Entstehung moderner jüdischer Ethnizität in Frankreich und Deutschland 1782–1848, Göttingen 2014.

11 Zitiert nach: Stefan Rohrbacher, Gewalt im Biedermeier. Frankfurt a. M. 1993, S. 208 f. Siehe auch Werner Bergmann, Tumulte – Excesse – Pogrome, Göttingen 2020, Kollektive Gewalt gegen Juden in Europa 1789–1900, S. 234–271.

12 Dazu und im Folgenden siehe Shulamit Volkov, The Rise of Popular Antimodernism in Germany. The Urban Master Artisans, 1873–1896, Princeton 1978, S. 215–229.

13 Offener Brief an alle Innungsgenossen Deutschlands, Leipzig 1848, S. 21 f.

14 Siehe Jacob Toury, «Die Revolution von 1848 als innerjüdischer Wende-

punkt», in: Hans Liebeschütz und Arnold Paucker (Hg.), Das Judentum in der Deutschen Umwelt 1800–1850, Tübingen 1977, S. 359–376.

15 Der Brief ist wiedergegeben in Nahum Glatzer, «Leopold Zunz and the Revolution of 1848 with the Publication of Four Letters by Zunz», in: Leo Baeck Institute Yearbook V, London 1960, S. 132.

16 *Der Treue Zionswächter*, 1848, S. 150.

17 *Allgemeine Zeitung des Judentums*, 1848, S. 187.

18 Reinhard Rürup, Emanzipation und Antisemitismus. Studien zur ‹Judenfrage› in der bürgerlichen Gesellschaft, Göttingen 1975, S. 66.

19 Leopold Stein, Zuruf eines israelitischen Bürgers an seine christlichen Mitbürger, Frankfurt a. M. 1848, S. 7.

20 Zitiert nach: Heinrich Graetz, Volkstümliche Geschichte der Juden, Bd. 6, München 1985, S. 322.

21 Jacob Katz, Vom Vorurteil bis zur Vernichtung. Der Antisemitismus 1700–1933, München 1990.

22 Thomas Nipperdey, Deutsche Geschichte 1800–1866. Bürgerwelt und starker Staat, München 1983, S. 601.

23 Reinhard Rürup, Deutschland im 19. Jahrhundert, Göttingen 1984, S. 180.

24 Wolfram Siemann, Vom Staatenbund zum Nationalstaat, München 1995, S. 349.

25 Für die Zitate siehe Götz Aly, Warum die Deutschen? Warum die Juden? Gleichheit, Neid und Rassenhass, Frankfurt a. M. 2011, S. 50 ff.; für den gesamten Kontext siehe Marion Schulte, Preußische Offiziere über Judentum und Emanzipation, Berlin/Boston 2018, Abschnitt 3.3.4.

26 Heinrich Heine, Shakespeares Mädchen und Frauen (Erstdruck: Paris 1839), Hamburg 2014, S. 302, bzw. Klaus Briegleb (Hg.), Heinrich Heine. Sämtliche Schriften, Bd. 7, München/Wien 1976, S. 258 und 260 f.

27 Zu den Daten und Zitaten siehe Monika Richarz, «Emancipation and Continuity. German Jews in the Rural Economy», in: Werner E. Mosse, Arnold Paucker und Reinhard Rürup (Hg.), Revolution and Evolution. 1848 in German-Jewish History, Tübingen 1981, S. 95–115, hier S. 98 und 121. Siehe auch die Kommentare zu diesem Aufsatz von Stefi Jersch-Wenzel, S. 117–122.

28 Siehe Uziel U. Schmelz, Infant and Child Mortality among Jews of the Diasporas, Jerusalem 1971, besonders S. 15–33, und derselbe, «Die demogra-

phische Entwicklung der Juden in Deutschland von der Mitte des 19. Jahrhunderts bis 1933», *Zeitschrift für Bevölkerungswissenschaft* 8, 1982, S. 31–72.

29 Für weitere Daten und Literatur zu diesen Themen siehe Shulamit Volkov, «Die Jüdische Gemeinde in Altona 1867–1890. Ein demographisches Profil», in: dieselbe, Das Jüdische Projekt der Moderne, München 2001, S. 97–117.

30 Siehe Avraham Barkai, «German Jews at the Start of Industrialization: Structural Change and Mobility 1835–1860», in: Werner E. Mosse, Arnold Paucker und Reinhard Rürup (Hg.), Revolution und Evolution: 1848 in German-Jewish History, Tübingen 1981, S. 123–149.

31 Siehe Götz Aly, Warum die Deutschen? Warum die Juden? Gleichheit, Neid und Rassenhass, Frankfurt a. M. 2011.

32 Avraham Barkai, «German Jews at the Start of Industrialization: Structural Change and Mobility 1835–1860», in: Werner E. Mosse, Arnold Paucker und Reinhard Rürup (Hg.), Revolution und Evolution: 1848 in German-Jewish History, Tübingen 1981, S. 123–149, hier S. 142.

33 Ibid., S. 143 ff. Für Kuznets' Konzept, das Barkais Arbeit zugrunde liegt, siehe Simon Kuznets, Economic Structure and Life of the Jews, Maryland 1956, S. 55 ff.

34 Siehe Derek Penslar, Shylock's Children. Economics and Jewish Identity in Modern Europe, Berkeley/Los Angeles 2001, S. 165.

35 Monika Richarz, «Berufliche und soziale Struktur», in: Michael A. Meyer (Hg.), Deutsch-jüdische Geschichte in der Neuzeit, Bd. 3: Umstrittene Integration 1871–1918, München 1997, S. 39–68, hier S. 44.

36 Zu den folgenden Details und der vollständigen Geschichte der Liebermanns siehe Regina Scheer, «Wir sind die Liebermanns». Die Geschichte einer Familie, Berlin 2008.

37 Zitiert nach: Felix Pinner, Emil Rathenau und das elektrische Zeitalter, Leipzig 1918, S. 5.

38 Zu diesem Prozess siehe Maristella Botticini und Zvi Eckstein, The Chosen Few: How Education Shaped Jewish History 70–1492, Princeton 2012.

39 Siehe Monika Richarz, «Berufliche und soziale Struktur», in: Michael A. Meyer (Hg.), Deutsch-jüdische Geschichte in der Neuzeit, Bd. 3: Umstrittene Integration 1871–1918, München 1997, S. 39–68, hier S. 61.

40 Zu den Daten siehe vor allem Jakob Thon, Der Anteil der Juden am Unter-

richtswesen in Preußen, Berlin 1905. Zu vielen der hier angesprochenen Punkte und für weitere Quellen siehe Shulamit Volkov, Germans, Jews and Antisemites. Trials in Emancipation, Cambridge 2006, hier besonders Kap. 10: «Paradoxes of Becoming Alike», S. 202–223.

41 Die beste Darstellung der frühen Phase der akademischen Ausbildung der Juden ist Monika Richarz, Der Antritt der Juden in die akademischen Berufe, Tübingen 1974. Zu Frauen in einem späteren Zeitraum siehe Claudia Huerkamp, «Jüdische Akademikerinnen in Deutschland, 1900–1938», *Geschichte und Gesellschaft* 19, 1997, S. 311–331.

42 Siehe vor allem Shmuel N. Eisenstadt, «Multiple Modernities», *Daedalus*, 129/1, 2000, S. 1–29.

43 Für diesen Ausdruck siehe Shalini Randeria, «Jenseits von Soziologie und soziokultureller Anthropologie. Zur Ortsbestimmung der nichtwestlichen Welt in einer zukünftigen Sozialtheorie», *Soziale Welt* 50(4), 1999.

44 Tourys detaillierteste Darstellung findet sich in: Jacob Toury, Soziale und politische Geschichte der Juden in Deutschland 1847–1871, Düsseldorf 1977. Knapper in Jacob Toury, «Die Eintritt der Juden ins deutsche Bürgertum», in: Hans Liebeschütz und Arnold Paucker (Hg.), Das Judentum in der deutschen Umwelt 1800–1850, Tübingen 1977, S. 139–242. Siehe auch Shulamit Volkov, «Die Verbürgerlichung der Juden in Deutschland als Paradigma», in: dieselbe, Antisemitismus als kultureller Code, München 2000, S. 111–130.

45 Zitiert nach: Peter Pulzer, Jews and the German State: The Political History of a Minority, 1848–1933, Detroit 2003, S. 86.

46 Siehe Reinhard Rürup, Emanzipation und Antisemitismus. Studien zur «Judenfrage» in der bürgerlichen Gesellschaft, Göttingen 1975, S. 70.

47 Siehe Wolfram Siemann, Vom Staatenbund zum Nationalstaat, 1806–1871, München 1995, S. 244.

48 Siehe Michael A. Meyer, «Jüdische Identität in den Jahrzehnten nach 1848», in: Michael A. Meyer (Hg.), Deutsch-Jüdische Geschichte in der Neuzeit, Bd. 2: Emanzipation und Akkulturation 1780–1871, München 1997, S. 326–355, hier S. 326.

49 Für beide Zitate siehe Avraham Barkai, «German-Jewish Migration in the Nineteenth Century, 1830–1910», in: Jeffrey S. Gurock (Hg.), Central European Jews in America, 1840–1880: Migration and Advancement, New York 1998, S. 37–54. Er stützt sich teilweise auf Uziel Schmelz, «Die demo-

graphische Entwicklung der Juden in Deutschland von der Mitte des neunzehnten Jahrhunderts bis 1933», *Zeitschrift für Bevölkerungswissenschaft*, VII/1 1982, S. 31–72.

50 Für die biographischen Details siehe Rosemarie Schuder, Der «Fremdling aus dem Osten». Eduard Lasker – Jude, Liberaler, Gegenspieler Bismarcks, Berlin 2008. Siehe auch James F. Harris, A Study in the Theory and Practice of German Liberalism: Eduard Lasker, 1829–1884, New York 1984.

51 Siehe Benedict Anderson, Imagined Communities: Reflections on the Origins and Spread of Nationalism, London 1983 (Deutsch: Die Erfindung der Nation. Zur Karriere eines folgenreichen Konzepts, Berlin 1998).

52 Jacob Katz, Tradition und Krise. Der Weg der jüdischen Gesellschaft in die Moderne, München 1993, S. 121. Zur Inklusion der sephardischen Juden siehe Jonathan I. Israel, European Jewry in the Age of Mercantilism 1550–1750, Oxford 1991.

53 Friedrich Nietzsche, «David Strauss. Der Bekenner und Schriftsteller», in: Unzeitgemäße Betrachtungen (1873–76), in: Ralf Krause (Hg.), Nietzsches Schriften oder der furor philosophicus, Berlin 2001, S. 155 f.

Dritter Teil
Leben in Deutschland, 1870–1930

1 Siehe Helmuth Plessner, Die verspätete Nation. Über die politische Verführbarkeit bürgerlichen Geistes, Stuttgart 1974.

2 Viele aufschlussreiche Kommentare zu den Ereignissen jener Jahre findet man bei Helmut von Gerlach, Von Rechts nach Links, Zürich 1937, hier S. 112.

3 Siehe Heinrich von Treitschke, Deutsche Kämpfe. Schriften zur Tagespolitik, Leipzig 1896, S. 1–28, hier S. 18–23.

4 Mittlerweile ist klar, dass der sogenannte Berliner Antisemitismusstreit in Wahrheit eine nationale Angelegenheit war, siehe: Der «Berliner Antisemitismusstreit» 1879–1881. Eine Kontroverse um die Zugehörigkeit der deutschen Juden zur Nation, kommentierte Quellenedition im Auftrag des Zentrums für Antisemitismusforschung, bearb. von Karsten Krieger, München 2003.

5 Berthold Auerbach. Briefe an seinen Freund Jakob Auerbach, Bd. 2, Frankfurt a. M. 1884, S. 438 und 442.

6 Hermann Cohen, Ein Bekenntnis in der Judenfrage, Berlin 1880, nachgedruckt zusammen mit anderen Reaktionen auf Treitschke, in: Walter Boehlich (Hg.), Der Berliner Antisemitismusstreit, Frankfurt a. M. 1965, S. 124 f.

7 Siehe Adolf Stöcker, Das moderne Judenthum in Deutschland, besonders in Berlin. Zwei Reden in der christlich-socialen Arbeiterpartei, Berlin 1880, S. 4–20.

8 Heinrich von Treitschke, Unsere Aussichten, in: Walter Boehlich (Hg.), Der Berliner Antisemitismusstreit, Frankfurt a. M. 1965, S. 5–12, hier S. 10.

9 Der vollständige Text des Erfurter Programm von Böckels Antisemitischer Volkspartei findet sich in: Peter Pulzer, Die Entstehung des politischen Antisemitismus in Deutschland und Österreich 1867 bis 1914, Göttingen 2004 (1964 im engl. Original), S. 342.

10 Siehe Saul Friedländer, Das Dritte Reich und die Juden. Die Jahre der Verfolgung 1933–1939, München 2007, S. 102. Vgl. hier besonders das Kapitel über den «Erlösungsantisemitismus».

11 Siehe Shulamit Volkov, «Antisemitismus als kultureller Code», nachgedruckt im gleichnamigen Buch, München 2000, S. 13–36, sowie dieselbe, «Das geschriebene und das gesprochene Wort. Über Kontinuität und Diskontinuität im deutschen Antisemitismus», ibid., S. 54–75.

12 Zitiert nach: Arnold Paucker, «Zur Problematik einer jüdischen Abwehrstrategie in der deutschen Gesellschaft», in: Werner E. Mosse (Hg.), Juden im Wilhelminischen Deutschland 1890–1914, Tübingen 1976, S. 479–548, hier S. 488.

13 Zitiert nach Heinrich von Treitschke, Zur inneren Lage am Jahresschlusse, in: Walter Boehlich (Hg.), Der Berliner Antisemitismusstreit, Frankfurt a. M. 1965, S. 225–227, hier S. 227.

14 Vgl. Gideon Reuvenis, «‹Productivist› and ‹Consumerist› Narratives of Jews in German History», in: Neil Gregor, Nils Roemer und Mark Roseman (Hg.), German History from the Margins, Bloomington IN 2006, S. 165–184.

15 Walther Rathenau, «Staat und Judentum. Eine Polemik», in derselbe, Gesammelte Schriften, Bd. 1, Berlin 1918, S. 188 f.

16 Ausführlicher in Shulamit Volkov, «Soziale Ursachen des jüdischen Erfolgs in der Wissenschaft», in: dieselbe, Antisemitismus als kultureller Code, München 2000, S. 146–165; und dieselbe, «Juden als wissenschaftliche ‹Man-

darine», in: dieselbe, Das jüdische Projekt der Moderne, München 2001, S. 138–164.

17 Siehe Shmarya Levin, Youth in Revolt, New York 1930, S. 221.

18 Für eine ausführliche Einführung siehe Thomas Nipperdey, Deutsche Geschichte 1866–1918, Bd. 1: Arbeitswelt und Bürgergeist, München 1990, S. 602–796.

19 Stefan Zweig, Die Welt von Gestern. Erinnerungen eines Europäers, Tübingen 2017 (Erstausgabe 1942), S. 15 f.

20 George Mosse, German Jews beyond Judaism, New York 1985.

21 Sein erstes Memorandum wurde veröffentlicht in: Walther Rathenau, Reflexionen, Leipzig 1908, S. 143–197; das zweite posthum in: Nachgelassene Schriften, Bd. 2, Frankfurt 1928, S. 74–141. Für die Zitate siehe Pogge von Strandmann (Hg.), Walther Rathenau. Tagebuch 1907–1922, Düsseldorf 1967, S. 86.

22 Siehe Pogge von Strandmann (Hg.), Walther Rathenau. Tagebuch 1907–1922, Düsseldorf 1967, S. 106 und S. 117.

23 Siehe Heinrich Claß (veröffentlicht unter dem Decknamen Daniel Frymann), «Wenn ich der Kaiser wär'». Politische Wahrheiten und Notwendigkeiten, Leipzig 1912.

24 Siehe Sebastian Haffner, Geschichte eines Deutschen. Erinnerungen 1914–1933, Stuttgart 2004, S. 14.

25 Siehe Walther Rathenau, «Ein Wort zur Lage», in derselbe, Gesammelte Schriften, Bd. 1, Berlin 1918, S. 306.

26 Siehe Reinhard Rürup, «Der ‹Geist von 1914› in Deutschland. Kriegsbegeisterung und Ideologisierung des Krieges im Ersten Weltkrieg», in: Bernd-Rüdiger Hüppauf (Hg.), Ansichten vom Krieg: Vergleichende Studien zum Ersten Weltkrieg in Literatur und Gesellschaft, Hain 1984, S. 1–30, hier S. 4.

27 Siehe Oliver Janz, Der große Krieg, Frankfurt a. M. 2013, S. 180.

28 Für Auszüge aus Arnold Tänzers Memoiren siehe Monika Richarz (Hg.), Jüdisches Leben in Deutschland, Bd. 2: Selbstzeugnisse zur Sozialgeschichte im Kaiserreich, Stuttgart 1979, S. 445–448.

29 Houston Stewart Chamberlain, Arische Weltanschauung, München 1914, zitiert nach: Felicity Rash, German Images of the Self and the Other: Nationalist, Colonialist and Antisemitic Discourse, 1871–1918, New York 2012, S. 119.

30 Zitiert nach: Peter Pulzer, «Der Erste Weltkrieg», in: Michael A. Meyer

(Hg.), Deutsch-jüdische Geschichte in der Neuzeit, Bd. 3: Umstrittene Integration 1871–1918, München 1997, S. 356–380, hier S. 361.

31 Siehe Reinhard Rürup, «Der ‹Geist von 1914› in Deutschland. Kriegsbegeisterung und Ideologisierung des Krieges im Ersten Weltkrieg», in: Bernd-Rüdiger Hüppauf (Hg.), Ansichten vom Krieg: Vergleichende Studien zum Ersten Weltkrieg in Literatur und Gesellschaft, Hain 1984, S. 1–30, hier S. 13.

32 Siehe Otto von Gierke, Krieg und Kultur: Rede am 18. September 1944, Berlin 1914.

33 Zitiert nach: Jacob Rosenthal, «Die Ehre des Jüdischen Soldaten». Die Judenzählung im Ersten Weltkrieg und ihre Folgen, Frankfurt a. M. 2007, S. 48. Außerdem siehe die Diskussion in: Ulrich Sieg, Jüdische Intellektuelle im Ersten Weltkrieg. Kriegserfahrungen, weltanschauliche Debatte und kulturelle Neuentwürfe, Berlin 2008, besonders den Abschnitt über Reaktionen zur Judenzählung, S. 87–96.

34 Zitiert nach: Helmut Berding, Moderner Antisemitismus in Deutschland, Frankfurt a. M. 1988, S. 176.

35 Zitiert nach: Jacob Rosenthal, «Die Ehre des Jüdischen Soldaten». Die Judenzählung im Ersten Weltkrieg und ihre Folgen, Frankfurt a. M. 2007, S. 54 f.

36 Zitiert nach: Eva G. Reichmann, «Der Bewußtseinswandel der deutschen Juden», in: Werner E. Mosse und Arnold Paucker (Hg.), Deutsches Judentum in Krieg und Revolution 1916–1923, Tübingen 1971, S. 511–612, hier S. 518.

37 In: Hans Tramer, «Der Beitrag der Juden zu Geist und Kultur», ibid., S. 317–385, hier S. 321.

38 Siehe Alexander Jaser, Clemens Picht und Ernst Schulin (Hg.), Walther Rathenau – Gesamtausgabe, Bd. V, 1 und 2, Düsseldorf 2006, hier Bd. 2, S. 1552.

39 Vgl. Cecil Lamar, Albert Ballin. Wirtschaft und Politik im deutschen Kaiserreich 1880–1918, Hamburg 1969.

40 Brief an Arndt von Holtzendorff, 27. März 1918, in: ibid., S. 277.

41 Ein Nachdruck des Briefes befindet sich in: Walther Rathenau, Gesammelte Schriften, Bd. 6, Berlin 1929, S. 271 f.

42 Siehe Werner Jochmann, «Die Ausbreitung des Antisemitismus», in: Werner E. Mosse und Arnold Paucker (Hg.), Deutsches Judentum in Krieg und Revolution 1916–1923, Tübingen 1971, S. 409–510.

43 Richard Lichtheim, Die Geschichte des deutschen Zionismus, Jerusalem 1954, S. 143.

44 Siehe Saul Friedländer, «Die politischen Veränderungen der Kriegszeit und ihre Auswirkungen auf die Judenfrage», in: Werner E. Mosse und Arnold Paucker (Hg.), Deutsches Judentum in Krieg und Revolution 1916–1923, Tübingen 1971, S. 26–65, hier S. 33.

45 Zu München siehe Michael Brenner, Der lange Schatten der Revolution – Juden und Antisemiten in Hitlers München 1918 bis 1923, Berlin 2019.

46 Friedrich Ebert, «Ansprache an die Heimkehrenden Truppen», nachgedruckt in: Peter Wende (Hg.), Politische Reden, Bd. III, Frankfurt a. M. 1994, S. 95.

47 Saul Friedländer, «Die politischen Veränderungen der Kriegszeit und ihre Auswirkungen auf die Judenfrage», in: Werner E. Mosse und Arnold Paucker (Hg.), Deutsches Judentum in Krieg und Revolution 1916–1923, Tübingen 1971, S. 26–65, hier S. 53.

48 Siehe besonders Eberhard Kolb, Die Weimarer Republik, München/Wien 1984; Detlev J. K. Peukert, Die Weimarer Republik. Krisenjahre der Klassischen Moderne, Frankfurt a. M. 1987; Hans Mommsen, Die verspielte Freiheit. Der Weg der Republik von Weimar in den Untergang 1918 bis 1933, Berlin 1989; und Heinrich August Winkler, Weimar 1918–1933. Die Geschichte der ersten deutschen Demokratie, München 1993. Für einen positiveren Blick auf die Weimarer Republik siehe Anthony McElligott u. a., Weimar Germany (Short Oxford History of Germany), New York 2009, besonders Anthony D. Kauders, «Weimar Jewry», S. 234–259; jetzt auch Gunther Mai, Die Weimarer Republik, München 2018.

49 Mark Jones, Founding Weimar: Violence and the German Revolution of 1918–1919, New York 2016, S. 2.

50 Emil Julius Gumbel, Vier Jahre politischer Mord, Berlin-Fichtenau 1922.

51 Ibid., S. 9 f.

52 Zitiert von Liebknechts Biograph Helmut Trotnow in: «... ‹es kam auf einen mehr oder weniger nicht an›. Der Mord an Rosa Luxemburg und Karl Liebknecht und die Folgen für die Weimarer Republik», in: Hans Widerotter (Hg.), Walther Rathenau 1867–1922. Die Extreme berühren sich, Berlin 1994, S. 209.

53 Siehe Charles S. Maier, Recasting Bourgeois Europe: Stabilization in France, Germany, and Italy in the Decade after World War I, Princeton 1975; und

Andreas Wirsching, Vom Weltkrieg zum Bürgerkrieg? Politischer Extremismus in Deutschland und Frankreich 1918–1933/39: Berlin und Paris im Vergleich, München 1999.

54 Sebastian Haffner, Geschichte eines Deutschen. Die Erinnerungen 1914–1933, Stuttgart/München 2000, S. 33 und 35.

55 Betty Scholem/Gershom Scholem, Mutter und Sohn im Briefwechsel, 1917–1946, München 1989, S. 39.

56 Siehe für die gesammelten Werke: Ausgewählte Schriften von Bertha Pappenheim: Erzählungen, Sagen, Drama, Essays und mehr, Oviedo Fl. 2017, und für die Biographie: Elizabeth Lorenz, Let me Continue to Speak the Truth: Bertha Pappenheim as Author and Activist, New York 2007.

57 Siehe ihre ausführlichen Memoiren: Kathleen M. Pearle und Stephan Leibfried (Hg.), Der dreifache Fluch: Jüdin, Intellektuelle, Sozialistin. Lebenserinnerungen einer Ärztin in Deutschland und im Exil, Frankfurt a. M. 1981.

58 Ibid., S. 190 f.

59 Siehe Martin Sabrow, Der Rathenaumord. Rekonstruktion einer Verschwörung gegen die Republik von Weimar, München 1994, und derselbe, «Märtyrer der Republik. Zu den Hintergründen des Mordanschlags vom 24. Juni 1922», in: Hans Wilderotter (Hg.), Die Extreme berühren sich, Berlin 1994, S. 221–236.

60 Siehe Andreas Wirsching, Vom Weltkrieg zum Bürgerkrieg? Politischer Extremismus in Deutschland und Frankreich 1918–1933/39: Berlin und Paris im Vergleich, München 1999; und Dirk Schumann, Politische Gewalt in der Weimarer Republik 1918–1933. Kampf um die Straße und Furcht vor dem Bürgerkrieg, Essen 2001.

61 Zur Biographie siehe Elisabeth Young-Brühl, Hannah Arendt: For Love of the World, Binghamton 1982.

Vierter Teil
Eine verlorene Heimat, 1930–2000

1 Erich Gritzbach (Hg.), Hermann Göring, Reden und Aufsätze, München 1942, S. 27.

2 Dieser Plan tauchte bereits am 11. August 1932 im *Völkischen Beobachter*

auf. Siehe Klaus Drobisch und Günther Wieland, System der NS-Konzentrationslager, Berlin 1993, S. 14.

3 Siehe Saul Friedländer, Das Dritte Reich und die Juden, Bd. 1: Die Jahre der Verfolgung 1933–1939, München 2007.

4 Peter Gay, Meine deutsche Frage. Jugend in Berlin 1933–1939, München 2007.

5 Ibid., S. 79.

6 Ibid., S. 73. Dies ist die Überschrift seines vierten Kapitels.

7 Ibid., S. 91 f.

8 Ibid., S. 112.

9 Monika Richarz (Hg.), Jüdisches Leben in Deutschland, Bd. 4: Selbstzeugnisse zur Sozialgeschichte 1918–1945, New York 1982, S. 232.

10 Ibid., S. 237.

11 Zitiert nach: Peter Longerich, ‹Davon haben wir nichts gewusst!› Die Deutschen und die Judenverfolgung 1933–1945, München 2007, S. 117.

12 Ibid., S. 129.

13 Ibid., S. 142.

14 Siehe Saul Friedländer, Das Dritte Reich und die Juden, Bd. 1: Die Jahre der Verfolgung 1933–1939, München 2007, S. 336.

15 Ibid., S. 335.

16 Ibid., Bd. 2: Die Jahre der Vernichtung 1939–1945, München 2006, S. 56.

17 Die folgende Zusammenfassung der Vernichtungskampagne stützt sich auf das entsprechende Kapitel bei Ulrich Herbert, Geschichte Deutschlands im 20. Jahrhundert, München 2014, S. 467–482. Viele der von Herbert zitierten Dokumente sind jetzt zu finden in der Reihe: Susanne Heim, Ulrich Herbert u. a. (Hg.), Die Verfolgung und Ermordung der europäischen Juden durch das Nationalsozialistische Deutschland, 1933–1945, Berlin/Boston 2015 ff., besonders Bde. 1–6 und 11. Für eine umfassende Beschreibung siehe auch Saul Friedländer, Das Dritte Reich und die Juden, Bd. 2: Die Jahre der Vernichtung 1939–1945, München 2006.

18 Joachim Fest, *Der Spiegel*, 16. 6. 1969.

19 Lucy Dawidowicz, The War Against the Jews. 1933–1945, Toronto u. a. 1975 (Deutsch: Der Krieg gegen die Juden, München 1979), S. xxi.

20 Siehe Franz Neumann, Behemoth. Struktur und Praxis der Nationalsozialismus 1933–1944, Frankfurt a. M. 1984, S. 476.

21 Siehe Martin Broszat / Saul Friedländer, «Um die ‹Historisierung des Natio-

nalsozialismus›. Ein Briefwechsel», *Vierteljahrshefte für Zeitgeschichte,* 36 (1988), S. 339–372. Die Zitate sind aus: Nicolas Berg, Der Holocaust und die westdeutschen Historiker. Erforschung und Erinnerung, Göttingen 2003, S. 39.

22 Siehe Martin Broszat / Saul Friedländer, «Um die ‹Historisierung des Nationalsozialismus›. Ein Briefwechsel», *Vierteljahrshefte für Zeitgeschichte,* 36 (1988), S. 339–372, hier S. 352 f.

23 Siehe Dan Diner, «Varieties of Interpretations: The Holocaust in Historical Memory», in: Igal Halfin (Hg.), Language and Revolution. Making Modern Political Identities, London 2002, S. 379–391, hier S. 348 ff.

24 Siehe Dan Diner, «Im Zeichen des Banns», in: Michael Brenner (Hg.), Geschichte der Juden in Deutschland von 1945 bis zur Gegenwart. Politik, Kultur und Gesellschaft, München 2012, S. 15–66. Zum umfassenderen Kontext siehe derselbe, Rituelle Distanz. Israels deutsche Frage, München 2015.

25 Siehe Hannah Arendt/Karl Jaspers, Briefwechsel, München 1985, S. 67.

26 Siehe Hans Mayer, «Als der Krieg zu Ende war», *Die Zeit,* 1.2.1985.

27 Zitiert nach: Frank Stern, Im Anfang war Auschwitz. Antisemitismus und Philosemitismus im deutschen Nachkrieg, Gerlingen 1991, S. 76.

28 Ibid., S. 80.

29 Ibid., S. 83.

30 *Die Neue Zeitung,* 1.8.1949, zitiert nach: ibid., S. 264. Die besagte Tagung und die Rede von McCloy werden auch diskutiert in Michael Brenner (Hg.), Geschichte der Juden in Deutschland von 1945 bis zur Gegenwart. Politik, Kultur und Gesellschaft, München 2012, S. 146 f.

31 Ulrich Herbert, Geschichte Deutschlands im 20. Jahrhundert, München 2014, S. 670–676.

32 Unter anderem siehe Yeshayahu A. Jelinek, Deutschland und Israel 1945–1965. Ein neurotisches Verhältnis, München 2004, und Michael Borchard, Eine unmögliche Freundschaft. David Ben-Gurion und Konrad Adenauer, Freiburg i. Br. 2019.

33 Zitiert nach: Nachum Gidal, Die Juden in Deutschland von der Römerzeit bis zur Weimarer Republik, Hagen 1997, S. 426.

34 Michael Brenner und Norbert Frei, «Konsolidierung. 1950–1967», in: Michael Brenner (Hg.), Geschichte der Juden in Deutschland von 1945 bis zur Gegenwart. Politik, Kultur und Gesellschaft, München 2012, S. 153–294, hier S. 214.

35 Für die biographischen Details stütze ich mich hauptsächlich auf die ausführliche Biographie von Irmtrud Wojak: Fritz Bauer 1903–1968. Eine Biographie, München 2011. Für ein besonderes Augenmerk auf Bauers jüdischen Hintergrund siehe Ronen Steinke, Fritz Bauer oder Auschwitz vor Gericht, München 2015, insbes. S. 28–52.

36 Irmtrud Wojak, Fritz Bauer 1903–1968. Eine Biographie, München 2011, S. 301.

37 Zitiert nach: Amos Elon, In einem heimgesuchten Land. Reise eines israelischen Journalisten in beide deutsche Staaten, München 1966, S. 376.

38 Siehe Irmtrud Wojak, Fritz Bauer 1903–1968. Eine Biographie, München 2011, S. 396. Zu diesem Thema siehe auch Erardo C. Rautenberg, «Die Bedeutung des Generalstaatsanwalts Dr. Fritz Bauer für die Auseinandersetzung mit dem NS-Unrecht», *Forschungsjournal Soziale Bewegungen*, Pressetexte zu Heft 4/2015.

39 Dies wird oft zitiert. Siehe «Feindliches Ausland», *Der Spiegel*, 31.7.1995.

40 Irmtrud Wojak, Fritz Bauer 1903–1968. Eine Biographie, München 2011, S. 442.

41 Siehe Norbert Frei, «Erinnerungskampf: Zur Legitimitationsproblematik des 20. Juli 1944 im Nachkriegsdeutschland», *Gewerkschaftliche Monatshefte* 11, 1995, S. 669–676.

42 Für alle Zitate siehe Ulrich Herbert, Geschichte Deutschlands im 20. Jahrhundert, München 2014, S. 776.

43 Ibid, S. 777.

44 Siehe M. Rainer Lepsius, «Das Erbe des Nationalsozialismus und die politische Kultur der Nachfolgestaaten des ‹großdeutschen Reiches›», in: M. Haller, H.-J. Hoffmann und W. Zapf (Hg.), Kultur und Gesellschaft. Verhandlungen des 24. Deutschen Soziologentags, Zürich 1988, S. 247–264, hier S. 260.

45 Ulrich Herbert, Geschichte Deutschlands im 20. Jahrhundert, München 2014, S. 882.

46 Zu diesem und den folgenden Zitaten siehe Hans Mayers 1966 zum israelischen Unabhängigkeitstag in Köln gehaltene Rede in: Hans Mayer, Reisen nach Jerusalem, Frankfurt a. M. 1997, S. 151–173, hier S. 169 f.

47 Siehe auch Friedrich Dürrenmatt, Zusammenhänge. Essay über Israel. Eine Konzeption, Zürich 1976.

48 Siehe Tony Judt, Geschichte Europas von 1945 bis zur Gegenwart, München 2006, S. 938.

49 Zum vollständigen Text der Rede siehe Richard von Weizsäcker, Reden und Interviews, Bd. 1, 1. Juli 1984–30. Juni 1985. Bonn 1986, S. 279–310.

50 Siehe Saul Friedländer, Kitsch und Tod. Der Widerschein des Nazismus, München 1984.

51 Siehe Saul Friedländer, Wohin die Erinnerung führt. Mein Leben, München 2016, S. 215–216.

52 Ibid., S. 224.

53 Ibid., S. 250 ff. Siehe auch *Vierteljahrshefte für Zeitgeschichte,* 1988 (2), S. 339–372.

54 Ibid., S. 343.

55 Nicolas Berg, Der Holocaust und die westdeutsche Historiker. Erforschung und Erinnerung, Göttingen 2003, S. 420–421. Siehe auch Norbert Frei, «Hitler-Jugend, Jahrgang 1926», *Die Zeit,* 11. 9. 2003. Letzterer hält es – entgegen der Annahme von Berg – für möglich, dass Broszat unter Kriegsbedingungen nichts von seiner eigenen halb erzwungenen Mitgliedschaft wusste. Vgl. oben Kap. 10, S. 241–242.

56 Für eine kritische Darstellung der Debatte und ihres historiographischen Hintergrunds siehe Richard J. Evans, «The New Nationalism and the Old History: Perspectives on the West German Historikerstreit», *The Journal of Modern History,* Vol. 59/4, Dezember 1987, S. 761–797.

57 Zu Bauer siehe David Bankier (Hg.), Fragen zum Holocaust: Interviews mit prominenten Forschern und Denkern, Graz 2006.

58 Zu Einzelheiten siehe Jeffrey Herf, Unerklärte Kriege gegen Israel. Die DDR und die westdeutsche radikale Linke, 1967–1989, Göttingen 2019.

59 Siehe Lepsius, «Das Erbe des Nationalsozialismus und die politische Kultur der Nachfolgestaaten des ‹großdeutschen Reiches›», in: M. Haller, H.-J. Hoffmann und W. Zapf (Hg.), Kultur und Gesellschaft. Verhandlungen des 24. Deutschen Soziologentags, Zürich 1988, S. 247–264, hier S. 251.

60 Zum vollständigen Wortlaut siehe Gemeinsame Erklärung der Volkskammer, https://www.ddr89.de/vk/vk_Erklaerung.html, oder *Süddeutsche Zeitung,* 14.–16. 4. 1990.

61 Zu Ort und Datum dieser Äußerung siehe Bernd Rother, ‹Gilt das gesprochene Wort? Wann und wo sagte Willy Brandt, «Jetzt wächst zusammen, was zusammengehört?»›, *Deutschland Archiv,* 30:1 (2000), S. 90–93.

62 Siehe auch Shulamit Volkov, «Die deutsche Einheit ist kein Imperativ der Geschichte», *Süddeutsche Zeitung,* 8. 2. 1990.

63 Siehe Jürgen Habermas, «Der DM-Nationalismus», *Die Zeit*, 30. 3. 1990.

64 Siehe Günther Grass, «Kurze Rede eines vaterlandslosen Gesellen», *Die Zeit*, 9. 2. 1990.

65 Siehe ibid. und Jürgen Habermas, «Der DM-Nationalismus», *Die Zeit*, 30. 3. 1990.

66 Ellen Schechet, «Israelis Fear Possible Germany Reunification with East-Germany», *Associated Press News*, 13. 9. 1989.

67 Siehe Frank Stern, «The ‹Jewish Question› in the ‹German Question›, 1945–1990: Reflections in Light of November 9th, 1989», *New German Critique*, 52, Winter 1991, S. 155–172, hier S. 166–169.

68 Siehe Dan Diner, «Zwischen Bundesrepublik und Deutschland. Ein Vortrag», in: Hajo Funke (Hg.), Von der Gnade der geschenkten Nation. Zur politischen Moral der Bonner Republik, Berlin 1988, S. 188–199, hier S. 197 f.

69 Zu den exakten Zahlen siehe Ulrich Herbert, Geschichte Deutschlands im 20. Jahrhundert, München 2014, S. 1193.

70 Siehe Daniel J. Goldhagen, Hitlers willige Vollstrecker. Ganz gewöhnliche Deutsche und der Holocaust, Berlin 1996. Zu den zitierten Stellen und für eine klare kurze Zusammenfassung der sogenannten Goldhagen-Kontroverse siehe Ulrich Herbert, Geschichte Deutschlands im 20. Jahrhundert, München 2014, S. 1194 f.

71 Siehe Fritz Stern, «Die Goldhagen-Debatte», in derselbe, Der Traum von Frieden und die Versuchung der Macht, Berlin 1999, S. 292–308, hier S. 294.

72 Siehe Ulrich Herbert, Geschichte Deutschlands im 20. Jahrhundert, München 2014, S. 1199 f.

73 Deutscher Bundestag, Stenographischer Bericht. 163. Sitzung, Bonn, Donnerstag den 13. März, 1997, S. 14713–15.

74 Alle Zitate finden sich in: Frank Schirrmacher (Hg.), Die Walser-Bubis-Debatte. Eine Dokumentation, Frankfurt a. M. 1999, S. 12 f.

75 Die Zitate hier und im Folgenden sind aus: Hans-Joachim Hahn, «Die Rolle von Ignatz Bubis in der Walser-Bubis Debatte», in: Fritz Backhaus, Raphael Gross und Michael Lenarz (Hg.), Ignatz Bubis. Ein jüdisches Leben in Deutschland, Frankfurt a. M. 2007, S. 149–155.

76 Siehe Henryk M. Broder, «Ein befreiender Streit?», *Der Spiegel*, 7. 12. 1998.

77 Zu Bubis Biographie siehe Fritz Backhaus, Raphael Gross und Michael

Lenarz (Hg.), Ignatz Bubis. Ein jüdisches Leben in Deutschland, Frankfurt a. M. 2007.

78 Interview mit Ignatz Bubis, *Der Stern*, 29. 7. 1999.

79 Dazu siehe Dan Diner, «Das Grab in Tel Aviv», in: Fritz Backhaus, Raphael Gross und Michael Lenarz (Hg.), Ignatz Bubis. Ein jüdisches Leben in Deutschland, Frankfurt a. M. 2007, S. 156–158.

Epilog
Berlin ist nicht Weimar

1 Siehe Tony Judt, Geschichte Europas von 1945 bis zur Gegenwart, München 2006, S. 933–934.

2 Siehe Aleida Assmann, Der europäische Traum. Vier Lehren aus der Geschichte, München 2018, S. 46 und 53.

3 So formulierte Konrad Jarausch Aleida Assmanns Einschätzung. Siehe Konrad Jarausch, «Selbstkritik als Erinnerungskultur. Grundlagen moralischer Politik in Deutschland?», *Sachsenhausen Lectures*, Heft 1, 2016, S. 12. Für die Einschätzung selbst siehe Aleida Assmann, Der lange Schatten der Vergangenheit. Erinnerungskultur und Geschichtspolitik, München 2006. Siehe auch dieselbe, Der europäische Traum. Vier Lehren aus der Geschichte, München 2018, S. 54.

4 Siehe Ronen Steinke, Terror gegen Juden. Wie antisemitische Gewalt erstarkt und der Staat versagt. Eine Anklage, Berlin/München 2020.

5 Michael Brenner, «Die Gefahr erkennt man immer zu spät», *Der Spiegel*, 18. 1. 2020.

Personenregister